세기의 기도

세기의 기도

2008년 2월 15일 초판 1쇄 발행
2010년 5월 7일 초판 3쇄 발행
2021년 11월 30일 2판 1쇄 발행

펴낸곳 (주)도서출판 **삼인**

옮기고 엮은이 이현주
펴낸이 신길순

등록 1996년 9월16일 제25100-2012-000046호
주소 03716 서울시 서대문구 성산로 312 북산빌딩 1층
전화 (02) 322-1845
팩스 (02) 322-1846
E-MAIL saminbooks@naver.com

표지디자인 끄레디자인
제판 문형사
인쇄 수이북스
제책 은정제책

ISBN 978-89-6436-209-9 03200

값 22,000원

세기의 기도

이현주 옮기고 엮음

삼인

기도문 싣는 순서

애빙던의 에드먼드

Edmund of Abingdon, 1180~1240

주 예수 그리스도님, 당신과 당신 천사의 손에 이날을 바칩니다. 제 영혼과 몸, 아비와 어미, 형제들과 누이들, 친구들과 이웃들 그리고 모든 그리스도인 백성들을 당신께 맡깁니다. 이날에 우리를 사나운 욕망에서 지켜주시고, 미처 준비할 사이도 없이 닥치는 갑작스런 죽음에서 건져주십시오. 당신 성령으로 우리 마음을 밝히시어 우리로 하여금 언제나 당신 명령을 따르게 하시고, 당신 사랑이 주는 위안과 기쁨에서 제발 우리를 떨어뜨려놓지 마소서.

주님, 당신이 계셔서 우리가 있습니다. 당신이 아름다우셔서 우리가 아름답습니다. 당신이 선하셔서 우리가 선합니다. 우리의 실존으로 우리가 당신을 기립니다. 우리의 아름다움으로 우리가 당신을 빛나게 해드립니다. 우리의 선함으로 우리가 당신을 사랑합니다.

주님, 당신의 능력으로 모든 것이 지어졌습니다. 당신의 지혜로 모든 것이 다스려집니다. 당신의 은혜로 모든 것이 지탱됩니다. 우리로 하여금 언제 어디서나 당신을 섬기도록 힘을 주시고, 당신의 법을 분별하도록 지혜를 주시며, 그 법에 따르도록 은혜를 주소서.

에드먼드는 캔터베리 대주교로 왕과 교황의 탐욕에서 영국교회를 지키고자 애썼다. 일찍이 옥스퍼드에서 교수로 있을 때, 널리 알려진 위의 두 기도문을 포함하여 많은 경건문학을 저술했다.

디트리히 본회퍼
Dietrich Bonhoeffer, 1906~1945

모든 존재의 근원이신 당신 앞에
죄인 된 몸으로 우리가 섰습니다.
우리는 당신을 등졌습니다.
큰 거짓이 머리 드는 것을 보면서
진실을 영예롭게 하지 않았습니다.
형제들의 절박한 처지를 보면서
자신의 안전만을 두려워했습니다.

모든 자비의 근원이신 당신 앞에
죄를 고백하며 우리가 섰습니다.
무서운 시절의 소란이 끝나면, 우리에게
확신의 시절을 주소서.

이 오랜 어둠 속 방황이 끝나면, 우리로 하여금
밝은 햇빛 아래로 걷게 하소서.
거짓의 굽은 길이 끝나면, 우리에게
당신 말씀의 길을 열어주소서.

그리고 당신께서 우리의 범죄를
씻어주실 때까지, 우리로
하여금, 주여, 견디게 하소서.

오, 하느님, 이른 새벽 제가 당신을 바라고 웁니다.
저를 도와주시어 기도하게 하시고
오직 당신만을 생각하게 하소서.
혼자서는 기도를 할 수가 없습니다.

제 안에는 어둠이 있지만
당신과 함께, 거기엔 빛이 있습니다.
저는 혼자지만 당신은 저를 떠나지 않으십니다.
제 가슴은 연약하지만 당신은 언제나 강하십니다.
저는 쉬지를 못하지만 당신 안에는 평안이 있습니다.
제 안에는 고통이 있지만 당신 안에는 인내가 있습니다.

당신의 길을 저는 알 수 없지만
제가 가야 할 길을 당신은 아십니다.

주 예수 그리스도님,
당신은 저처럼 가난하셨고 비천하셨고,
저처럼 체포당하여 친구들로부터 격리되셨습니다.
당신은 인간의 모든 비통함을 아십니다.
제 안에, 저의 고독 안에 당신이 계십니다.
당신은 저를 잊지 아니하시고
오히려 저를 찾아내십니다.
제가 당신을 알고 사랑하기를
당신은 간절히 바라십니다.
주님, 당신의 부르는 소리를 듣고, 제가
당신을 따라갑니다.

거룩하신 성령님,
절망에서 지켜줄 믿음을 저에게 주소서.
당신과 다른 모든 이들을 향한 사랑을 제 속에 담아주시어
그 어떤 증오에도 고통에도 오염되지 않게 하소서.
두려움에서 건져줄 믿음을 저에게 주소서.

오, 주 하느님,
크나큰 곤경이 저를 덮쳤습니다.
걱정 근심이 저를 삼켰고,
저는 어찌할 바를 모르겠습니다.
오, 하느님, 저를 위로하시고 도와주소서.
당신이 주시는 것들을 견뎌내도록
저에게 힘을 주소서.
두려움이 저를 다스리지 못하게 하소서.
사랑 많으신 아버지로서, 저의 사랑하는
아내와 아이들을 돌봐주소서.

오, 자비로우신 하느님,
당신께 그리고 이웃들에게
저지른 저의 모든 죄를 용서하소서.
당신의 은총을 믿어 의지하고
제 생명을 온전히 당신 손에 맡깁니다.
당신께서 가장 좋으신 대로 저에게 하소서.
그것이 저에게도 가장 좋겠기 때문입니다.
살든지 죽든지, 저는 당신과 함께 있고

당신은 저와 함께 계십니다.
주님, 저는 당신의 구원과
당신의 왕국을 기다립니다.

독일 루터교 목사인 본회퍼는 공개적으로 나치운동에 반대했다. 전쟁이 터지자, 히틀러를 반대하는 독일인들과 영국 정부 사이에 연대를 형성코자 노력했다. 1943년, 히틀러 암살 모의가 발각되어 체포되었고 이태 뒤 감옥에서 교수형을 당했다. 널리 알려진 옥중서신과 논문들 외에 아픈 분노와 흔들리지 않는 믿음이 담긴 여러 편의 기도문을 남겼다.

 카에사리아의 바실리우스
Basil of Caesarea, 330~379

좋으신 주님, 제 인생의 배를 저어 아늑한 당신 항구로 이끄소서. 거기라면 죄와 갈등의 풍랑을 피하여 안전할 수 있겠습니다. 제가 취해야 할 항로를 보여주소서. 제 안의 분별력을 새롭게 하시어, 저로 하여금 가야 할 방향을 바로 찾게 하소서. 비록 바다가 거칠고 물결이 높다 하여도, 당신 이름으로 수고와 위험을 뚫고 나가면 마침내 위로와 평안을 얻게 될 줄 아오니, 저에게 바른 항로를 선택할 힘과 용기를 주소서.

오, 주님, 저는 하늘에서도 땅에서도 쓸모없는 물건입니다. 죄 앞에 자신을 무릎 꿇리고, 세속의 쾌락에 종노릇을 하였기 때문입니다. 그러하오나, 당신께서 저를 지으셨고 당신께서 바라시는 대로 저를 만드실 수 있기에, 저는 구원에 대하여 절망하지 아니하고 오히려 당신의 자비로우신 사랑에 기대어 머리 들고 당신 앞에 나옵니다.

사랑하는 주님, 창녀를 받아주셨듯이, 도둑과 세리와 방탕한 자식까지도 받아주셨듯이, 저를 받아주십시오. 당신은 모든 인간을 사랑하십니다. 그 사랑을 제게도 부어주십시오. 저에게서 죄의 무거운 짐을 벗겨주시고 온갖 더러운 녹을 닦아주시고 성결한 물로 저를 깨끗하게 씻어주소서.

주님, 당신은 생명의 떡이요 성결한 샘물이십니다. 당신께서 제 몸을 지탱할 음식으로 매일 먹여주시어 이 땅에 살아 있도록 하시듯이, 영생의 신령한 떡으로 제 영혼을 먹이시어 하늘나라를 준비하게 하소서. 강과 개울에 흐르는 시원한 물로 제 마른 목을 적셔주시듯이, 성결한 물을 제 영혼에 부으시어 저의 모든 말과 행동으로 하여금 당신 사랑의 즐거운 흔적이 되게 하소서.

그리스도교 철학과 세속 철학을 아울러 공부한 바실리우스는 빛나는 경력을 모두 버리고 카에사리아 부근에서 은둔생활을 했다. 사람들이 그에게 모여들었고 그는 수도자들을 위한 규칙을 만들었는데, 그것은 지금도 동방교회에 기초강령으로 남아 있다. 그러나 그의 경건함과 지혜로움이 세상에 널리 알려지자 카에사리아 사람들이 자기네 주교가 되어주기를 간청했고, 그래서 남은 세월은 당시 유행한 이단들에 맞서 교회의 정통성을 지키는 데 몸을 바쳤다.

칼라하리 부시맨
Kalahari Bushmen

주님, 주님, 당신이 주님이십니다.

당신이 만물을 지으셨습니다.

당신이 숲의 주인이십니다.

당신이 짐승들의 주인이십니다.

당신이 우리의 주인이시고 우리는 당신의 종들입니다.

당신이 삶과 죽음의 주인이십니다.

당신이 다스리시고 우리는 복종합니다.

이 갓난아이를 당신께 들어 바칩니다.
당신께서 이것을 태어나게 하셨고, 이것에 생명을 주셨습니다.
이 아이는 오랜 나무에 새로 돋은 싹이요
옛 가족의 새 식구입니다.
이 새로 돋은 싹이 꽃을 피우게 하소서.
이 아이를 강하고 바르게 키워주소서.

밤길을 걷다가 발에 무엇이 걸릴 때
장애물이 일어나서 우리를 물지 않게 하소서.
우리가 가는 길에는
가로질러 얹혀 있는 나뭇가지들이 많습니다.
밟히면 일어나서 우리를 죽이는
저 날카로운 이빨의 나뭇가지들한테서 지켜주소서.

모든 악에서, 모든 재난에서,
모든 아픔에서 우리를 안전하게 지켜주십시오.
어떤 사람도 짐승도 우리를 공격 못하게 하시고
주님, 우리를 집으로 안전하게 데려다주십시오.

서양 기준으로 볼 때 부시맨은 야생동물을 사냥하고 풀뿌리와 나무열매로 살아가는 원시인에 지나지 않는다. 그러나 선교사들이 밝혀냈듯이 그들의 전통종교는 그리스도교와 많은 공통점을 지니고 있다. 특히 그들은 기도를 듣고 응답해주는 초자연적 창조주를 믿는다.

카르투지오의 귀고
Guigo the Carthusian, ?~1188

주님, 얼마나 많은 즙을 당신은 포도 한 알에서 짜내시는지요.

얼마나 많은 물을 당신은 옹달샘에서 길어 올리시는지요.

얼마나 큰 불을 당신은 작은 불씨로 일으키시는지요.

얼마나 큰 나무를 당신은 씨알 하나로 자라게 하시는지요.

제 영혼은 너무 메말라, 혼자서는 기도를 할 수 없지만

당신은 그것에서 수천 마디 기도를 짜내십니다.

제 영혼은 너무 강퍅해, 혼자서는 사랑을 할 수 없지만

당신은 그것에서 당신과 저의 이웃을 위해

무한 사랑을 길어 올리십니다.

제 영혼은 너무 차가워, 혼자서는 아무 기쁨도 없지만

당신은 제 안에 하늘 기쁨의 불을 일으키십니다.

제 영혼은 너무 연약해, 혼자서는 아무 믿음도 없지만

당신 힘으로 제 믿음은 높이 자라납니다.

기도와 사랑과 기쁨과 믿음을 인하여, 당신께 감사드립니다.

저로 하여금 늘 기도하고 사랑하고 기뻐하고 신실하게 하소서.

❋

마음이 깨끗한 자에게 말고는

주님, 당신은 사람 눈에 보이지 않습니다.

저는 성경도 읽고 명상도 하면서

깨끗한 마음이 어떤 것인지 이해하려고 애썼습니다.

주님, 제 기억으로 여러 해 동안

당신 말씀을 읽고 당신 인품을 명상했습니다.

오래 전부터, 당신 얼굴을 마주 대하고 싶었습니다.

주님, 제가 구한 것은 당신을 뵙는 것이었습니다.

세월과 더불어, 당신을 뵙고자 하는 열망의 불길은

뜨겁게 더욱 뜨겁게 타올랐습니다.

명상을 할 때마다, 제 영혼은 더욱 밝은 빛을 받았고

성경 말씀은 그 어느 때보다도 제 영혼을 흥분시켰습니다.

주님, 저는 감히 당신께

지금 당장 또는 가까운 장래에

모습을 보여주십사고 말씀드리지 않겠습니다.

그러하오나, 언제고 제가 보상을 받으리라는

확실한 표시나 언약을 주십시오.
제 영혼의 목마름을 적셔줄
하늘 비 한 방울 내려주십시오.

카르투지오 수도회 원장이었던 귀고는 수도자들에게 신비스런 기도를 격려했다. 그는 기도를, 물
질세계로부터 발을 빼는 것으로 보지 않고, 그것을 통하여 물질들을 하느님께 향한 창이 되게 하
는 수단으로 보았다. 그래서 그의 저술들과 기도문들은, 물질계와 영계를 아우르는 은유들로 가득
차 있다.

 조지 애플턴
George Appleton, 1902~1993

오, 나의 하느님, 저로 하여금
당신을 잘 모실 줄 알게 하소서. 그리하여,
급히 결단을 내려 실천에 옮겨야 할 때면
독수리처럼 날개 치며 오르고
당신의 뜻과 사람들의 필요에 이끌려
앞으로 계속 나아가야 할 때면

피곤을 모르고 달려가며
평범하고 일상적인 일을 할 때면
착실하되 멍청해지지 않게 하소서.
오, 나의 능력이신 하느님,
당신 안에 저의 신선한 샘이 솟기 때문입니다.

오, 나의 주님,
낙담과 근심과 불만 따위로 기분이 엉망일 때
저로 하여금 스스로 묻게 하소서.
"어째서 이토록 무거우냐? 내 영혼아,
어찌하여 이토록 내 안에서 어지러운 것이냐?"
이 물음에 답을 주시고
그래서 왜 기분이 엉망인지 그 이유를 알게 하시고
그것을 날려버리고, 그리하여
저의 상처를 잊고서 오직 당신만을 바라게 하소서.

오, 거룩하신 성령님,
하느님의 깊은 속과

인간들의 깊은 속과

모든 것들의 깊은 속에 두루 정통하신 성령님,

마음에 병든 자들

그 깊은 중심에 있는 샘을 터뜨리시어

깨끗하게 하시고 하나 되게 하시고 병을 고쳐주십시오.

저들의 모든 기억을 성결하게 하시고

모든 두려움을 몰아내시어

마음과 뜻을 다하여 당신을 사랑함으로써

온전케 되어 영원히 당신께 영광을 돌리도록 하십시오.

악령을 쫓아내고 병든 사람 고쳐주시는

우리 주 예수 그리스도 이름으로 기원합니다.

주님, 저는 지금 늙어가는 중입니다. 전보다 많이 느려졌습니다. 기억력도 좋지 않습니다. 나이를 먹으면서 갈수록 무기력해지고 별것 아닌 일에도 짜증을 냅니다. 같은 말을 하고 또 하는 자신을 보게 됩니다. 사랑하는 친구들이 하나 둘 저승 문턱을 넘어 사라집니다.

주 하느님, 감히 바라건대, 기도하는 동안이라도 저는 먼저 간 친구들을 만나고 그들은 저를 만나고, 그럴 수 있게 해주십시오. 우리에게 하느님 사랑을 전해주신 분, 창조된 이 세계와 영생의 저 세계 사이에 다리를 놓으신 분, 당신의 사랑하는 아드님께서 우리 사랑을 저들에게 전해주셨으면 합니다.

  오, 하느님, 당신의 피조물인 우리는 어떻게든지 죽음을 모면하고 죽음을 생각하지 않으려 애를 씁니다만, 그러나 깊은 중심에서는, 죽음이 우리에게 하나의 경고가 되어 모든 이기주의와 죄에 대하여 날마다 죽을 것을 강권하고 있으며, 그리하여 이윽고 세상을 하직할 때에, 당신 아드님이요 우리 형님이신 예수 그리스도께서 그러셨듯이, 우리 안에도 생명 기운이 약동하여, 죽음의 문턱을 쉬이 넘게 해주리라는 사실을 알고 있습니다.

애플턴은 런던, 버마, 인도 등지에서 성공회 신부로 일하는 동안 다른 종교들의 지혜를 많이 습득하였다. 1963년 서부 호주 교구 대주교가 되었고 5년 뒤에는 예루살렘 성공회 대주교로 위임받았다. 예루살렘에 있으면서 그리스도교, 유대교, 이슬람 공동체들 사이에 다리를 놓고자 애썼다.

에이미 카마이클
Amy Carmichael, 1867~1951

당신께서 저를 부르셨습니다.
저는 그 '왜?'를 모릅니다.
당신께서 저를 의롭다고 하십니다.
저는 그 '어떻게?'를 모릅니다.
당신께서 저를 영화롭게 하십니다.
저는 그 '언제?'를 모릅니다.

오, 주님, 당신 은혜로, 본디 저에게 불가능해보이던 것을
가능한 것으로 만들어주십시오.

영들의 아버님, 당신께 올리고 또 올립니다.
이것이 저의 간절한 탄원입니다.

날마다 흘러들고 흘러나감을 알 수 있도록

사랑으로 지금 저를 채워주십시오.

사랑을 위해, 사랑을 위해, 십자가 지신 우리 주님은
사랑의 밧줄로 나를 당신 곁에 묶어놓으십니다.

오, 우리 주님을 골고다로 이끄신 사랑이여
당신께 무릎 꿇는 저를 지금 관통하여 흐르십시오.

        ※

  주님, 제 아이들로 하여금 자유로이 사랑할 수 있도록 지켜주십시오.
의심의 그늘이 아주 가늘게라도 아이들 가슴에 드리우지 않게 해주십시
오. 저마다 저 아닌 남에게 가장 좋은 것을 생각하도록 도와주십시오. 삶
의 갈피갈피에서 기회를 만날 때마다 따뜻한 사랑으로 모두를 껴안게 해
주십시오. 그 무엇도 사랑을 억누르지 못하게, 그 무엇도 사랑을 식히지
못하게 해주십시오. 이 아이들을 함께 묶은 사랑의 황금밧줄을 세상 마
지막 날까지 끊어지지 않게, 약해지지 않게 지켜주십시오.
  오, 나의 주님, 사랑이신 주님, 저의 이 사랑스런 아이들을 영원토록
당신 사랑 안에서 하나 되게 해주십시오.

▎ 에이미 카마이클은 반세기 이상 인도에서 선교사로 일하며 티루넬벨리(Tirunelveli)에 고아원을 세웠

다. 관절염으로 일찍 은퇴한 뒤, 경건한 내용의 저술들을 통해 세상에 널리 알려졌다. 단순하면서 뜻이 깊은 기도문들도 여러 편 남겼다.

토머스 크랜머
Thomas Cranmer, 1489~1556

오, 하늘에 계신 아버님. 세상을 구원하신 아드님. 오, 두 분께로부터 오신 성령님. 성삼위일체이신 하느님. 비굴한 겁쟁이요 가련한 죄인인 저에게 자비를 베푸소서. 말로 표현할 수 없을 만큼 사악한 죄를 하늘과 땅에 지었습니다. 이제 저는 어디로 갈 것이며 어디로 도망하여 구원을 얻겠습니까? 하늘에서는 눈을 들지도 못할 만큼 부끄러울 것이요, 땅에 서는 그 어디에도 피난처를 찾지 못할 것입니다. 그러니 이제 저는 어찌 해야 합니까? 이대로 절망에 빠져야 합니까? 하느님, 용서해주십시오. 오, 좋으신 하느님. 당신은 자비로우신 분이요, 살려달라고 오는 자들을 내치지 않으시는 분인 줄 압니다. 그래서 지금 당신께로 달려가오니, 당신 앞에 무릎을 꿇사오니, 비록 저의 지은 죄가 무겁더라도, 오, 주 하느님, 저에게 크신 자비를 베풀어주소서. 오, 아들이신 하느님, 하느님이 인간 세상에 사랑으로 오신 이 큰 신비는 몇 사람의 사소한 범죄로 인하여 가려지지 않습니다. 오, 아버지이신 하느님, 당신은 우리의 사소한 죄 때문만이 아니고 이 세상에서 빚어지는 온갖 큰 죄악들을 없애고자 아드님을 죽음에 내어주셨습니다. 그리하여, 모든 죄인이 회개하는 마음으로, 지금 여기에서 제가 그러하듯이, 당신께로 돌아갑니다. 오, 주님. 자비를 베푸시는 것이 당신의 일인지라 저 또한 당신의 자비를 피할 수 없습니다. 비록 저의 죄가 크다 하지만, 그보다는 당신의 자비가 더욱 크시기 때문입니다. 오, 주님. 저의 공로라는 것은 아무것도 아니요 저는 그것들을 조금도 붙잡지 않습니다. 다만, 당신의 이름을 위하여, 당신께서 영광 받으시기를 간절히 바랄 따름입니다.

토머스 그랜머는 헨리 8세와 에드워드 6세가 영국을 다스리던 때 캔터베리 대주교로서 영국 종교 개혁을 이끈 중심인물이었다. 그러나 천주교 신자인 메리 여왕이 집권하자 이단으로 지목되어 화형 당했다. 처형장에서 큰소리로 드린 그의 마지막 기도는 지금도 많은 사람들에게 감명을 주고 있다.

헨리 스콧 홀랜드
Henry Scott Holland, 1847~1918

높은 데서 이루어지는 거룩한 계시 안에서만, 저는 당신 모습을 뵙고자 하지 않습니다! 오랜 순례의 마지막에 이르러서만, 당신 가슴에 저를 맡기거나 당신 발 앞에 무릎을 꿇지 않습니다! 거기에서만이 아니라 멀리 떨어진 곳에서도, 제 합리적인 영혼의 가장 낮은 차원에서도, 저는 당신께 인사를 올립니다! 그곳에서도, 당신 이름으로, 저는 앞으로 나아갑니다! 당신을 믿는 믿음으로, 애당초, 첫발을 내어딛었습니다! 맨 처음 저의 생각이 생명을 얻어 약동할 때, 그때 이미 저 자신을 당신께 던졌습니다! 그때 이미 당신 두 팔이 저를 아래에서 받쳐주셨고, 저는 당신을 믿어 의지했습니다!

오, 우리 모두를 품에 안으시어 바람직한 존재로 만드시는 예수님! 세상을 구원하시는 분이자 모든 성스러움과 평화의 왕자이신 주님! 우리는 죄를 지었고, 잘못된 길로 들어섰고, 넘어졌고, 타락했습니다. 감히 하느님 식탁에서 떨어지는 부스러기를 주워 먹으려고 모여들 만한 가치도 없습니다.

그런즉 우리 영혼 안에 몸소 들어와주십시오. 당신 마음으로 우리 마음을, 당신 몸으로 우리 몸을, 당신 피로 우리 피를 삼키시고, 완벽하게 의로우신 당신 자신으로 우리를 먹이시며, 진리요 생명이신 당신 은총으로 우리를 붙잡아주십시오. 우리를 거룩하고 영원한 당신의 틀에 부으시어 당신 모습으로 바꿔주십시오. 우리가 당신 모습으로 바뀔 수만 있다면, 그 거룩하신 기쁨에 잠길 수만 있다면, 당신의 깨어진 육신에서 솟구치는 피에 젖어 모든 것을 견디고 어떤 괴로움도 회피하지 않겠습니다.

그러지 않고서는 우리를 당신으로 가득 채울 수 없다면, 그렇다면 우리를 슬픔으로 채우십시오. 당신 안에 머물러야만, 당신 몸을 먹고 당신 피를 마셔야만, 당신의 거룩하고 흠 없고 모자라지 않는 봉헌의 은총에 사로잡혀야만, 비로소 우리는 죽음에서 삶으로 건너가고, 마지막 날에 비천한 무덤에서 거룩한 하늘로 올라가기를 희망할 수 있기 때문입니다!

오, 주 예수님, 우리가 지은 죄는 당신께서 누리셔야 했을 기쁨의 좋은 선물을 당신한테서 빼앗았습니다! 당신께서 치르신 고뇌와 피땀의 대가가 없다면, 감히 당신의 살과 피를 받아 모실 자격이 우리에겐 없습니다.

오, 거룩하시고 자비로우시며 모든 것을 용서하시는 주님, 인간의 타락이 안겨주는 두려움과 공포에서 벗어나 타락하기 전에 맛보았던 순진한 기쁨에 대한 기억을 안고 당신 제단에 나아가, 슬픔에 물들고 죽음에 녹슬고 죄악에 찌든 제물이 아니라 흠 없는 중심의 이지러지지 않는 충성을 바칠 수 있도록, 그 길을 우리에게 가르쳐주십시오.

세인트 폴(St. Paul) 대성당 참사회원이면서 하버드 대학의 교수였던 홀랜드는 저술과 설교를 통하여 사회 정치적 이념을 기독교 윤리에 적용하고자 노력했다. 그러나 그의 급진적 사유의 바닥에는, 그리스도와의 인격적 관계 안에서 평화와 위안을 얻고자 애쓰는 영혼이 있었다.

마이클 홀링스
Michael Hollings, 1921~

신문을 읽을 때마다, 어떻게 사람이 사람한테 그토록 끔찍한 짓을 할 수 있는지, 저는 이해가 되지 않습니다. 정치적 견해가 다르다는 이유로, 종교적 신조가 다르다는 이유로, 어떻게 사람을 고문할 수 있는지, 믿어지지가 않습니다. 그러나 증인들은 실제로 일어난 일을 있는 그대로 말해주고 있습니다.

주님, 눈물로 간구합니다. 같은 사람에게 그토록 심한 상처를 입히는 자들을 부디 도와주십시오. 그들 가슴에서 증오를 제거해주시고, 자기가 무슨 짓을 하고 있는지 알게 해주십시오.

괴롭힘을 당하는 자들에게 힘을 주시고, 용기와 함께 더욱 든든한 믿음을 주십시오.

당신을 섬기며 살고자 애쓰는 모든 사람에게 고난당하는 이들을 섬기려는 뜨거운 마음을 주시고, 이 세상 악한 권세와 싸워 이길 사랑을 우리에게 주소서.

주님, 전에 어떤 사자 새끼들에 관한 글을 읽은 적이 있습니다. 그 새끼들은 다른 새끼들과 달리 털 색깔이 희었답니다.

주님, 제 생각에 그 어미는 흰둥이 새끼들을 있는 그대로 품에 받아들였을 것입니다. 혹시 다른 누렁이 새끼들이 그들을 업신여기거나 괴롭혔을까요, 주님?

그랬다면 저는 그 동물적 본능을 증오합니다. 그러나, 만일 그러지 않았다면, 그렇다면 어째서 만물의 영장이라는 우리 인간들은 자기와 피부색이 다르다는 이유로 다른 인간들을 겁내고, 싫어하고, 미워하는 걸까요?

오, 주님, 우리 모두 색맹이 되게 도와주십시오.

주님, 저는 이 나라 통치자들과 남녀 정치인들을 위해서 기도해야 한다는 것을 알고 있습니다. 그러나 제 눈에 저들은 가망이 없어 보이고, 기도해봤자 아무 소용이 없을 것만 같습니다. 하지만 저는, 우리를 비열하게 이용해먹는 자들을 위해서 기도하지 않으면 안 된다는 사실을 잘 알고 있으며, 당신께서 구원하실 수 없을 만큼 나쁜 인간은 없다는 사실도 잘 알고 있습니다. 그런데, 주님께서도 바리새파에게 의심을 품지 않으셨습니까? 아마도 당신께서는 그들을 위해 많은 기도를 하셨겠습니다만, 성경은 그 내막을 우리에게 일러주지 않고 있습니다.

우리에게 정치인들 위해서 기도하는 법을 가르쳐주십시오. 그리고, 당신께서 그들에게 자기가 속한 정당을 넘어 더 넓은 세계를 볼 눈과 지혜를 주시며 아울러 전체 인류를 위해 선한 일을 할 용기도 주실 것이라는 희망을 안고 계속 기도할 수 있도록 믿음을 주십시오.

런던의 가톨릭 사제인 홀링스의 저술에는 전통적인 가톨릭 영성과 예리한 정치 사회적 각성이 조화롭게 혼합되어 있다. 그의 많은 기도문은 에타 굴릭(Etta Gullick)에 의하여 작곡되었다.

십자가의 요한
John of the Cross, 1542~1591

사랑하는 주님, 더 이상 중간 전달자들을 통하여 당신에 관한 이야기를 듣고 싶지 않습니다. 당신에 관한 교설들을 듣고 싶지도 않고, 당신에 관하여 이야기하는 자들 때문에 제 감정이 휘둘리는 것도 원치 않습니다.

당신의 현존을, 저는 갈망합니다. 중간 전달자들은 제가 당신한테서 얼마나 멀리 떨어져 있는지를 상기시켜 줌으로써 저를 슬프게 하고 절망시킬 뿐입니다. 그들은 제 가슴 속 상처를 들쑤시고, 당신이 저에게 오시는 것을 어떻게든지 지연시키려는 것 같습니다.

이제 오늘부터 제발 더 이상 저에게 중간 전달자들을 보내지 말아주십시오. 당신에 관한 교설들도 더 이상 그들을 통해서 들려주지 마십시오.

저들은 당신께 향한 저의 갈망을 결코 채워주지 못합니다.

저는 저 자신을 온전히 당신께 드리고 싶습니다. 그리고 당신께서도 온전히 당신을 저에게 주시기 바랍니다. 그동안 흘낏 보여주신 당신 사랑을, 이제는 옹글게 보여주십시오. 중간 전달자들을 통해서 들려주신 사랑을, 이제는 몸소 제게 들려주십시오. 때로는, 당신이 저한테서 숨으시어 저를 놀리신다는 생각이 듭니다. 값을 매길 수 없는 당신 사랑의 보석을 지니고, 주님, 저에게로 오십시오.

사랑하는 주님, 여러 교리들과 신앙에 관한 논문들의 베일로 가리어진 진리를, 경건한 설교들과 서적들의 가면으로 분장된 진리를, 저에게 주십시오. 제 눈으로 하여금 그 베일을 찢고 가면을 벗겨내어, 당신의 진리를 직접 대면케 하소서.

오, 주님, 저의 탄원을 들어주십시오.
새로 밝는 날마다, 더불어 죽음이 다가옵니다.
더 이상 제 삶의 어둠을 견딜 수가 없습니다.
제가 죽지 못해서 그래서 이렇게 죽습니다.

무슨 목적이 있어서 제가 아직 숨을 쉬는 겁니까?
유일한 목적은 죽음의 고통을 늦추는 것입니다만
그러나 제 삶 또한 죽음만큼 괴롭습니다.
제가 죽지 못해서 그래서 이렇게 죽습니다.

물 밖으로 나온 고기는 고통과 안식을 함께 얻습니다.
처음에는 육신의 고통으로 괴롭지만, 그러나
아픔의 불꽃이 꺼지면 죽음이 안식을 가져다주지요.
제가 죽지 못해서 그래서 이렇게 죽습니다.

고통을 덜어보려고, 거룩한 빵과
포도주의 형상 안에서, 당신을 바라봅니다만
당신 얼굴 뵙지 못하매 제 가슴은 무너져 내립니다.
제가 죽지 못해서 그래서 이렇게 죽습니다.

하늘나라 기쁨을 향하여 나아가다가
마침내 당신 얼굴을 대면하게 된다면
당신 아니 계셔서 맛보는 저의 이 고통도 끝나겠지요.
제가 죽지 못해서 그래서 이렇게 죽습니다.

죽음의 캄캄한 굴에서 저를 끌어내주십시오.
당신 빛 아래에서 자유로이 살게 해주십시오.

지금 제 영혼이 밤처럼 어둡습니다.

제가 죽지 못해서 그래서 이렇게 죽습니다.

이 어두운 땅에서 거두어지기를 소원합니다.

이 어두운 육신에서 풀려나기를 소원합니다.

그때 저는 황홀한 기쁨으로 울겠지요.

당신 안에 살아서 그래서 제가 삽니다.

사랑하는 주 하느님, 아직 제 죄를 기억하시고 그래서 제가 갈망하는 당신의 복 내리시기를 미루신다면, 비나니 저에게 마땅한 벌을 내리시든지 아니면 자비를 베푸소서. 제가 착하게 잘 살고 남들에게 좋은 이웃이 되기를 기다리신다면, 당신께서 바라시는 대로 행동할 의지와 힘을 주십시오.

왜 무엇을 기다리고 계십니까? 제가 그토록 갈망하는 사랑을 쏟아 부어주시기에 지체하시는 까닭이 무엇입니까? 당신께서 힘을 주시고 인도하시지 않는다면 제가 무슨 수로 착하게 살고 남들에게 좋은 이웃이 되어주겠습니까? 당신께서 저를 값지게 만들어주시지 않는다면 어찌 제가 당신께 값진 존재일 수 있겠습니까? 당신께서 저를 일으켜 세우지 않으신다면 제가 어찌 당신께로 일어설 수 있겠습니까?

사랑하는 아드님 예수 그리스도를 통해서 제게 베푸신 은총을 정말로 거두어가지 않으시려는 겁니까? 그분이 온 인류에게 드러내신 그 사랑을 정말로 저에게도 베푸시려는 겁니까? 어찌하여 기다리고만 계십니까?

땅과 하늘이 모두 제 것입니다! 세상 사람들이, 의롭든 죄 많든, 모두 제 것입니다! 천사들, 성인들, 순교자들이 제 것입니다! 이 모두가 제 것인 까닭은, 당신 사랑에 대한 보답으로 제가 이 모두를 당신께 바칠 것이기 때문입니다.

당신께 제 삶과 제 모든 것을 드립니다! 속히 받아주십시오. 무엇을 왜 기다리고 계십니까?

오, 성령의 불이시여, 당신은 제 영혼을 꿰뚫어 찢으시고 그것을 당신 열기로 사르십니다. 저를 너무나도 사랑하시어 영생에 대한 희망과 지식을 제 가슴에 심어주십니다. 그동안 저의 기도는, 제 사랑이 너무 약하고 불순한 까닭에, 당신 귀에 가서 닿지 못했습니다. 그리하여, 제 차가운 가슴을 덥혀달라고 간절히 빌었지만, 당신은 제 기도를 듣지 못하셨습니다.

그러나 이제 당신이 저에게로 오셨고 제 사랑 또한 뜨거운 열정으로 불타는지라, 저의 모든 기도를 들으시는 줄 제가 아나이다. 당신께서 제게 기도하기를 바라시는 그것을 제가 기도합니다. 당신께서 제게 욕망하기를 바라시는 그것을 제가 욕망합니다. 당신께서 제게 하기를 바라시는 그 일을 제가 합니다. 당신은, 당신 종이 되게 하시려고, 저를 자유롭게 하셨습니다.

✳

주님, 당신 말고 누가 쓰라림에서 달콤함을, 고통에서 쾌락을 자아낼 수 있겠습니까? 아, 얼마나 경이로운지요? 깊을수록 그만큼 치유의 기쁨이 큰 제 영혼의 아픈 상처들!

❀

오, 주 하느님, 당신은 힘 있으신 만큼 너그러우시고 풍부하신 만큼 친절하십니다. 너무나도 힘차게 그리고 넘치게 귀한 선물을 쏟아 부으십니다. 오, 부드러운 손의 하느님, 너무나도 부드럽게 당신은 제 영혼을 어루만져주십니다. 그러나 만일 그 손으로 세상을 누르시면 모든 피조물이 망가져버리겠지요. 화난 눈으로 당신이 세상을 노려보시면 온 땅이 흔들리고 산들은 무너져 내릴 것입니다. 그런데도 당신은 저를 너무나도 부드럽게, 다정하게 그리고 사랑스럽게 대하십니다. 모든 피조물을 살리고 죽이는 능력이 당신께 있습니다. 그런데도 그 능력을 짐짓 거두시고, 그 대신에, 저의 영혼으로 하여금, 당신 손에 고침 받는 기쁨을 맛보기 위하여, 죄에 빠져 상처 입도록 허락하십니다. 당신은, 제 속에서, 살해당해야 할 것을, 죽이십니다. 그렇게, 당신 생명을 위하여 저를 살려내십니다.

페늘롱
Fénelon, 1651~1715

하느님, 제가 혹시 세상에서 이루시려는 당신의 일을 훼방하였습니
까? 저의 재산, 건강, 영향력, 지능, 권위, 지식, 지위 따위로 당신의 명
예를 더럽혔던가요? 당신의 거룩한 피로 물 주어 기르시는 사랑의 씨앗
들을 죽이려 했습니까? 당신을 십자가로 끌어가는 사악함과 복수심에서
쾌락을 맛본 적이 있던가요? 자신의 영광을 위하여 저 자신을 악마에게
팔아넘겼습니까?

참으로 어리석었습니다! 악마 안에서는 끝없는 곤경과 비참 말고 아무

돌려받을 것이 없습니다. 남들이 저에게 못된 짓을 했기 때문에 받은 것을 그대로 갚아줄 뿐이라고 말하는 어리석음을 저질렀습니다. 그러나 당신께서는, 당신 아드님 예수 그리스도 안에서, 섬김을 받으러가 아니라 섬기러 오셨습니다. 그러므로 저 또한 당신이 마련해주신 모든 상황 속에서 대가나 보상을 바라지 않고 남들을 섬겨야 합니다. 그렇게 하여, 저는, 이 땅에서 당신을 빛나게 해드릴 수 있으며 언제고 하늘에서 당신과 함께 영광을 누릴 그날을 희망할 수 있으니까요.

　오, 하느님. 당신만이 우리의 나약함을 깊이 헤아려 아시고 당신만이 우리를 고쳐주실 수 있습니다. 우리 눈을 돌려 언제나, 전능하신 아버지와 용감히 고난을 받아들이신 아드님을 바라보게 하소서. 그분은 십자가에 못 박히셨습니다. 그런즉 우리는, 수난이 축복으로 바뀔 수 있음을 배워야 하겠습니다. 여태껏 물질의 안락과 육신의 쾌락을 추구해왔기에, 당신 아드님의 아프게 찢어진 몸을 바라볼 때, 우리는 그 무서운 정경에 떨지 않을 수 없습니다. 하오나, 그분의 영광스러운 부활을 뵈면, 그분을 십자가에 고정시켰던 못들이 영생의 문을 짜 맞추는 데 사용되었음을 또한 알게 됩니다.

　두 번 다시 고통을 겁내지 않도록, 오직 죄만을 겁내도록, 우리를 도와주십시오. 당신의 영원한 행복에 대한 분명하고 확실한 깨달음 안에서, 모든 고통을, 당신께서 우리에게 주시는 것으로, 받아들일 용기를 주십시오.

✳

하느님, 참으로 외람된 말씀이오나 한 가지 불평할 게 있습니다. 당신 교회에 영적 지도자들이 왜 이토록 가뭄에 콩 나기로 드문 것입니까? 교회 안에 겉으로 나타나는 경건의 모습을 보여주는 자들은 제법 많이 있습니다만, 그러나 안으로 참된 지식과 성스러움을 갖춘 자들은 거의 없습니다. 두툼한 신학서적들을 탐독하는 자들은 꽤 많습니다만, 당신의 길을 제대로 이해하는 자들은 만나기 어렵습니다.

스스로 자기가 대단한 존재라고 생각하는 자들한테서 당신 진리의 신비들을 감추신 데 대하여 감사드립니다. 그 대신 당신은, 스스로 아무것도 아니라고 생각하는 사람들에게 당신을 보여주기로 하셨지요. 하오나, 참된 지식과 참된 성스러움을 갖춘 이들은 스스로 남을 인도할 재목이 못된다면서 영적 지도자로 봉사하기를 꺼려합니다. 그들 가슴에 용기와 자신감을 심어주시어 저들이 받은 바 은총을 남들에게 나눠주도록 하소서.

인간 이성이 강조되던 시절에 페늘롱은 하느님과 인간의 관계가, 그 어떤 보상에 대한 기대도 없이, 순수한 영적 사랑에 근거해야 한다고 생각했다. 그리고 그런 사랑은, 영혼의 내적 고요함에서 받아들여지는 하느님의 은총에 의해서만 이루어진다고 믿었다. 그를 따르는 사람들에게 써준 세 편의 기도문에 그의 신비주의 사상이 아름답게 표현되어 있다.

딤마
Dimma, 7세기

오, 주님, 거룩하신 아버님, 우주의 창조자시요 우주법을 세우신 분이
시여, 당신께서는 죽은 자를 살리시고 병든 자를 고치실 수 있나이다. 이
제 우리의 병든 형제를 위하여 기도하오니, 그로 하여금 자기 위에 얹혀
진 당신 손을 느끼게 하시고 그리하여 몸과 영혼이 새롭게 되어 다시 살
아나게 하소서. 당신께서 모든 피조물을 붙잡고 계시는 그 사랑을 저에
게 보여주소서.

오, 하느님, 당신은 죄인이 죽기를 바라지 아니하시고 그가 죄에서 돌
이켜 살기를 바라십니다. 죄 많은 형제를 위하여 기도하오니, 그의 모든
잘못된 행실을 용서하시고 그의 가슴을 당신께로 돌려주십시오. 저가 마
땅히 받을 것은 형벌밖에 없사오나, 자비를 베푸시어 저에게 영생으로
들어가는 문을 열어주소서.

오, 하느님, 당신께서는 온유로써 모든 피조물을 다스리시고 가장 비

참한 궁지에 몰려 있는 자들에게 새로운 희망을 안겨주십니다. 영혼이 캄캄한 절망에 빠져 있는 형제를 위하여 기도하오니, 당신 사랑의 순결한 빛을 저에게 비추어주십시오. 그가 제 생일을 저주하고 죽기를 소원할 때, 그에게 하늘나라의 기쁨을 마련해줄 새로운 출생의 기적을 보여주소서.

이 아일랜드 수도자 딤마에 대하여는, 그가 7세기에 살았다는 사실 말고 알려진 바가 거의 없다. 그의 기도문들이 초기 아일랜드 교회의 예배 의식서에 남아 있다.

 딩카 족
Dinka

주님, 당신은 여기 계십니다.
주님, 당신은 저기 계십니다.
우리가 어딜 가든지, 거기에 당신이 계십니다.
주님, 당신은 우리를 인도하십니다.
주님, 당신은 우리를 보호하십니다.
우리가 어딜 가든지, 거기에 당신이 계십니다.

주님, 우리는 당신이 필요합니다.

주님, 우리는 당신을 신뢰합니다.

우리가 어딜 가든지, 거기에 당신이 계십니다.

주님, 우리는 당신을 사랑합니다.

주님, 우리는 당신을 찬양합니다.

우리가 어딜 가든지, 거기에 당신이 계십니다.

우리에게 비를 내리시어

풀과 나무를 살려주십시오.

우리에게 비를 내리시어

땅을 살려주십시오.

우리에게 비를 내리시어

곡식을 살려주십시오.

우리에게 비를 내리시어

아이들을 살려주십시오.

주님, 당신은 우리에게 등을 돌리셨습니다.

우리가 말과 행실로 당신을 화나게 해드렸나이다.

그래서 소들이 굶어죽고
아이들은 병들어 죽어갑니다.

우리 모두 죽을까봐 무섭습니다.
당신께 생사가 달려 있음을 우리는 압니다.
당신을 기쁘시게 해드리려면
무얼 어떻게 해야 하는지 가르쳐주십시오.
우리한테서 노여움을 거두시고
우리에게 자비를 베푸소서.

바야흐로 해가 집니다.
저는 자리에 앉아 쉬며, 당신을 생각합니다.
지친 제 몸에 평안을 주십시오.
팔과 다리는 그만 아프게 하시고
코도 그만 훌쩍거리게 하시고
머리도 그만 생각하게 하시고
당신 품에 안겨 잠들게 하소서.

저를 미워하는 사람들이 있습니다.

저로 하여금, 그들을 사랑하게 해주십시오.

저에게 잘못한 사람들이 있습니다.

저로 하여금, 그들을 용서하게 해주십시오.

남부 수단의 나일 강 유역에 살고 있는 딩카 족은 지금 거의 모두가 그리스도인이다. 그러나 고대 히브리 족이 다신론 세계에서 유일신을 믿고 살았듯이, 딩카 족은 조상들이 가졌던 믿음과 기도를 버리지 않고 새로운 신앙에 혼합시켜 그대로 유지하고 있다.

푸아티에의 힐라리우스
Hilary of Poitiers, 315~367

제 언어가 비록 모자라고 빈약하긴 하나, 아예 할 말이 없어서 입을 다물어야 할 만큼, 당신에 대한 제 생각이 근절되지는 않았습니다. 당신 말씀이, 성령에 의하여, 제 말로 옮겨져서 그것으로 제가 당신의 진리를 선포합니다. 당신 지혜가 제 생각의 수준만큼 낮아져서, 그것으로 제가 사람들을 인도합니다. 당신의 크신 덕(德)이 사소한 선행들로 표현되어서 제가 감히 그것을 이룰 수가 있습니다.

놀랍게 물결치는 당신의 바다를 볼 때, 그 물이 어디에서 왔으며 어디로 어떻게 움직이는지를 알 수 없어서 저는 믿음에 빠져들고 맙니다. 당신만이 저 바다와 물결을 지으실 수 있기 때문입니다. 저 모든 나무와 피어나는 꽃들을 볼 때, 그것들이 어떻게 자라나고 무성해지는지를 알 수 없어서 저는 믿음에 빠져들고 맙니다. 당신만이 나무와 풀들을 지으실 수 있기 때문입니다. 저 자신을 바라볼 때 제 마음과 몸이 어떻게 움직이는지를 알 수 없어서 저는 믿음에 빠져들고 맙니다. 당신만이 사람을 지으실 수 있기 때문입니다.

저의 무지는 앎과 예배로 가는 제 걸음을 가로막지 못합니다. 오히려 저와 저를 둘러싼 모든 것들에 대한 저의 무지가, 만유를 지으시고 모든 생명을 살리시는 당신께 온전히 의지하라고 저를 일깨웁니다.

오, 하느님, 제가 당신께 바치는 가장 큰 섬김은 제 모든 생각과 언어로 당신을 말하는 것입니다. 당신께서 저에게 주신 언어 능력이 저에게 줄 수 있는 가장 큰 즐거움은, 당신 복음을 설교함으로써 당신을 섬기는 것입니다.

그러나 지금 이런 말씀을 드리는 것은, 어디까지나 그랬으면 좋겠다는 제 마음을 드러낸 것일 뿐입니다. 제게 주신 은사를 실제로 활용하려면, 당신을 위해서 펼쳐 올린 저의 돛에 성령 바람을 불어주셔야만 합니다. 그렇게 저를 도우시어, 제 생각과 음성에 영감을 불어넣어주셔야만 제게 주신 당신 선물을 제대로 활용할 수 있습니다. 제가 가끔 감각이 무뎌지고 멍청해져서, 당신에 관하여 얘기할 수 없을 만큼 게으르다는 사실을 알고 있습니다. 그리고 저는 당신의 경전들을 충분히 연구하여 당신 말씀에 부합하는 제 말을 갖추지도 못했습니다. 부디 저에게 사도들의 영을 나눠 가질 힘과 용기를 주시고 그래서 저도 그들처럼 당신 은총을 세상에 전하는 사절(使節)이 되게 하소서.

　주님, 제가 비록 티끌이요 먼지입니다만, 사랑의 사슬로 당신께 비끌어 매인 몸입니다. 그런즉, 저는 당신께 무슨 말씀이든 마음대로 드릴 수 있습니다. 당신을 알게 되기까지, 저는 아무것도 아니었어요. 인생의 의미도 몰랐고 제가 누군지는 더욱 몰랐습니다. 당신이 저를 세상에 태어나게 하신 데 어떤 목적이 있음을 의심하지는 않았습니다만, 그런데도 당신께는 제가 필요하지 않으셨고 제게도 당신이 필요치 않았습니다.

　그런데 이제 당신께서 저로 하여금 당신 아드님 예수 그리스도의 말씀을 듣지 않을 수 없도록 만드셨네요. 그리하여, 그분 말씀을 들을 때 그분 사랑이 제 가슴을 파고들게 하셨습니다. 이제 저는 그분의 사랑과 믿음에 완전히 빠져들었습니다. 달리 무슨 방법이 없어요. 주님, 이제 저는 제 신앙에 대한 태도를 바꿀 수가 없습니다, 오직 그것을 위해 죽을 수 있을 뿐.

이교도로 태어나 성경을 읽고 스스로 그리스도인이 된 힐라리우스를, 푸아티에 사람들은, 결혼을
했음에도 불구하고 자기네 주교로 모셨다. 죄 때문이 아니라 무지 때문에 신앙이 필요하다고, 끊
임없이 하느님과 대화하는 기도를 통해서 신성한 사랑에 바탕을 둔 참된 지식에 도달한다고, 그는
믿었다.

이그나티우스 로욜라
Ignatius Loyola, 1491~1556

만유의 주님, 저를 당신께 바칩니다. 제 노동뿐만 아니라 애정과 감정
도 바칩니다. 제 감각들을 기꺼이 무시하며, 당신의 은혜와 호의에 힘입
어, 오직 당신만을 섬길 것을 간절히 바라나이다. 당신의 무한하신 신성
(神性)과 당신의 영광스러운 어머님과 하늘에 있는 성인 성녀들 앞에서,
이 모든 봉헌을 드립니다. 당신을 섬기고 기리기 위하여, 물심양면의 궁
핍을 참아내고 온갖 상해와 모욕을 견디는 일에 당신을 닮고자 원합니
다. 비나니, 제가 드리는 것을 모두 받아주시고, 어떻게 하면 당신을 닮
을 수 있는지 그 방법을 일러주십시오.

받아주소서, 주님, 제 모든 자유와 기억과 지능과 의지와, 제게 있는 모든 것을 받아주소서. 주께서 제게 주신 것들입니다. 이제 그것들 모두 당신께 돌려드립니다. 주님, 모두 당신 것입니다. 당신 뜻대로 이 선물들을 처분하십시오. 저는 다만 당신의 사랑과 은혜만을 구하오니, 그것으로 저에겐 충분하기 때문입니다.

✳

사랑하올 주님, 저에게 너그러움을 가르쳐주십시오. 다만, 제가 당신 뜻에 따르고 있음을 알게만 해주십시오. 당신을 섬기되 당신께서 받아 마땅한 방법으로 섬기고, 남에게 주되 되받을 일을 계산하지 않고, 싸우되 상처를 개의치 않고, 힘써 일하되 편히 쉬기를 도모하지 않고, 수고하되 보상을 바라지 않는 법을 가르쳐주십시오.

스페인 바스크 지방의 귀족 가문에 태어난 이그나티우스 로욜라는 군인으로 경력의 첫발을 내딛었다. 그러나 1521년, 심한 부상을 입자 남은 생애를 그리스도에게 바치기로 결심한다. 긴 회복기를 거치는 동안 자신의 경험을 바탕으로 삼아 《영성수련 The Spiritual Exercises》을 집필하기 시작했는데, 그 책에는, 정욕을 극복하고 그리스도의 영적 군대로 싸우도록 영혼을 인도하기 위한 명상법들이 포함되었다. 1538년, 여섯 동지들과 함께, 뒤에 예수회로 알려진 '예수의 사회'를 결성하였다. 《영성수련》은 예수회원들의 수련을 위한 교과서가 되었고, 수도자들로 하여금 세계 구석구석에 선교사로 파송받을 수 있도록 용기를 주었다.

프랑수아 샤뇨
François Chagneau

인간의 모든 욕구를 이기는
강한 힘으로 당기시어, 저로 하여금
걷게 하시는 이 길에서,
저는 외롭습니다.

외롭습니다.
제 존재 깊은 곳에
입을 벌린 상처 같은
외로움을 느낍니다.
저를 둘러싼 인간들은
제가 호소하는 소리만 들려도
슬그머니 모습을 감추는
그림자 같은 존재들일 뿐입니다.
제가 다가갈 때마다
그들은 도망치고 사라집니다.
아무래도 이 고독 안에 자리를 잡고서
그것을 외로운 동반자로 삼아야 할
때가 된 것 같습니다.

이 외로움이 어디에서 왔는지
저는 모릅니다.
당신한테서 온 것입니까?
이것이 그 위에서 제가 당신을 만나 뵙고
마침내 당신의 진리를 발견할
유일한 그 길인가요?
아니면, 저를 더 이상 사랑하지 않기로 결심하여
차가운 무관심 속으로
깊숙하게 빠져들도록 만든
사람들한테서 온 것입니까?
그도 아니면,
남들을 끌어당기려고 시도하면서
그때마다 오히려 그들을 밀어내는
저한테서 온 것인가요?

오, 주님.
저 홀로 걷습니다.
제 귀에 울리는 고요함이
사람들 아우성보다 크게 들립니다.
내 주, 내 하느님,
당신 향해 가까이 갈수록
더 깊은 고독에 빠져들면서

오, 주님.
저 이렇게 홀로 걷습니다.

제가
하느님이라고 부르는
당신은 누구십니까?
제가 그리스도라고 부르는
하느님의 아드님
당신은 누구십니까?

바다 너머 어느 수평선 위에
땅의 어느 구석진 곳에
당신 이름이 새겨져 있나요?
제 길을 걷다가
한 생각의 움직임이나
영혼이 고양되는 순간
흘낏 보게 되는 당신을,
어느 알려지지 않은 존재한테서
제가 발견할 것입니까?
아직 한번도 당신을 뵙지 못했습니다만,

비록 당신 이름도 모릅니다만,
그래도 저는 당신을 믿고 희망합니다.

햇볕에 달구어진 모래알처럼, 당신은
제 손가락 사이로 미끄러지십니다.
어둑어둑할 때의 눈발처럼, 당신은
차차 흐릿해지다가 드디어 보이지 않습니다.
해가 지고
모든 것이 밤의 평화 속에 묻힐 때
아마도 그때, 저희는
빛을 향해 울부짖는 어둠처럼
당신 왕국을 발견하겠지요.
처음 인류를 일으키실 때,
저의 무딘 몸에,
잃었다가 다시 얻기를 되풀이하는
저의 무딘 몸에, 당신은
생명을 넘겨주셨습니다.
저의 평생이 당신을 찾고
제 눈은 당신만을 뵙고자 합니다.
하느님,
제가 저의 하느님으로 믿는 분,
제가 저의 주님으로 믿는 그리스도,

제가 희망을 걸고 있는 사랑의 하느님,

당신은 누구십니까?

 프랑스 보캥(Boquen) 수도원 소속 평신도 회원인 프랑수아 샤뇨는, 개인이나 그룹이 사용할 수 있도록 여러 편의 기도문을 작성했다. 그의 기도에는 정직함과 간절함이 배어 있다.

토마스 뮌처
Thomas Müntzer, 1490~1525

　미쁘신 하느님, 이제 우리가 당신과 계약을 맺사오니 우리 곁에 가까이 계시어 모든 죄와 허물에서 떠나도록 우리를 이끌어주소서. 성찬예식의 빵과 포도주로 상징화된 당신 아드님 예수 그리스도의 부드러운 살과 값진 피로 하여금, 결코 깨어지지 않을 이 계약의 날인(捺印)이 되게 하소서.

　사랑하올 하느님, 당신 아드님 예수 그리스도를 베들레헴에서 사람의 형상으로, 우리 가슴에서 영의 형상으로 태어나게 하심을 감사드립니다. 그분으로 하여금, 모든 인간의 가슴에서 왕 노릇하심으로써 사람 사는 모든 마을과 고장이 그분의 사랑법에 따라 살 수 있게 하소서.

평화로우신 하느님, 당신께서는 우리가 받을 죄에 대한 벌을 대신 지시고 그리하여 우리를 당신께 화해시키시고자 당신 아드님을 골고다에서 죽게 하셨습니다. 우리의 죄 많은 자아로 하여금 십자가 위에서 그분과 함께 죽게 하시어, 모든 믿는 자들에게 약속하신 온전한 기쁨과 은혜가 충만한 생명으로 부활하게 하소서.

자비로우신 하느님, 우리는 우리에게 쏟아 부으실 분노의 잔을 마시는 것이 지극히 당연함을 잘 알고 있습니다. 그런데도 당신께서는 무한 사랑 안에서 거룩하신 성령님의 은총을 대신 부어주시기로 하셨나이다. 당신의 성령님으로 하여금 우리 마음을 밝히게 하시어, 당신께서 우리에게 보여주신 그 자비로운 사랑을 남들에게 보여줄 수 있게 하소서.

밀알 하나가 많은 열매를 거두려면 땅에 떨어져 죽어야 하듯이, 당신 아드님은 사랑의 풍성한 열매를 거두고자 십자가에서 죽으셨습니다. 추수한 밀알이 빵으로 되기 위하여 가루로 부서져야 하듯이, 당신 아드님의 고통은 우리에게 생명의 빵을 가져다주십니다. 빵이 우리에게 날마다 살아갈 기운을 주듯이, 당신 아드님의 부활하신 몸은 우리에게 당신의 법에 복종할 힘을 주십니다.

토마스 뮌처는 루터와 함께 로마 가톨릭에 항거하여, 열정적인 프로테스탄트 설교자로 활약했다. 그러나 세례의식 문제로 루터와 갈라섰고 독립교회를 세웠다. 그는 성인만이 세례를 받을 수 있다고 주장했다. 독일의 농촌 빈민들이 폭력적인 혁명에 저항하여 농민반란을 일으켰을 때 그들을 지지하여 가담했다가 반란이 실패로 끝나자 체포되어 처형당했다. 그러나 그의 기도문들에는 과격한 삶의 흔적이 조금도 보이지 않고 프로테스탄트 신앙이 간결하고 우아하게 표현되어 있다.

 오리게네스
Origenes, 185~254

주님, 당신은 무엇이나 다 하실 수 있으십니다. 비나니, 우리를 불쌍히 여기사, 당신 말씀을 그냥 듣기만 하지 말고 그대로 실천할 수 있게 하소서. 우리 영혼에 당신의 홍수를 부으시어, 우리 안에 있는 죽여야 할 것은 죽이시고 살려야 할 것은 살려주십시오.

　주님, 우리로 하여금 중심으로 당신을 믿고, 입술로 당신을 말하고, 당신 계명을 우리 몸으로 실천할 수 있음을 행실로 증명케 하소서. 우리가 영으로 할례 받은 것을 더불어 사는 모든 사람이 알아볼 수 있게 해주시고, 그래서, 그들로 하여금 우리의 착한 행실을 보고 당신을 찬양하게 하소서.

　주님, 당신 손을 우리 눈에 얹으시어, 보이는 것뿐만 아니라 보이지 않는 것도 볼 수 있게 하소서. 우리 눈길이 지금 있는 것뿐만 아니라 앞으로 올 것에도 미치게 하시고, 마음의 눈을 가린 막을 벗기시어 영광 가운데 계시는 하느님을 우러러 뵙게 하소서.

　주님, 우리에게 영감을 베푸시어 밤낮으로 성경을 읽고 묵상하게 하소서. 성경을 읽을 때마다 우리에게 필요한 참된 깨달음을 주시고, 그래서 얻은 교훈을 실천에 옮기게 하소서. 하오나 우리는, 성경에 대한 깨달음이나 그것을 실천하려는 의지도, 당신의 은혜로운 사랑에 뿌리 내리지 않으면 아무 쓸모가 없음을 알고 있습니다. 그래서 비나니, 성경의 언어들이 그냥 종이 위에 적힌 글씨로만 남아 있지 않게 하시고, 우리 가슴 깊은 곳에 당신 은총을 전해주는 통로가 되게 하소서.

탁월한 신학자이자 성서학자인 오리게네스는 타협을 모르는 열렬한 신앙 때문에 자주 제도교회와 마찰을 빚었다. 성경을 예배, 도덕, 은유의 세 가지 차원에서 읽어야 한다고 가르쳤는데, 성경에 대한 이런 태도가 짧은 기도문에 잘 표현되어 있다.

마저리 켐프

Margery Kempe, 1373~1440

주님, 당신의 자비를 구하옵니다. 제가 지은 죄에 벌을 내리시고, 저의 모든 악을 씻기시어 영원한 저주에서 구원받게 하소서. 이곳 땅 위에서 어떤 고통이든지 기꺼이 받겠습니다. 그리고 그것으로 지옥의 고문을 피할 수 있을 테니 오히려 지상에서 받는 고통을 행복으로 여기겠습니다.

주 하느님, 당신은 모든 것을 아십니다. 제가 얼마나 오랫동안 순결해지기를 갈망했는지, 그래서 제 몸과 영혼과 저 자신을 온전히 당신께 바칠 수 있기를 바라왔는지, 당신은 아십니다. 당신을 위해서 제 마음을 순결하게 하려고 고기와 술을 끊고자 얼마나 애썼는지, 당신은 아십니다. 저는 한번도 당신의 뜻을 어기려 하지 않았습니다. 그리하여, 당신의 계명을 지키는 데 실패할 적마다 슬픔이 저를 사로잡았습니다. 복되신 예수님, 언제나 당신의 뜻을 알려주시고 그 뜻에 복종할 힘을 저에게 주십시오.

아아, 주님, 처녀들이 하늘에서 즐겁게 춤추고 있네요. 저도 함께 출 수 없을까요? 처녀가 아니니, 그럴 수 없겠지요. 세상에 태어나자마자 죽임을 당했더라면 차라리 좋았겠습니다. 그랬더라면 당신을 불쾌하게 해드리지 않았을 테니까요. 그랬더라면 당신께서 저의 처녀성을 종신토록 받으셨겠지요.

아아, 사랑하올 주님, 평생토록 저는 당신을 사랑하지 않았습니다. 그래서 지금, 당신을 모르고 살던 시절을 아프게 뉘우칩니다. 저는 당신한테서 달아났습니다. 그런데도 당신은 저를 쫓아오셨고, 그래서 지금 이토록 불결한 저에게 희망을 주십니다.

주님, 제 눈을 눈물샘으로 만들어주세요. 그래서 당신 성체를 받아 모실 때 경건의 눈물이 제 뺨을 적시게 해주세요. 주님, 당신은 저의 기쁨이요 지복(至福)이요 위안이며 세상에서 지닌 저의 모든 보물입니다. 저는 세속의 즐거움을 원하지 않습니다. 오직 당신만을 원합니다. 그러하오니, 사랑하올 주님, 지금 제가 받아 모시는 성체로 하여금 영원토록 저를 버리지 않겠다는 당신의 보증이 되게 하소서.

사랑하올 주님, 당신은 저와 인류를 죄에서 구원코자 그토록 많은 고통을 당하셨습니다. 그런데도 저는 육신의 작은 아픔마저 이토록 견디기 힘들어합니다. 주님, 당신은 그 크신 고통을 겪으셨으니 저의 작은 아픔에 자비를 베푸소서. 그리고 제가 이 아픔을 잘 견디기를 바라신다면, 저에게 부족한 인내심과 용기를 주십시오. 이렇게 말씀드리면 좀 이상하게 들리실지 모르겠습니다만, 지금 이 육체의 아픔을 피할 수만 있다면 저를 헐뜯는 자들이 주는 정신적 고통을 대신 받아들이겠습니다. 사실 저는 당신 때문에 받게 되는 정신적 고통을 즐기는 편입니다. 당신 뜻에 복종하느라고 세상에서 제대로 대접받지 못하는 것이 오히려 행복합니다. 하오나 저는 너무나도 허약한지라, 지금 이 아픔을 참을 수가 없군요. 제발 저를 이 아픔에서 건져주십시오.

아아, 복되신 주님, 어떻게 하면 제가 당신을 최고로 사랑하고 당신을 최고로 기쁘시게 해드릴 수 있는지, 그리하여 당신 사랑이 저에게 달콤한 만큼 제 사랑도 당신에게 달콤할 수 있겠는지, 그 방법을 알고 싶습니다.

사랑하올 주 예수님, 저를 욕하고 괴롭히는 사람들을 아무도 벌하지 마십시오. 제가 어떤 앙갚음도 원하지 않는다는 것을 당신은 아십니다. 당신의 뜻이라면, 모든 사람에게 자비와 은혜를 내려주십시오. 그렇긴 하오나 어떤 사람에게는, 죽은 뒤에 영원한 형벌을 내리시는 것보다 지금 여기에서 얼마간의 벌을 주시는 게 더 낫겠지요. 주님, 당신은 사랑으로 충만한 분이시라고, 그래서 어느 누구도 정죄하기를 바라시지 않는다고, 제 영혼이 저에게 말해줍니다. 당신은 만인이 구원받기를 바라십니다. 만인이 구원받기를 당신이 바라시니 저 또한 그것을 바라나이다. 여러 해 동안 저는 울면서 구원을 빌었습니다. 이제 비록 그들이 저를 미워한다 해도, 다른 사람들의 구원을 빌지 않을 수 없습니다.

주님, 주님은 말씀하시기를, 당신께서 끌어당기지 않으시면 아무도 당신께로 가까이 갈 수 없다고 하셨습니다. 그런즉, 주님, 사람들이 아무리 죄악에 물들어 있다 해도 그들 모두를 당신께로 끌어당기소서. 저는 당신의 끌어당기심을 받을 자격이 없는 몸이지만 큰 자비로 당신은 저를 끌어당겨 주셨습니다. 저를 에워싼 사람들이, 제가 얼마나 사악하고 못된 인간인지를 주께서 아시듯이 안다면, 저에게 베푸신 엄청난 당신 사랑에 깜짝 놀라겠지요. 저같이 보잘것없는 인간을 값진 존재로 만들어 당신 일꾼으로 삼으셨으니, 주님은 가장 비천한 죄인을 가장 숭고한 성자로 바꾸실 수 있나이다. 비나니, 모든 죄인을 성자로 만들어주십시오.

❄

주님, 어찌하여 저를 공공장소에서 큰 소리로 울게 하셨습니까? 사람들은 저를 미쳤다고 또는 바보처럼 군다고 비난하느라, 제가 당신의 성실한 일꾼임을 알아보지 못합니다. 특별히 부탁드리오니, 제발 저를 설교시간에 울지 않도록 지켜주세요. 성스런 설교를 듣다가 울음보가 터지면 도망치는 수밖에 다른 길이 없습니다. 그러니 제 울음은 당신의 가르침을 듣지 못하게 하는 방해꾼이지요. 이러다가 언제고 잡혀서 감옥에 갇힐까봐 두렵습니다. 그러면 더 이상 설교를 듣지 못하게 될 테니까요. 그래도 제가 울어야만 한다면, 제발 제 방 침대에서 혼자 있을 때에만 울게 해주십시오.

주님, 제가 아직 짓지 않은 많은 죄에서 저를 지켜주심에 감사드립니다. 제가 저지른 모든 죄를 슬퍼하게 하심에 감사드립니다. 제가 만난 모든 사람들, 그들이 저의 친구든지 적이든지, 그들을 만나게 하심을 감사드립니다. 그들 모두가 결국 제 친구로 되기를 기도합니다.

> 마저리 켐프는 문맹이었기 때문에 영문으로 된 첫 번째 자서전을 어느 신부에게 대필시켰다. 자서전에서 그녀는 자신의 미친 발작과 눈물과 분노와 성적 불안 등을 솔직하게 썼다. 그러나 그녀의 심리적 혼란과 소동 속에, 모든 기쁨과 비참을 하느님 앞에 내놓고 기도하는 여인의 모습이 잘 부각되었다. 자기를 경멸하던 남편을 버려두고 영적 깨달음을 얻고자 유럽으로 여행을 떠났다가, 거기서 만난 신부들과 주교들한테는 실망했지만, 평범한 사람들한테서 그리스도를 보는 법을 배웠다. 다시 고향인 킹스린(King's Lynn)에 돌아왔을 때 남편은 병이 들어 폐인처럼 되어 있었고, 그녀는 남은 생애를 남편 돌보는 일에 바쳤다.

칼릴 지브란
Kahlil Gibran, 1883~1931

주인님, 사랑의 주인님,

공주는 향기롭게 꾸민 침실에서
결혼한 미혼녀는 자신을 가둔 새장에서
오시는 당신을 기다리고,
수치스런 거리에서 빵을 구하는 창녀,
남자 없는 수도원의 수녀,
자식 없는 여인 또한
성에가 숲의 모양을 그려 놓은
유리 창문에 기대어
그 기묘한 대칭(對稱) 속에서
당신을 발견합니다.
거기서 당신을 낳아 기르고
또 위안을 받습니다.

주인님, 시(詩)의 주인님,
우리네 말없는 욕망들의 주인님,
두근거리는 당신 맥박으로
세계의 심장이 뜁니다만
당신의 노래에 불타오르지는 않습니다.
당신 음성에 세계가 고요한 희열로
귀를 기울입니다만

당신 언덕들의 높이를 재어보려고

앉은 자리에서 일어나지는 않습니다.

사람들은 당신에 대한 꿈을 꾸지만

그들에게 가장 위대한 꿈인

당신의 새벽으로 깨어나려 하지는 않습니다.

당신 눈으로 보지만

무거운 발을 이끌어 당신 보좌로

나아가려 하지는 않습니다.

그런데도, 많은 자들이

당신 이름으로 높은 자리에 앉아 있고

당신 권위로 주교관을 쓰고

당신의 가시 면류관을

제 머리에 왕관으로

제 손에 홀(笏)로 바꾸었습니다.

주인님, 빛의 주인님,

맹인의 더듬는 손가락에 당신의 눈은 있고

지금도 당신은 조롱당하고 멸시당하는,

하느님이기에는 너무 나약하고 빈약한 인간이요

너무 사람이라서 찬양하기 힘든 하느님이십니다.

그들의 미사와 그들의 찬송,

그들의 성사와 그들의 묵주, 모두가

옥에 갇힌 그들 자신을 위한 것들입니다.

그래도 당신은 그들의

먼 자아요, 그들의 먼 울음이요

그들의 뜨거운 열정이십니다.

그러나 주인님, 허공의 가슴,

우리네 아름다운 꿈의 기사님,

오늘도 당신은 여전히 걸으십니다.

그 어떤 활도 창도

당신 걸음을 멈추게 못하고,

우리의 모든 화살들 가운데로 당신은 걸으십니다.

당신은 우리 위에 웃음으로 내려오시고

우리 가운데 가장 어린 당신이지만

우리 모두의 아버지십니다.

레바논 산기슭에서 태어난 칼릴 지브란은 20세기 가장 유명한 종교시인 가운데 하나가 되었다. 그의 대표작이라 할 《예언자》는 20여 개 언어로 번역되었다. 그의 상상력은 특정 종교의 울을 훌쩍 뛰어넘지만, 《사람의 아들 예수 Jesus, the Son of Man》에서는 예수의 발 앞에 엎드려 그와 말을 주고받는다.

나지안주스의 그레고리

Gregory of Nazianzus, 329~389

오, 전능하시고 모든 것을 초월하신 하느님,

무슨 말로 당신을 찬양할 수 있겠습니까?

어떤 혀도 당신을 묘사할 수 없나이다.

어떤 생각도 당신의 신비를 설명 못합니다.

그러하오나, 사람의 모든 말이 당신한테서 나오고

모든 생각이 당신한테서 돌아납니다.

온 세상이 당신을 증언하고

온 세상이

모든 피조물이

당신을 우러릅니다.

모든 바람이 당신께 바치는 기도로 숨쉬고

흔들리는 나무마다 당신을 찬미합니다.

모든 것이 당신으로 말미암아 지탱되고

조화로운 당신의 설계를 좇아서 움직입니다.

온 세계가 당신을 그리워하고

만인이 당신을 열망합니다.

그러하오나, 당신은 여전히 동떨어져 홀로 계시고

우리 손에서 멀리 벗어나 계십니다.

당신은 존재하는 모든 것들의 목적이지만
우리로 하여금 당신을 이해하도록 허락하시지 않습니다.
주님, 당신께 말씀드리고 싶습니다.
무슨 이름으로 제가 당신을 부를 수 있을까요?

깨어 일어나 스스로 약속합니다, 주님.
오늘 하루 나쁜 짓 하지 않고
순간순간을 당신께 제물로 바치겠노라고.
제가 얼마나 죄악으로 가득 차 있는지
생각하면 얼굴이 붉어지고
제가 어떻게 당신을 배반했는지
생각하면 몸이 떨립니다.
그러나, 당신은 아십니다.
지금 저의 단 하나 소원이
당신을 섬기는 그것뿐임을.
오늘 하루 저를 당신께 몸 바친
종으로 삼아주십시오.

주 예수님, 당신은 영원한 빛들에서 오는 빛이십니다.
모든 영적 어둠을 당신은 흩으셨습니다.
제 영혼이 당신의 밝음으로 가득 찼고
당신의 빛은 만물을 아름답게 만드십니다.

당신은 해와 달을 하늘에 달아 놓으셨고
밤과 낮으로 하여금 서로 평화로이
꼬리를 물고 이어지게 하셨습니다.
그렇게 당신은, 해와 달을 친구가 되게 하셨고
저로 하여금 만나는 모든 것을 친구로 사귀게 하셨습니다.

밤에는 우리 몸에 휴식을 주시고
낮에는 생기를 불어넣어 일터로 가게 하십니다.
저로 하여금 낮에는 열심히 부지런히 일하여
평안한 양심으로 밤을 맞게 하소서.

이 몸을 잠자리에 눕힐 때
당신 손가락으로 제 눈꺼풀을 닫아주시고
당신 손으로 제 머리를 받쳐주시어
안락한 잠이 제 위로 내려오게 하소서.

그리스도님, 당신 종이 불편하오니
저에게 힘을 주십시오.
당신을 찬양하던 혀는 말을 잃었고
질병의 고통으로 벙어리가 되었습니다.
당신을 찬양 못한다는 사실에
견딜 수가 없습니다.
오, 당신의 위대하심을 다시 찬양할 수 있도록
저를 고쳐주시고, 온전케 해주옵소서.
간절히 비나니, 저를 버리지 마십시오.
돌아가서 이제 곧 당신을 섬기게 하소서.

오, 주님, 아무래도 생명의 양식이 바닥났나 봅니다.
제 몸은 팽팽하고 마음은 온갖 염려로 가득 차 있지만
그런데도 이렇게, 기운이 없고 흥미도 없습니다.
불안감을 더는 일엔 속수무책이고
몸의 긴장을 푸는 일도 할 수가 없군요.
어두운 생각들이 꼬리를 물고 머리를 점령하는데

그것들을 물리칠 힘도 저에겐 없습니다.
참나무가 바람에 시달리듯이, 그렇게
제 영혼이 우울의 광풍에 시달리는 것일까요?
풍랑에 배가 요동치듯이, 그렇게
제 영혼이 곤경으로 요동치는 것입니까?
건물의 기초가 무너지듯이, 그렇게
저의 생명이 지금 티끌로 부서지는 건가요?

벗들은 더 이상 저를 찾아오지 않는데,
당신은 제 영의 형제들을 멀리 데려가셨습니다.
바야흐로 저는 당신의 교회에서 쫓겨났습니다.
더 이상 꽃들은 저를 위해 피어나지 않고
더 이상 나무들은 저를 위해 잎을 내지 않고
더 이상 새들은 제 창가에서 노래하지 않습니다.

그리스도인 이웃들이 저를
게으른 죄인으로 단죄합니다.
주님, 제 영혼을 일으켜주십시오.
제 몸을 소생시켜주십시오.

❁

제가 시편을 읽을 때 노래하는 당신을 듣게 하소서, 주님.

당신 말씀을 읽을 때 말씀하시는 당신을 듣게 하시고

한 장 한 장 넘기며 읽을 때 당신 모습을 뵙게 하소서.

당신의 교훈을 실천에 옮기려 할 때 제 가슴을 기쁨으로 채워주소서.

불안과 우울증에 시달린 나지안주스의 그레고리는, 개인적이고 친밀한 기도의 선구자였다고 할 수 있다. 그가 태어나기 전까지 기도문이라고 하면 공공예배에 사용하기 위하여 작성된 엄격한 틀을 갖춘 것들이 거의 전부였다. 그런데 그가 개인적인 형식의 기도문을 쓰기 시작했고, 그 기도를 통하여 하느님을 향한 본인의 깊은 감정을 표출시켰던 것이다.

 ## 파피루스 기도문
Prayers from Papyri

당신께로 돌아가는 자를 도우시는 분이요,

어둠 속에 있는 자들의 빛이신 분이요,

씨앗에서 싹터 자라는 것들을 지으신 분이요,

모든 영적 성숙을 이끄는 분이신 주님,

저에게 자비를 베푸소서. 그리고

저를 당신께서 거하실 만한 성전으로 삼으소서.
저의 허물을 빨리 보시면
감히 당신 앞에 설 수가 없사오니
제 죄를 너무 빠르게 보지 마소서.
당신의 외아들이시요
영혼들의 주치의이신 예수 그리스도의 손으로,
당신의 크신 자비 안에서
당신의 무한 사랑 안에서
제 모든 죄를 씻어주소서.

거룩하신 하느님, 당신께서 저에게
빛과 생명을 주셨습니다.
당신은 그 어떤 자연의 힘보다 강하십니다.
제 가슴에서 나와, 당신께 닿으려고
몸부림치는 제 말을 들어주십시오.
당신께 바쳐지는 저의
말없는 생각과 느낌들을 받아주십시오.
쓸데없는 것들로 어지러운
제 마음을 깨끗하게 씻어주십시오.
저에게로 허리를 굽히시어

당신 품에 저를 안아주십시오.
당신이 거룩하신 것처럼 저를 거룩하게 만드시고,
당신 사랑을 노래할 음성을 저에게 주십시오.

당신 뜻에 따를 힘을 우리에게 주십시오.
우리가 저지른 죄나
우리가 저지를 죄에 머물지 마시고
우리의 많은 허물에 마음 두지 마소서.
고의로 저질렀든, 어쩔 수 없이 저질렀든
우리가 저지른 잘못을 기록해두지 마소서.
주님, 인간이란 본디 미끄러지기 쉬운 존재요
나약하고 멍청한지라
넘어지고 자빠지기 쉬운 존재임을 기억하소서.
우리의 피부가 제법 깨끗하고 신선해보여도
그 밑에는 부패하여 고름이 나는
영혼의 종기가 감추어져 있습니다.

오, 하느님. 모든 것이 당신 처분에 달려 있음을
우리가 아오니, 당신 힘을 우리에게 주시고
우리를 붙들어주십시오.

우리로 하여금 믿음의 서약을 지키도록 도와주시고

당신 사랑의 빛으로 우리 마음을 채워주소서.

당신 아드님의 거룩하신 가르침을

귀로만 듣는 것으로 만족하지 않고

그대로 따라 살려는 간절한 마음을 주십시오.

언제 어디서나 눈을 들어

위를 바라보는 법을 가르쳐주시고

기도로써 하늘나라 비밀을 탐색하게 하소서.

하늘나라를 보는 눈길로

땅에서 짓는 우리의 행실을 인도하게 하소서.

19세기에 들어 파피루스에 기록된 많은 그리스도교 문서들이 고고학자들에 의하여 발굴되었다. 대부분이 단편 조각글이지만 몇 개의 옹근 두루마리가 발견되기도 했다. 그 속에는 초기 그리스도인들의 기도문도 포함되어 있다. 그것들이 언제 작성되었는지 정확한 때를 측정할 수는 없지만, 2세기에서 4세기 사이에 만들어진 것으로 보인다.

비드
Bede, 673~735

간절히 빕니다, 예수님. 여기 이 땅에 사는 동안 저에게 크신 은총을 베푸시어 당신의 지혜와 진리가 주는 달콤함을 즐기게 하시고, 그리하여 죽는 날에는 저를 당신 계신 곳으로 데려가시어 아름다운 당신 얼굴 뵙고 모든 지혜와 진리의 근원이신 당신 음성을 듣게 하소서.

주 하느님, 제 가슴을 여시고 거룩하신 성령의 은혜를 부어주십시오. 그 은혜로, 언제나 당신이 기뻐하실 만한 일을 찾고, 제 생각으로 당신 생각을 반영하게 하시며 애정을 쏟아 오로지 하늘나라의 끝없는 기쁨을 향하게 하소서. 그리하여, 당신의 영원한 보상을 받을 수 있도록, 이 땅에 사는 동안 오직 당신의 명령만 좇아서 살게 하소서.

오, 그리스도님. 당신의 성령을 보내시어 저를 바른 길로 인도하사 악과 파멸의 모든 힘에서 안전하게 지켜주십시오. 온갖 악의를 버리고, 제게 주시는 명령이 무엇인지 알기 위하여 거룩하신 당신 말씀을 부지런히 탐색하게 하소서. 끝으로, 제가 사는 모든 날들을 당신의 명령에 따르는 연습으로 채울 수 있도록 저에게 필요한 의지력을 주십시오.

오, 하느님. 세상의 유일한 희망이요 불행한 자들의 유일한 피난처요 하늘나라의 완벽한 조화 속에 머무시는 분이여, 저에게 이곳 땅에 사는 동안 온갖 어려움을 참아낼 힘과 용기를 주십시오. 저의 나약한 믿음이 저를 공격하는 많은 주먹들을 미처 막아내지 못하여 마침내 입게 될 무서운 파멸에서 저를 지켜주십시오. 저라는 물건이 초원의 한 송이 들꽃처럼 스쳐 지나가는 티끌이요 바람이요 그림자임을 기억하소서. 하오나, 태초부터 밝게 빛나는 당신의 영원한 자비로 저를 악의 이빨에서 구해내소서.

초기 영국교회의 위대한 학자였던 비드는 노섬브리아 해변의 한 수도원에서 평생 수도자로 살았다. 그가 쓴 《성 커스버트의 생애 Life of St. Cuthbert》는 지금도 독자들의 심금을 울리고 있다. 또 다른 저작인 《영국교회사》에는 정확한 역사적 사실을 기록하면서 그것들에 대한 영적인 해석을 덧붙였다.

야코프 뵈메
Jacob Böhme, 1575~1624

사랑하는 주님, 당신은 길고 어두운 밤 동안에 저를 지켜보시고 제 머리에 손을 얹으셨습니다. 당신의 거룩한 천사들이 모든 아픔과 위해(危害)에서 저를 지켜주었습니다. 주님, 제 생명을 온전히 당신께 맡기나이다. 낮 동안에도 계속하여 저를 지켜보시고 저에게 은혜를 베푸소서.

오, 하느님. 오늘 하루도 저를 다스리시어 옳고 바른 길로 이끌어주십시오. 당신 말씀을 제 머리에 넣으시고 당신 진리를 제 가슴에 심으시어, 하루 종일 선하고 정직한 것 말고는 아무것도 생각하거나 느끼지 않게 하소서. 모든 거짓과 속임수에서 저를 지켜주시고, 위선을 만날 때마다 그것을 알아보게 도와주십시오. 제 눈으로 하여금, 당신이 이끄시는 길만 곧장 보게 하시어, 어떤 곁길로도 빠져들지 않게 하시고, 제 눈을 정결하게 만드시어 가짜 욕망이 제 안에서 깨어나지 못하게 하소서.

자비로우신 하느님, 당신은 우리 주 예수 그리스도의 순결하고 완전하신 몸으로 당신 말씀을 옷 입히셨나이다. 똑같은 순결로 제 영혼을 옷 입히시어 저로 하여금 그분의 완전하심을 나눠 가지게 하소서. 그러나 우리 주 예수님은 고난 받으실 때 옷을 벗기셨고, 십자가 위에서 그분의 육신은 죽임을 당하셨나이다. 그런즉 저의 이 몸 또한, 제 모든 죄가 옷을 벗겨 알몸으로 십자가에 못 박힐 때에만 순결의 옷을 입을 수 있겠지요. 사랑하올 하느님, 제 죄를 파멸하사 저로 하여금 영생의 외투를 몸에 걸칠 준비를 갖추게 하소서.

사랑하는 하느님, 저에게 순결한 가슴과 지혜로운 머리를 주시어 당신의 뜻에 따라서 제 일을 하게 하소서. 온갖 거짓 욕망과 교만과 탐욕, 질투, 분노에서 저를 건져주시고, 당신께서 제게 주신 모든 일거리를 기쁨으로 감당하게 하소서. 저로 하여금 가난한 사람들, 슬픈 사람들, 일할 수 없는 사람들을 섬길 방도를 찾게 하소서. 저에게 선물로 주신 재능을 잘 분별하여 제가 할 수 있는 일을 행복하게 하되, 나머지는 겸손히 남에게 돌릴 수 있도록 도와주십시오. 무엇보다도, 당신이 저에게 주신 것 말고는 저에게 아무것도 없으며 당신이 할 수 있도록 힘을 주신 일 말고는 제가 아무 일도 할 수 없음을 늘 깨우쳐주소서.

오, 하느님. 영원한 빛의 근원이신 하느님. 당신께서는 이 땅을 위하여 임시로 빛을 마련하시고 해와 달을 다스리시어 모든 피조물로 하여금 살아 번성케 하셨습니다. 해의 따뜻함과 밝음이 꽃들을 피어나게 하고 곡식을 자라게 하나이다. 달과 별들의 부드러운 빛살은 우리가 모든 것을 흐릿하게 볼 때에도 당신 말씀이 살아 움직임을 생각나게 해줍니다. 저로 하여금 당신의 피조물들 안에서 제 자리를 바로 찾도록 도와주시어 조금이나마 당신이 손수 하시는 일에 아름다움을 보탤 수 있도록 하소서. 그리고 제 영혼의 어두운 구석들에 당신의 영원한 빛을 비추시어 모든 죄악의 그늘이 사라지게 하소서.

오, 하느님. 오늘 하루 저를 보호하시어 영육 간에 상처와 오염에서 지켜주셨음을 감사드립니다. 제가 저지른 잘못은 고쳐주시고 제가 무엇을 이룬 것이 있다면 그 영광을 당신께로 돌리실 줄 믿고, 이제 오늘 하루 한 일을 모두 당신 손에 맡깁니다. 또한, 남은 시간은 당신께서 제 안에 새 마음과 새 영혼을 창조하시는 데 쓰실 줄 믿고, 제 안에서 일하시기를 간구합니다. 하루 낮 동안 제가 하는 일에 몰두해 있던 제 마음을 밤 동안에는 온전히 당신께 몰두하도록 이끌어주소서.

이렇게 때 묻고 더러워진 옷을 벗듯이, 오늘 하루 제가 지은 모든 죄를 또한 벗게 하소서. 사랑하는 주님, 너무나도 여러 가지로 제 생각과 행실이 순결하지 못했음을 고백합니다. 이제, 깨끗하게 씻김 받고자 벌거숭이 몸과 영혼을 당신 앞에 내어놓습니다. 오늘 밤 당신 품에서 쉬게 하시고, 성스런 꿈을 꾸게 하소서. 그리고, 당신을 섬기려는 열심과 건강한 몸으로 내일 아침 깨어나게 하소서.

독일의 겸손한 구두장이였던 야코프 뵈메는 루터교회의 딱딱한 가르침과 형식적인 예배에 저항하여, 직접 신성한 깨침을 받고자 열망했다. 글쓰기를 좋아하여, 비록 문장 구성이 모호하고 서툰 바가 있긴 하지만, 영국의 복음주의 부흥운동에 많은 도움을 주었다. 한편 그의 형이상학적 사유는 뉴턴과 헤겔 같은 철학자들의 시선을 끌었다. 자기 자신만을 위하여, 날마다 사용할 단순하고 솔직한 기도문을 만들기도 했다.

성 빅토르의 아담
Adam of St. Victor, ? ~1177

이토록 값진 그 보석의 정체가 무엇입니까? 저는 그것이 사람에 의해서가 아니라 하느님에 의하여 채굴된 것을 압니다.

사랑하올 예수님, 당신입니다. 값을 매길 수 없는 선물로 저에게 주어지기 위하여 당신은 하늘 광산에서 채석되셨습니다.

당신은 어둠 속에서 빛나십니다. 오색 무지개 색깔이 모두 당신 안에서 드러납니다. 온 땅이 당신 빛으로 목욕합니다.

아기 예수님. 당신은 사람으로 태어나시어 죽음의 고통을 당신 몸에 지우셨나이다. 그러나 당신 보석은 결코 부서지지 않습니다.

당신은 불멸하십니다. 스스로 죽음을 겁내지 않고 마주 대함으로써, 당신은 저를 죽음에서 건지셨나이다.

붉은색, 노란색, 오렌지색 불길이 구름을 찢으며 하늘로 솟아오르는 것을 저는 봅니다.

구름들이 불길 따라 위로 오르는 것을 보고, 허공이 마침내 하늘에 닿는 것을 느낍니다.

아래로는, 지옥으로 가는 길을 서두르기라도 하는 듯이, 커다란 회색 바위들이 땅에 부딪치는 것을 저는 봅니다.

당신의 부활에, 가볍고 선한 것들은 당신과 함께 위로 오르거니와 무겁고 악한 것들은 아래로 곤두박질합니다.

당신의 부활에, 선이 악에서 분출하고 생명은 사망에서 분출합니다.

누구십니까? 이토록 황홀한 향기로 저를 취하게 하는 이분은.

누구십니까? 저의 못난 더러움을 온전한 아름다움으로 바꾸는 이분은.

누구십니까? 저에게 달콤한 포도주를 마시게 하고, 맛있는 떡을 먹게 하는 이분은.

거룩하신 성령님, 당신이십니다. 당신은 저를 예수 그리스도의 신부로 바꿔놓으십니다. 하늘 혼인잔치에서 마실 떡과 포도주를 저에게 주십니다.

지난날 제 가슴은 몹시 지쳤지만, 그러나 지금은 사랑에 골몰합니다. 제 영혼은 슬펐지만, 그러나 이제 기쁨으로 충만합니다.

예수께서는 저를 위해 생명을 주셨나이다. 성령님, 이제는 당신께서 저를 그분에게 주십시오.

파리에 있는 성 빅토르 대수도원의 참사회원이었던 아담은 수많은 속송(續誦)을 작곡하여 유명해졌다. 그의 리드미컬한 시구(詩句)들이 중요한 절기 미사에 노래로 불리었다. 그것들 가운데는 곧장 예수께 바치는 기도 형식을 갖춘 것들도 있다.

로렌스 형제
Brother Lawrence, 1611~1691

하느님, 당신은 언제나 제 가까이 계십니다. 제가 살아가며 겪는 모든 일들이 오직 당신께 바치는 순종이기를 원합니다. 하지만, 제가 그러고 자 할 때에, 당신의 임재를 은총으로 내려주십시오. 이를 이루기 위하여, 제가 하는 일을 도와주시고 일의 열매를 당신께 바치오니 받아주시며 언제 어디서나 제 사랑을 당신께로 향하게 하여주소서.

하느님, 여기 제가 있습니다. 제 가슴을 당신께 바치오니, 당신 가슴에 맞추어 꼴을 빚으소서.

로렌스는 18년간 프랑스 군대에서 복무한 뒤, 파리 카르멜 수도원에 평수사로 들어갔다. 거기서 눈이 보이지 않아 은퇴할 때까지 40여 년간 요리사로 공동체를 섬긴 그가 죽자, 숙소에서 편지와 짧은 기록들이 발견되었고 그것들이 《하느님의 임재연습 The Practice of the Presence of God》이라는 소책자로 발간되었다. 그에게 기도는, 일상생활 속에서 하느님을 찾고 그분의 임재하심을 배움으로써 언제 어디에나 계시는 하느님을 알아차리는 것이었다. 그가 남긴 글에는 이러한 생각이 잘 요약된 짧은 기도문 두 편이 들어 있다.

교황 레오의 성례전

The Leonine Sacramentary, 5세기

오, 하느님. 밤에서 낮을 가르신 분이여, 우리의 행실을 죄의 어둠에서 떨어뜨려주시고, 우리로 하여금 언제나 당신 빛 안에서 살게 하시며, 우리가 하는 모든 일들로 당신의 영원하신 아름다움을 반영케 하소서.

오, 하느님. 일할 낮과 잠잘 밤을 우리에게 주시는 분이여, 이 고요한 밤 시간에 우리 몸과 마음을 새 기운으로 채워주시고, 내면의 눈을 당신께로 향하여 영원하신 당신의 영광을 꿈꾸게 하소서.

오, 하느님. 산 자와 죽은 자를 모두 구원하시는 분이여, 겸손히 비나니, 제가 그동안 알고 지은 죄와 모르고 지은 죄를 두루 용서해주시고, 제 영혼에게 육체를 떠나라고 명령하실 그날, 천사들을 보내시어 모든 악한 세력들로부터 제 영혼을 지키고 하늘나라로 무사히 데려가게 하소서.

당신은 우리를 위하여 한 가지 법을 내셨습니다. 우리에게 일어나는 온갖 일의 결과가 우리의 속사람 형편에 따라서 결정된다는 것이 바로 그 법입니다.

　그런즉, 우리 안에 있는 악덕을 뿌리 뽑으면, 외부의 어떤 불운(不運)도 우리를 휘어잡지 못할 것입니다.

　우리 자신의 수치스런 욕망들을 다스리면, 어떤 불명예도 우리를 부끄럽게 만들지 못할 것입니다.

　우리 뜻이 순수하면, 외부의 어떤 소란도 우리를 시끄럽게 못할 것입니다.

　우리 마음이 당신께 고정되어 있으면, 어떤 적도 우리한테서 평화를 빼앗지 못할 것입니다.

　그 누구도 우리가 우리 자신을 해치는 만큼보다 더 우리를 해칠 수 없나이다. 우리가 우리를 온전히 다스리면 즉시로 우리를 해치는 모든 것들이 그 힘을 잃고 맙니다.

　이런 법을 우리에게 주신 당신께 감사드립니다.

　주님, 우리의 약함은 언제나 당신의 강하심을 드러내 보일 좋은 기회를 우리에게 줍니다. 교회에 반대하는 자들은 언제나 당신의 능력을 드러내 보일 좋은 기회를 우리에게 줍니다. 그런즉, 우리가 핍박을 받을 때 원수 앞에서 자신의 나약함을 뼈저리게 느끼오니, 당신 힘으로 우리 마음을 붙들어주시고 당신 그 강하신 능력으로 원수를 물리쳐주십시오.

그리고, 오늘 당신의 충성스런 백성들이 흘리는 붉은 피로 하여금, 내일의 교회가 자라고 익어가는 토양이 되게 하옵소서.

5세기경 것으로 추정되는 기도집이 있는데, 교황 레오가 직접 지었다는 증거는 없지만 그 표현과 내용에 교황의 저술을 근거한 것들이 많은 까닭에 교황의 기도로 일반에 알려졌다.

무함마드
Muhammad, 570~632

주님, 제 가슴에 용기를 넣어주시고, 당신을 섬기지 못하도록 방해하는 것들을 모두 치워주십시오. 제 혀를 풀어주시어 당신의 선하심을 선포하게 하시고, 모두가 제 말을 알아듣게 하소서. 함께 일하면 우리 노력이 풍성한 결실을 맺을 터인즉, 저에게 충고와 도움을 줄 친구들을 주십시오. 무엇보다도, 제가 무슨 짓을 하든지 그 모든 행실이 당신 손길에 인도받지 않으면 아무것도 아님을 기억하게 하소서.

✲

주님, 제가 하는 모든 일을 잘 시작하고 잘 마무리 짓게 해주십시오. 당신 힘으로 저를 붙들어주십시오. 당신의 능력 안에서 저로 하여금, 진실이 언제나 승리함을 확신하여, 모든 거짓을 몰아내게 하소서.

✲

주님, 우리는 당신을 믿어 의지합니다. 궁핍할 때 우리는 당신께로 돌아갑니다. 죽는 순간에도 당신께로 갈 것입니다. 마음이 사악한 자들한테 속아서 넘어가지 않도록 지켜주십시오. 우리 가슴 깊은 데 악이 숨어 있으니, 용서하소서. 당신만이 강하시고 당신만이 지혜로우십니다.

✲

주님, 주님은 한 영혼에게 그가 질 수 있는 만큼보다 더 많은 짐을 지우지 않으십니다. 우리가 잘못을 저지를 때 당신은 화를 내시지 않고, 재빨리 우리를 용서하시며 바로잡아 주십니다. 당신은 우리를 방치하여 도덕적 영적 위험에 빠뜨리지 않으십니다. 믿지 않는 자들의 속임수에 넘어가도록 우리를 버려두지 않으시며, 마침내 진실이 승리할 것임을 확인시켜주십니다.

주님, 우리는 당신 말씀에 귀를 기울이고, 당신 뜻에 복종합니다.

'하느님께 복종함'이라는 뜻인 '이슬람'을 창시한 무함마드는, 메카 부근 어느 산에서 명상을 하다가 신성한 계시를 받았다고 한다. 그 뒤로 20년 동안 계속해서 메시지를 받았고 그것들이 이슬람의 성스런 경전인 《코란》을 이루었다. 《코란》에는 많은 기도문들이 수록되어 있는데 대부분이 고대 히브리 예언자들인 노아, 아브라함, 모세의 입을 통해서 바쳐진 것이다.

폴 게레스
Paul Geres

주님, 오늘 아침 자리에서 일어날 때, 여느 날과 다름없는 하루가 되겠지 하고 스스로 생각했습니다. 그런데, 정말 그랬어요.

여느 날처럼 늘 타던 같은 지하철을 탔고, 하나도 달라지지 않은 국제사회 정세에 대한 비평기사를 신문에서 읽었습니다.

늘 밟고 오르던 같은 계단을 밟고 올라가서, 제 책상 위에 쌓여 있는 신문들, 지난 십 년 동안 늘 그렇고 그랬던 신문들을 훑어보았지요.

짐꾼도 같은 짐꾼이었고 관리인도 같은 관리인이었습니다. 항상 보여주던 무심한 표정으로, 오늘도 별로 색다른 일이 일어나지 않으리라고 말하더군요.

점심시간에는 늘 먹던 같은 밥을 먹었습니다. 오늘은 월요일이었어요. 오후 5시까지 자리를 지켰고, 퇴근하여 집으로 돌아오면서 내일도 같은 일이 반복되리라는 걸 아주 잘 알고 있었습니다.

하느님, 이 모든 것이 참 지겹네요.

뭔가 아주 다른 것을 저는 희망했지요. 활기에 차서 흥분되는 삶을 살아갈 어느 날을 꿈꾸었습니다. 그런데 그건 그야말로 꿈이었어요. 그래도, 그 꿈에서 깨어나는 것이 저에겐 아픔입니다.

저는 무슨 짓을 해도 그냥 저일 뿐이에요. 압니다, 다른 사람이 저라면 행복할 수 있을 겁니다. 예, 그건 그래요. 하지만, 그 사실이 저의 지루함과 고단함을 덜어주지는 못하지요.

주님, 이 밤에는 저의 고단함에 대하여, 여기서 벗어나고 싶은 욕망에 대하여, 당신께 말씀드려야겠습니다. 당신 말고 누구한테 이런 말을 할 수 있겠습니까?

아무도 이해 못합니다. 사람들은 말하지요. "도대체 뭘 그렇게 불평하는 거야?" 어쩌면 그들이 옳을 겁니다. 사람이 직장에서 자기 맡은 일을 하는 것이야말로 정상이니까요.

그래서 이렇게 당신한테만 말씀드리는 것입니다.

아무것도 바꾸지 마십시오. 제 인생도 굳이 바꾸실 것 없습니다. 바뀌어야 할 것은 바로 저예요.

주님, 자신에 대하여 생각을 덜 하도록 저를 도와주십시오. 저처럼 날마다 그날이 그날인 사람들이 제 눈에 들어오도록, 저를 좀 도와주십시오.

주님, 방금 금전출납부 정리를 마쳤습니다. 이제 저는 고요함과 평화를 얻고자 당신께 돌아가야겠습니다. 그리고, 위엄도 회복해야겠지요. 지난 이십여 년, "목표 달성"을 위해서 노심초사하느라고 썩혀두었던 인간의 존엄 말입니다.

다음 달 생계비 걱정에 빼앗겼던 평화와, 적은 수입마저 끊기어 동전 한 닢 남지 않았을 때 잃었던 고요함을 이제는 되찾아야겠어요.

제가 두려운 것은, 주님, 궁핍 그 자체가 아닙니다. 목숨이야 어떻게든 살아남을 테니까요.

진짜로 무서운 것은 좌천과 실직이에요. 동전 한 닢 없어서 그래서 돈 말고 아무것도 생각할 수 없게 될까봐 그게 두렵습니다. 어차피 수입 많은 친구들하고 저를 견주어볼 터인즉, 그것이 겁납니다. 하루에도 수십 번, 백화점 계산대나 진열장 앞에 설 때마다 그러고 있거든요.

주님, 남들을 질투하게 될까봐 그것이 겁납니다. 경멸하는 말투로 "그 자들은 운이 좋았을 뿐이야……" 하면서 속으로 이를 갈지 않을까, 그게 두렵단 말씀입니다. 그리고 뭐니뭐니 해도, 주님, 저는 제가 얼마나 탐욕스러운지를 잘 압니다.

그래서 이렇게, 인간의 위엄을 지킬 수 있도록 저에게 은총을 베풀어달라고, 주님, 당신께 시방 말씀드리는 것입니다.

주님, 오늘 밤은 제대로 되는 일이 하나도 없네요. 제가 이 일을 해낼 수 있다고는 물론 생각하지 않았습니다. 그저 어떻게든 피해야겠다고 생각했지요. 그런데 아닌 겁니다!

지금 저는 정말이지 모두가 될 대로 되라는 심정입니다. 어차피 닥쳐야 할 것들이라면 차라리 포기하겠어요. 그래도 제가 할 만큼 했다는 사실을 주님은 아실 테니까요.

무엇보다도 저를 맥 빠지게 하는 것은, 저 자신에 대하여 꽤 괜찮은 인간이라고 생각해온 습관을 버려야 한다는 사실입니다.

주님, 지금 저를 가장 괴롭히는 것은 상처 입은 제 자존심입니다.

주님, 그게 좋지 않은 것임은 저도 알아요. 하지만, 이리저리 변죽 울릴 것 없이 곧장 그것을 당신께 돌려드리겠습니다. 비록 저의 뉘우침이 순수하지 못해도, 그래도 저는 제가 지은 죄를 뉘우칩니다.

무엇보다도 저 자신을 가장 크게 뉘우칩니다. 저는 제 자아가 변화되었다고 생각했어요. 밤마다 자기 영혼을 방문하여 그것이 제대로 있음을 확인하고 즐거워했다는 세네카처럼, 제가 저 자신을 자랑스러워하기 시작했던 겁니다.

주님, 저는 당신보다 저 자신을 더 많이 사랑했고, 당신보다 저 자신을 앞세웠습니다. 용서해주십시오.

제가 지은 죄를 뒤로 돌려 끌고 다니는 대신, 당당히 지고 다니는 법을 가르쳐주세요. 당신 앞에 죄인인 저 자신을 용감하게 받아들이고, 그것에 대하여 어린애처럼 앵돌아지지 않도록 도와주십시오.

저를 용서해주십시오. 제 죄를 용서해주십시오. 그리고 또한, 제 상처입은 자존심도 용서해주십시오.

주님, 제가 다른 사람들과 하나도 다를 것 없는 인간임을 깨닫게 해주셔서 정말 고맙습니다.

폴 게레스는 프랑스 한 산업도시 교구 사제였던 신부의 필명이다. 이 기도문들은 《견딜 수 없던 날들의 기도 *Prayers for Impossible Days*》에서 가져왔다.

샤를 드 푸코
Charles de Foucauld, 1858~1916

오, 주님. 제 생각과 말을 지켜주십시오. 저에게 부족한 것은 명상의 주제들이 아닙니다. 오히려 그것들의 무게에 짓눌려 있나이다. 어제와 오늘, 제 인생의 모든 순간들, 제가 태어나기 전부터, 시간이 비롯되기 전부터, 저를 향한 당신의 자비가 얼마나 크신지요! 그 자비 안에 제가 깊이 잠겨 있은즉, 당신의 자비는 저를 덮어주고 사방에서 저를 에워싸고 있나이다.

주 예수님, 당신의 영원한 영광을 위하여 창조되었고 당신의 피로 구속된 우리가 당신의 자비를 노래함은 실로 마땅한 일입니다. 하오나, 그 누구보다도, 더욱더 당신의 자비를 찬양해야 할 몸입니다. 저의 순결한 어미는 당신을 알고 당신 사랑하는 법을 저에게 가르쳤고, 말문이 열리자마자 당신께 기도하는 법을 가르쳤나이다.

그토록 많은 복을 받았으면서도 여러 해 동안 당신을 떠나 있었습니다. 당신한테서 자꾸만 멀어져갔고, 당신 보시기에 저의 삶은 그대로 죽음이었어요. 숱한 세속의 쾌락을 즐기면서 스스로 살아 있는 줄로 알았습니다. 하지만 표면 아래에는 깊은 슬픔이 있었고, 염증과 권태와 불안이 있었습니다. 혼자 있을 때면 커다란 우울(憂鬱)이 저를 짓눌렀지요.

그래도 당신은 저에게 얼마나 좋은 분이신지요! 저의 세속적 집착들을 하나씩 둘씩 끈질기게 부수셨고, 당신을 위하여 살지 못하게 하는 저의 모든 장애들을 차례로 무너뜨리셨습니다. 세상에 파묻혀 사는 삶이 얼마나 허무한 것이며 메마른 것인지를 보여주면서, 제 중심에 보드라운 사랑의 씨앗을 심으셨고 그렇게 차츰 제 가슴을 당신께로 돌려놓으셨나이다. 당신은 저로 하여금 기도의 맛을 알게 해주셨고, 당신 말씀을 신뢰하게 해주셨고, 당신을 본받으려는 간절한 마음을 품게 하셨습니다.

지금 저는 당신의 축복에 사로잡혀 있습니다. 오, 사랑하올 신랑님. 당신께서 저를 위하여 해주시지 않은 일이 없나이다. 이제 저에게 바라시는 게 무엇인지, 제가 어떻게 당신 섬기기를 원하시는지, 말씀해주십시오. 저의 생각과 말과 행실로 당신께 참된 영광을 돌려드리도록 이끌어주십시오.

가난, 겸손, 참회— 사랑하는 예수님, 제가 이 세 가지 덕목을 당신이 원하는 방식으로 당신이 원하는 만큼 실천할 수 있기를 얼마나 간절히 바라왔는지 당신은 아십니다. 그러나 무엇이 당신의 방식이요 당신의 원하는 만큼인지요? 이제껏 저는 제 힘이 닿는 만큼 당신을 가까이 모방하고 당신의 방식을 따라감으로써 그럴 수 있으리라고 생각했는데, 아무래도 잘못 생각한 것 같습니다.

당신의 길은 더없이 완전하고 훌륭합니다만, 저에게 그처럼 완전하고 훌륭한 길을 걸으라고 그래서 당신 뒤를 가까이 따라오라고 저를 부르신 게 아닌 듯합니다. 진실로 제가 저를 들여다보면, 참된 온전함과 저의 비천함 사이에 건널 수 없는 구렁이 있어서, 당신 발자국을 따라 걸어간 다른 제자들의 대열에 감히 끼어들 수가 없나이다.

그런데도 당신은 저에게 진정 많은 복을 베푸셨고, 온전함을 추구하지 않는 것은 당신께 감사할 줄 모르는 태도처럼 보입니다. 온전치 못함에 스스로 만족하는 것이 당신의 너그러우심을 거절하는 것 같이 생각됩니다. 자신을 저에게 온전히 다 주신 당신께서 저의 모든 것을 옹글게 원하시지 않는다고는 생각되지 않습니다. 저의 유일한 소망은 당신이 기뻐하실 만한 일을 하고 당신이 좋아하실 만한 사람으로 되는 것입니다. 언제나 당신의 뜻을 따르도록, 제 마음을 일깨워주십시오.

— 하늘에 계신

당신은 왜 "정의로우신 아버지"라든가 "거룩하신 아버지"라는 호칭 대신 "하늘에 계신 아버지"이라는 호칭을 선택하셨나이까? 오, 하느님. 당신을 그렇게 부름으로써 기도를 시작할 때부터 제 영혼이 가련한 이 세상 저 높은 위로 들어 올려져 본향인 하늘나라 제 자리에 서게 됨은 의심할 나위 없는 사실입니다. 또한 영원토록 저를 사랑하시고 돌보시는 당신을 기억하면서, 오, 하느님. 그 기쁨의 자리에 제가 들어갑니다.

— 우리 아버지

오, 하느님. 당신을 "우리 아버지"라고 부르도록 허락하시는 좋으신 하느님. 하느님께서는 그렇게 부르도록 허락하실 뿐 아니라 그렇게 부르라고 명하시나이다. 그리하여 제 속에는 감사와 사랑과 무엇보다도 든든한 신뢰가 샘처럼 솟아 흐릅니다. 당신께서 저에게 이토록 선하시니 저 또한 남들을 선하게 대하지 않을 수 없군요. 당신은 만인의 아버님이십니다. 그러기에 저는 모든 사람을, 그가 아무리 사악하게 굴더라도, 사랑스런 형제로 여겨야 합니다. 우리 아버지, 우리 아버지, 당신 이름이 제 입술에서 떨어지지 않도록 그 길을 가르쳐주십시오.

— 이름이 거룩히 여김을 받으시며

오, 주님. 제가 시방 이 말로 무엇을 표현하고 있는 것입니까? 저의 바라는 바와 제 인생의 목적과 목표가 모두 이 말 한마디에 담겨 있나이다. 저는 제 모든 생각과 말과 행동이 그대로 당신 이름을 거룩하게 해드리는 것이기를 원합니다. 이는 당신의 아드님 예수를 닮고 싶다는 바로 그 말씀입니다. 그분이야말로 모든 생각과 말과 행동으로 오직 당신의 이름을 거룩하게 해드린 분이시기 때문입니다.

— 나라가 임하시며

이 한마디 속에는, 당신의 영광을 천하에 드러내시고 당신 백성을 모두 거룩하게 만들어 달라는 저의 간절한 소원이 담겨 있습니다. 만인이 당신을 주인님으로 알아 모시고, 마음을 다하여 당신을 사랑하고, 뜻을 다하여 당신께 순종하고, 힘을 다하여 당신을 섬길 때, 그때 당신의 나라는 올 것입니다. 그런즉, 제가 이 기도를 드림은 당신의 영광을 온 세상 사람들에게 전하여 알게 하겠다는 서약을 하는 것입니다.

— 뜻이 하늘에서와 같이 땅에서도 이루어지이다.

이 말은 당신께 향한 모든 반격이, 사람이 사람한테 저지르는 모든 악한 행동이 얼마나 당신을 아프고 슬프게 해드리는지 그대로 보여줍니다. 우리가 도저히 이해할 수 없을 만큼 깊고 깊은 마음으로 당신은, 모든 사람이 모든 사람과 화해하기를 간절히 바라십니다. 아울러 당신은 이 땅이 하늘을 비치는 거울이기를 바라십니다. 그래서 사람들이 사악함으로 그 거울을 깨뜨리려 할 때, 당신은 가슴이 무너지지요. 그러나, 같은 이유로, 우리의 아주 작은 선행에도 당신은 크게 기뻐하십니다. 그리고 지극히 보잘것없는 사람 하나가 당신께로 돌아서서 기도드릴 때, 그때마다 당신 가슴은 아버지의 기쁨으로 충만합니다.

— 오늘 우리에게 일용할 양식을 주시고

오, 주님. 주님은 저에게 무엇이 필요할 적마다 당신을 찾으라고 하십니다. 저 또한, 당신이 저에게 먹을 밥과 입을 옷과 편히 쉴 따뜻한 장소를 마련해주신다는 것을 잘 압니다. 하오나 당신이 저에게 주시는 것은 육신의 양식만이 아닙니다. 당신은 저에게 영혼의 양식도 주십니다. 거룩한 성찬에 참여할 때마다, 당신 아드님이 십자가에서 그 몸을 우리에게 주셨고 영원토록 먹을 영혼의 양식도 주셨음을 기억하나이다. 그리고 또한 이 구절에서, "나"가 아니라 "우리"의 양식을 구한다는 사실을 저는 눈여겨봅니다. 당신은 저에게 이기적으로 저만 위해서 기도하지 말고 언제나 다른 사람들을 위해서도 기도하기를 바라십니다. 왜냐하면, 그렇게 이웃과 나누는 사랑을 통해서만, 영생의 양식을 받아먹을 자격을 얻게 되기 때문입니다.

— 우리가 우리에게 잘못한 자를 용서하듯이 우리의 죄를 용서하시고

당신을 감히 "우리 아버지"라고 부르며 높은 하늘에 올랐지만, 저는 제가 얼마나 낮고 천한 인간인지를 잘 알고 있나이다. 저는 당신의 뜻을 그대로 따르지도 못했고 당신 나라를 위해서 아무 한 일도 없습니다. 그래서 "아버지, 저를 용서해주십시오"하고 말씀드리지 않을 수 없군요.

진실로 제가 얼마나 무서운 죄를 당신께 저질렀는지, 얼마나 당신을 역겹게 해드리고 얼마나 당신께 무례를 범했는지, 그런 저를 구원코자 당신 아드님이 얼마나 큰 값을 치르셔야 했는지, 그 모든 것을 제가 잘 압니다. 제가 당신을 얼마나 아프게 해드렸는지 잘 알기에, 저 또한 아파하면서 제가 저지른 모든 일들을 눈물로 뉘우칩니다. 아울러, 저에게 잘못한 이들을 용서하지 않고서는 감히 당신께 용서를 빌 권리가 없음도 잘 알고 있습니다. 물론 남들이 저에게 지은 죄라고 해봐야 제가 당신께 지은 죄에 견주면 아무것도 아니겠지요. 그러므로 저는 지금 온 인류가 용서받기를 간절히 바랄 따름입니다.

— 우리를 유혹에 빠지지 않게 하시고

이 한마디야말로 제가 살아 있는 동안 매시간 매분간 드려야 할 기도입니다. 저는 온통 유혹에 에워싸여 있는지라, 끊임없이 도움을 청하지 않고서는 지극히 작은 선행조차 이룰 수가 없나이다. 실로 저의 모든 기도가 당신의 도움을 바라는 부르짖음입니다.

— 다만 악에서 구해주소서.

당신께서 모든 사람을 악에서 구해내시면 그들은 모두 성자가 되어 그 거룩함으로 당신께 영광을 돌려드릴 것입니다. 그렇게 당신의 목적과 저의 소망이 온전히 이루어지면, 마침내 당신은 왕으로서 천하를 다스리시겠지요. 하오나, 먼저 제 영혼을 돌아보지 않는 한, 제가 지금 다른 사람들의 악에 대하여 근심하는 것은 주제넘은 짓이겠습니다. 저는 다만 당신의 목적이 저에게서 남김없이 이루어지기를 빌 따름입니다.

프랑스 귀족 집안에 태어난 샤를 드 푸코는 아프리카에서 기병대 장교로 복무하는 동안, 사하라에 대한 열정을 품게 되었다. 그리스도교로 개종한 뒤, 수도원에 들어가고자 하였으나 결국 사하라 사막에서 은수자로 살았다. 뜨거운 샘물처럼 솟아오르는 영적 저술들에서 그는 자신의 영혼을 하느님 앞에 벌거숭이로 드러낸다. 사막의 종족들한테서 널리 존경을 받았지만, 그의 영향력을 시기한 부족민에 의하여 살해되었다.

모자라브 성례전
Mozarabic Sacramentary, 3세기

　　주님, 당신의 능력에 대한 외경심을 우리 가슴에 심으시어, 언제나 당신 법에 따라 살고자 애쓰게 하소서. 우리로 하여금 기쁨과 행복이 오직 당신을 통해서만 온다는 사실과 당신 아니 계신 곳에는 비참과 절망이 있을 뿐임을 기억하게 하소서. 그리하여 무슨 일을 하든지 당신께 순종하는 법을 배우게 하소서.

오, 하느님. 보이고 들리고 만져지는 모든 것을 당신께서 지으셨으니, 우리로 하여금 당신의 넉넉하심을 항상 기억하게 하소서. 우리에게 보이고 들리고 만져지는 모든 것을 당신께서 지탱시키시니, 우리로 하여금 언제나 당신의 크신 힘을 유념하게 하소서. 그리하여 모든 것이 당신께 의존되어 있음을 알아, 겸손한 마음으로 인생의 오솔길을 걷게 하소서.

오, 주님. 우리가 제 힘을 믿다가는 모래 위에 집을 지은 사람 같아서 사악한 욕정의 말 몇 마디에 무너지고 말 것임을 잘 압니다. 우리로 하여금 당신, 오직 당신만을 믿어서 복음의 반석 위에 인생을 짓고, 그리하여 맹렬한 유혹의 해일이 밀려와도 넘어지지 않게 해주십시오.

주님, 우리가 제 욕망만을 생각하면 그것을 채우려고 안달을 하지만, 그렇게 해서 채워봤자 이내 티끌로 돌아가고 만다는 것을 잘 압니다. 당신께서 원하시는 것을 원할 수 있게 하는 희망의 영을 우리에게 주시고, 오직 당신 안에서만 참되고 영원한 기쁨이 온다는 사실을 알아, 당신의 때가 오기까지 참고 기다리게 하소서.

오, 주님. 주님은 모든 충실한 백성을 우주의 한 가정에 모으시고, 하늘과 땅에 그들을 펼치셨나이다. 우리를 그 어떤 인간의 사랑보다 강한 당신의 사랑으로 묶으시어, 서로 섬기되 대가나 보상을 바라지 않고 오직 공동의 선(善)만 생각하며 섬기게 하소서.

오, 하느님. 당신께서는 아드님의 죽음을 통하여 우리를 서로 화목하게 하시고 평화의 끈으로 하나 되게 하셨습니다. 시련과 역경이 닥칠 때 당신의 평화로 우리의 조급하고 불안한 마음을 다잡아주시어, 그 어떤 증오와 폭력의 행동도 저지르지 않도록 지켜주소서.

우리를 당신 정원의 순결한 백합처럼 활짝 피어나게 하소서, 오, 주님. 당신 사랑의 달콤한 향내를 지나가는 모든 사람에게 풍기도록.

오, 하느님. 당신은 아드님의 완벽한 아름다움을 우리에게 보이시어 우리의 추악한 모습을 그대로 드러내게 하시고 자책(自責)으로 몸 둘 바를 모르게 하셨나이다. 주님, 자비로써 우리에게 내려오시어 당신 아드님의 모습으로 우리를 다시 지으소서. 그리하여 우리로 하늘나라에서 당신과 함께 살 만한 자격을 갖추게 하소서.

오랜 옛날부터 이베리아 반도에는 나름대로 예배형식이 있어 왔고, 그 안에는 여러 가지 영적 덕목을 위한 기도문들이 포함되어 있었다. 이 예배의식은 무슬림 시대가 이어지는 동안 사용되었는데, 11세기 스페인이 그리스도교에 재정복되자 로마의 예배의식이 섞여 들어갔다.

헨리 주조
Henry Suso, 1295~1366

오, 주님. 당신은 너무나도 아름답고 부드러운 모습을 우리에게 보여주시기에, 우리 심장이 당신과의 사랑에 빠지지 않을 수 없나이다. 당신께 더욱 가까이 가기를 갈망합니다. 성경을 읽자면, 당신이 몸소 우리 귀에 달콤한 말을 속삭여주시는 듯합니다. 당신 사랑이 너무나도 강하게 우리를 사로잡는지라, 남녀간의 사랑을 나눌 공간조차 없군요.

오, 사랑하는 주님. 제 영혼이 당신께 한숨짓습니다. 당신 음성을 들을 수 없을 때 저의 가슴은 슬픔으로 무겁습니다. 당신이 제 곁에 가까이 아니 계시면 저는 쉴 수도 없고 잠도 못잡니다. 제 머리를 당신 가슴에 묻고, 당신 곁에 눕게 해주십시오.

주님, 당신은 한 송이 들꽃 같으십니다. 아무도 거들떠보지 않는 곳에서 당신은 피어나시지요. 당신의 빛나는 색깔은 우리 눈을 부시게 합니다. 우리가 당신을 혼자서 가지려고 허리 굽혀 꺾으려 할 때, 당신은 바람결에 날아가시는군요. 우리가 당신을 짓밟아 파멸하여도 당신은 다시 태어나시겠지요.

주님, 우리로 하여금 당신의 아름다움을 함께 즐기도록, 언제 어디서나 당신을 뵙게 해주십시오. 당신을 소유하려 하지 말고 당신한테 소유되게 해주십시오. 그리고, 우리가 당신께 죄를 지을 때마다 우리를 용서해주십시오.

저는 곁길로 빠졌습니다. 당신을 저버렸어요. 용서한다는 당신의 달콤한 음성이 들릴 때 제 가슴은 민망하여 오그러붙습니다. 당신의 맑고 순수한 눈이 바라보실 때 저는 얼굴을 돌립니다. 제 영혼만큼 굳어진 영혼이 없고 제 가슴만큼 차가운 가슴이 없나이다. 그런데도 제 영혼을 부수고 제 가슴을 녹이는 당신의 부드러운 사랑을 이렇게 느낄 수 있습니다.

사랑하올 주님, 저는 가짜 욕망들을 추구했고 세속의 지혜를 믿어 의지하였으며 천박한 쾌감에 스스로 도취하였나이다. 저는 성실치 못한 연인이었어요. 왜 저를 벌하시지 않는지, 가죽이 벗겨지고 피가 나도록 때리시지 않는지, 그 까닭을 모르겠습니다. 오히려 당신은 저를 용서하시고, 내게로 오라고 손짓을 하시네요. 예, 제가 가겠습니다. 언제나 진실하겠고 언제나 당신의 지혜를 믿어 의지하겠습니다. 오직 당신의 은총 안에서만 즐거움을 찾을 것입니다.

주님, 어느 정도의 고통이라면, 사람이 감당 못할 만큼 심한 고통이 아니라면, 우리에게 선(善)을 가져다줄 수도 있겠지요. 보이는 것과 보이지 않는 모든 것을 당신만이 아십니다. 당신 홀로 모든 것의 무게와 크기와 수효를 아십니다. 그러니 지금 제가 겪고 있는 이 고통이 도저히 견딜 수 없을 만큼 커서 다만 그것에 짓눌려 허덕일 뿐임을 당신은 아십니다.

주님, 이 세상에 저만큼 끈질기고 지독한 고통으로 아파하는 사람이 또 있나요? 진정 당신이 의로운 분이시라면 저에게 견딜 만한 고통을 주십시오. 그러면 제가 참아보겠습니다. 하지만 저로서는 이토록 제 몸과 마음을 짓누르고 있는, 당신 아니면 아무도 이해 못할, 엄청난 고통을 어떻게 견뎌야 할지 정말 모르겠습니다.

주님, 당신 홀로 지혜의 참 근원이심을 잘 압니다. 당신만이 의심하고 절망하는 영혼에게 믿음과 희망을 되찾아줄 수 있으니까요. 당신 아드님 예수를 통하여, 극심한 고통조차도, 그것이 만일 당신 뜻에 순종한 결과로 오는 것이라면, 아름다울 수 있다는 사실을 보여주셨나이다. 그런즉, 당신 아드님을 아는 지식이 저로 하여금 제 고통에서 기쁨을 찾을 수 있게 해줍니다.

주님, 사랑하올 아버님. 오늘 저는 당신 앞에 무릎 꿇고서 지금 겪고 있는 고통에 대하여 당신을 열렬히 찬미하오며, 지난날 겪었던 측량 못할 고통에 대하여 감사드리나이다. 이제 저는 이 모든 고통이 저를 순결하게 만들려는 아버지 사랑의 산물임을 깨닫습니다. 이제 비로소 저는 이 모든 시련을 통하여 당신께서 저를 영원한 나라에 들어갈 수 있도록 준비시켜주신 줄 알았기에, 수치스러운 마음이나 공포에 떠는 마음 없이 당신을 우러러 뵙게 되었나이다.

열세 살 나이로 도미니크 수도회에 들어간 헨리 주조는 기도문이 의미 없는 형식처럼 생각되어 한동안 실망의 세월을 보내다가 본인 마음이 하느님의 지혜 속에 잠겨드는 듯한 강렬한 신비체험을 한다. 그 뒤로도 계속해서 힘든 시기를 보내지만, 가장 극심한 절망 속에서도 하느님과 통교할 수 있음을 느낀다. 그의 자서전에는 기쁨과 슬픔 속에서 하느님과 나눈 대화들이 기록되어 있다.

나나크
Nanak, 1469~1538

헤아릴 수 없이 많은 바보들,
헤아릴 수 없이 많은 협잡꾼들,
헤아릴 수 없이 많은 약탈자들,
헤아릴 수 없이 많은 거짓말쟁이들,
헤아릴 수 없이 많은 도둑들 그리고
증오와 앙심을 퍼뜨리는 자들이 세상에 있습니다.

그들 가운데 누구도 저만큼은 못되지 않았습니다.
저야말로 가장 고약한 놈입니다.
오, 주님. 도무지 당신께 드릴 것이 없는 접니다.
이 목숨도 당신께 제물로 바칠 만한 물건이 못됩니다.
제가 할 수 있는 일은, 단지
당신 뜻에 따르고자 애써보는 것이요
제가 원하는 바는, 오로지
당신의 평안 속에 머무는 것입니다.

당신 이름은 셀 수가 없고
당신 거처 또한 셀 수가 없나이다.
당신 왕국의 넓이는 우리의 상상을 초월합니다.
당신 왕국에 대하여
무엇을 상상해보려는 것 자체가 바보짓이지요.

그런데도 우리는 언어와 음악으로
당신 이름을 말하고, 당신을 찬양합니다.
언어는 당신의 크심을 선포할 우리의 유일한 도구요
음악은 당신의 고결하심을 메아리칠 우리의 유일한 수단입니다.

당신은 우리 머리와 가슴에 언어를 넣어주셨고, 그것으로 우리는
당신이 창조하신 세계의 영광을 그려보고
그렇게 하여, 당신의 영광을 되비칠 수 있나이다.
당신은 우리 가슴과 머리에 음악을 넣어주셨고, 그것으로 우리는
하늘나라 아름다움을 메아리쳐보고
그렇게 하여, 우리의 가장 깊은 소원을 표현할 수 있나이다.

저처럼 보잘것없는 인간이
어떻게 당신이 창조하신 세계의
놀라움과 거창함을 드러낼 수 있겠습니까?
저처럼 죄 많은 인간이

어떻게 감히 하늘나라에 들어가기를 바라겠습니까?
저의 유일한 응답은, 오직
당신께서 저에게 주신 언어와 음악에 있나이다.

당신 이름의 은혜로,
인류가 높이 더 높이 오르기를!
오, 주님.
당신 섭리 안에서
덕행이 모든 사람 가슴에 군림하기를!

북서부 인도에 시크교를 창설한 나나크는, 당시 라이벌 관계 속에서 피를 뿌리며 분쟁하던 이슬람과 힌두교의 화해를 모색하면서, 이슬람의 유일신주의에 힌두 전통의 관용과 신비주의를 결합시키려고 노력하였다.

크리스티나 로제티

Christina Rossetti, 1830~1894

주님, 저를 순결하게 해주세요.
순결한 사람만이 당신을 뵙게 되고
그때까지 참아 견딜 테니까요.
주님, 저를 낮춰주세요.
당신께서 복된 가슴으로 몸을 낮추셨으니
저도 그리 되도록
주님, 저를 낮춰주세요.

오, 주님.
당신께 바치는 저의 사랑에 대하여는
말씀드릴 게 없습니다.
저에게 쏟으시는 당신 사랑을
말할 수 있을 뿐—
그것도, 얕은 도랑물이
깊은 바다 향해 소리치듯이.

주님, 우리는 당신의 가없는 바다로 달려가는 강물입니다.
우리의 물굽이와 물결들은 모두 당신한테서 나왔습니다.
당신을 향하지 않는 그 무엇도 우리에겐 없고
당신을 향하지 않는 그 누구도 우리에겐 없습니다.

당신 바다의 가없는 물은 달콤합니다.
당신 향해 급히 흐르는 우리 물도 달콤하게 해주십시오.
당신의 달콤함을 우리에게 부어주시어
우리 또한 당신 향해 달콤한 물로 흐르게 하십시오.

주님, 우리 눈을 열어
씨앗에서 나무를,
알에서 새를,
고치에서 나비를 보게 해주세요.
그렇게 보는 법을 배워서
모든 피조물 너머로 당신을 뵙고
당신 말씀에 귀 기울여

"나다, 두려워 말라"는
부드러운 당신 음성을 듣게 되기까지.

❋

오, 주님. 세월이 짧든 길든, 좋든 나쁘든,
당신 뜻을 이루소서.
우리 자신을 당신께 제물로 바치는 데 넉넉하도록
세월을 늘려주소서.
당신 뜻이라면,
우리 더러운 죄악을 씻는 데 소모될 세월을 줄여주소서.
예, 인고(忍苦)의 노래를 배운 영혼들에게
세월은 길지 않겠지요.
예, 당신 향해 집 떠난 영혼들에게
세월은 짧지 않겠지요.
오, 주님. 당신 뜻을 이루소서.
세월이 짧든 길든, 좋든 나쁘든,
당신 뜻을 우리 뜻으로 만드시고
우리로 하여금 고요히 견디게 하소서.

한평생 병약한 몸으로 살아야 했던 로제티는 젊은이를 위한 발라드와 연애시와 종교적 신앙이 담긴 노래들을 많이 남긴 시인이다. 말년에, 《깊음의 얼굴 The Face of the Deep》로 불리는 〈요한묵시록〉 해설을 썼는데, 성경 구절에 대한 해설 사이사이에 기도문들이 들어 있다.

헨리 나우웬
Henri Nouwen, 1932~1996

사랑하올 주님, 오늘 저는 빈센트 반 고흐의, "바다에 썰물과 밀물이 있는 것은 사실이다. 그러나 바다는 바다다"라는 말을 생각합니다. 당신은 바다십니다. 비록 제 감정에 많은 오르막 내리막이 있고, 제 속에서 일어나는 엎치락뒤치락도 만만치 않을 때가 자주 있습니다만, 그래도 당신은 언제나 같으십니다. 당신의 같으심은 바위의 같음이 아니라 성실한 연인의 같음입니다. 당신 사랑 안에서 제가 태어났고 당신 사랑으로 제가 이렇게 살아 있으며 당신 사랑에로 저는 마침내 돌아갈 것입니다. 살다 보면, 슬픈 날도 있고 기쁜 날도 있고, 죄의식을 느낄 때도 있고 고마움을 느낄 때도 있고, 실패할 수도 있고 성공할 수도 있습니다만, 그러나 그 모든 것을 당신의 한결같은 사랑이 품어 안고 있나이다.

당신의 그 사랑을 의심하는 것, 당신의 사랑이 미치지 못하는 곳에 제가 있다고 생각하는 것, 당신 사랑의 치유하는 빛을 스스로 등지려

하는 것, 이것이야말로 제가 뿌리쳐야 할 유일한 유혹입니다. 이 유혹에 넘어가서 그렇게 하는 것은 저 자신을 절망의 어둠 속으로 밀어 넣는 일이지요.

오, 사랑과 선(善)의 바다이신 주님. 저로 하여금 일상생활 속에서 겪는 크고 작은 바람들을 너무 겁내지 않도록 도와주십시오. 바다에 썰물과 밀물이 있지만 그래도 바다는 바다임을 잊지 말게 하소서.

사랑하올 주님, 주님은 당신 말씀 전하라고 저를 이 세상에 보내셨습니다. 때로는 세상의 문제들이 너무나도 복잡하게 얽혀 있어서 당신 말씀의 단순함이 오히려 저를 당혹스럽게 합니다. 이 세상의 사회 경제적 문제들을 다루는 사람들 앞에서 때로는 제 혀가 굳어지는 느낌이 들기도 합니다.

하오나 주님, "뱀처럼 슬기롭고 비둘기처럼 순결하라"고 당신은 말씀하셨습니다. 이 복잡하고 어지러운 세상에서 단순함과 순결함을 유지하게 부디 저를 도와주십시오. 물론 저는 정보를 모으고 지금 세계가 당면한 문제들의 다양한 측면을 연구하며 가능한 한 현대 사회의 복잡한 구조를 이해하려고 노력해야 한다는 사실을 압니다. 그러나 진짜로 중요한 것은, 그 모든 정보와 지식과 통찰이 당신의 미쁘신 말씀을 좀더 분명하고 단순하게 전하는 일에 도움이 되어야 한다는 점입니다.

악한 힘들이 저를 꾀어내어 복잡한 세상 문제들에 익사시키지 못하도록 지켜주시고, 오직 당신만을 섬기는 마음으로 분명하게 생각하고 자유롭게 말하며 용감하게 행동할 힘을 주십시오. 온갖 뱀들이 득시글거리는 세상에 제 모습을 비둘기로 나타내 보여줄 그런 용기를 주십시오.

　사랑하올 주님, 이 땅의 사람들과 그 지도자들로 하여금 핵무기 경쟁이 미친 짓임을 깨닫게 해주십시오. 오늘 우리는 어제의 전쟁에서 죽은 자들을 위하여 곡을 합니다. 이제 다음 전쟁에서 죽을 자들을 위하여 또 누가 곡을 해야 하는 걸까요?

　오, 주님. 우리를 자기 파멸의 어리석은 경쟁에서 돌아서게 하십시오. 더 많은 무기를 만들면 만들수록 그만큼 그것들을 사용할 기회들도 늘어난다는 사실을 알게 해주십시오. 제발 주님, 당신께서 우리에게 주신 좋은 재능들이, 죽음을 목적이자 수단으로 삼는 자들 손에 넘어가지 않도록 하소서. 우리로 하여금, 땅에 묻혀 있는 온갖 자원들이, 서로 먹여주고 돌봐주고 치료해주고 쉼터를 제공하여 모든 인종과 국가의 남녀노소가 평화로이 살 수 있는 세계를 만드는 데 쓰라고, 당신께서 감춰두신 것임을 알게 하소서.

　이 땅의 왕들과 대통령들, 국회의원들, 교회 지도자들 그리고 선한 뜻을 품은 모든 남자와 여자들에게 공개적으로, 직접, 확신을 가지고 말할 수 있는 새 예언자들, 우리로 하여금 전쟁 대신 평화를 수행할 수 있도록 이끌어줄 새 예언자들을 보내주십시오. 주님, 속히 우리를 도와주십시오. 너무 늦게 오지 마십시오!

✳

　사랑하올 주님, 제 눈을 당신께 고정시켜주십시오. 당신은 사람 몸을 입으신 하느님의 사랑이요, 겉으로 표출되신 하느님의 무한 자비요, 사람 눈에 보이도록 나타나신 아버지의 거룩하심입니다. 당신은 아름다움, 선함, 부드러움, 용서, 자비십니다. 당신 안에서 저는 모든 것을 찾을 수 있습니다. 당신 밖에서는 아무것도 찾지 못합니다. 제가 어찌 다른 곳을 살피고 다른 곳으로 가겠습니까? 당신은 영생을 주시는 말씀이요 먹고 마실 양식이며, 길이요 진리요 생명이십니다. 당신은 어둠을 밝히는 빛이요 등잔의 등불이며 언덕 위의 집이십니다. 당신이야말로 빈틈없는 하느님의 성상(Icon)이십니다. 당신 안에서 당신을 통하여 저는 하늘 아버지께로 가는 길을 찾을 수 있습니다.

　오, 거룩하신 분, 아름다우신 분, 빛이신 분이여. 저의 주님, 구원자, 안내자, 위로자가 되시고 저의 희망, 기쁨, 평화가 되어주십시오. 당신께 저의 모두를 드리기 원합니다. 저로 하여금 인색한 자나 망설이는 자가 되지 말고 너그러운 사람이 되게 하소서. 제가 소유하고 생각하고 행하고 느끼는 모든 것을 당신께 바치나이다. 모두가 당신 것이오니, 오 주님, 부디 받으시어 온전히 당신 소유로 삼으소서.

사제이자 저술가요 대학교수를 역임한 평화운동가였던 헨리 나우웬은, 깊은 명상기도를 바탕으로
사회 정치 현실에 활발히 참여함으로써 현대 영성계에 폭넓은 영향을 미쳤다.

토머스 켄
Thomas Ken, 1637~1711

주님, 당신 홀로 저를 평안히 눕게 하시니, 제가 이제 평화로이 자리에
누워 안식에 드나이다.

주님, 당신 홀로 저에게 생기를 불어넣으시니, 간밤에 누워 잠들었던
몸을 이제 다시 일으킵니다.

주님, 이제로부터 영원토록, 저의 출입에 복을 내려주소서.

주님, 제가 무엇을 먹든지 마시든지, 다른 어떤 일을 하든지, 오직 당신의 영광을 위하여 하게 하소서.

제 손이 하는 일을 잘되게 하소서. 오, 주님. 제 솜씨를 세련되게 하소서.

주님, 저에게 은혜를 베푸시어, 세상 물질을 잘 활용하되 낭비하는 일이 없게 해주십시오. 어떤 일로든 형제를 능멸하거나 형제의 것을 강제로 빼앗는 짓을 결코 하지 않도록 저를 지켜주십시오. 이는 당신이 그런 짓을 반드시 되갚는 분이시기 때문입니다.

제가 어디에 있든지, 주님, 제가 무엇을 하든지, 당신이 저를 보고 계십니다. 오늘 하루도 순간마다 당신을 의식하며 살게 해주십시오.

주님, 언제 어디서나 당신과 다른 사람들을 향하여 한 오라기 적개심도 없이 맑고 깨끗한 양심을 지키게 해주십시오.

주님, 제 살아온 날들 계수(計數)하는 법을 가르쳐주시어, 이제부터 제 가슴을 지혜에 내어 맡기도록 도와주십시오.

하느님, 이 밤에,
낮 동안 내리신 온갖 복을 인하여
당신께 영광을 돌리나이다.
오, 왕들의 왕이시여
당신의 전능하신 날개로
저를 품어주소서.
저를 품어주소서.

주님, 사랑하올 당신의 아드님을 위하여
당신과 함께 그리고 저와 함께
평화로이 누워 잠들 수 있도록
오늘 하루 제가 지은 모든 악행을 용서하소서.

제 침대만큼이나 작은 무덤을
겁내지 않도록

저에게 사는 법을 가르쳐주소서.
저 두려운 날에
영광 떨치며 일어나도록
저에게 죽는 법을 가르쳐주소서.

제 영혼으로 하여금
당신께 기대어 눕게 하시고,
다시 일어날 때
더욱 활기차게 하느님을 섬길 수 있도록
달콤한 잠으로 눈꺼풀을 닫게 하소서.

잠 못 이루어 누워 있는 밤이면
하늘 생각들로 제 영혼을 채우시고
나쁜 꿈이나 어둠의 세력 따위가
제 휴식을 방해하여 괴롭히지 못하도록
저를 지켜주소서.

주교로서 평민에게 기도 가르치는 것을 자신의 임무로 삼은 토머스 켄은 '교구 안에 있는 가련한 백성들'에게 주는 《기도 지침서 Directions for Prayers》를 저술하였다. 거기에는 하루의 특별한 순간들에 바치는 짧은 기도들이 담겨 있는데, 그는 이 기도들이 간단하기 때문에 문맹자들도 쉽게 배울 수 있으리라고 생각했다. 주교가 되기 전에는 윈체스터 대학의 교목으로 일했는데 그 시절에, 널리 알려진 저녁기도를 포함하여 여러 편의 찬송시를 썼다.

호일랜드의 길버트
Gilbert of Hoyland, ? ~1170

선하신 주님, 언제 당신은 밝은 햇빛 아래 당신 자신을 우리에게 보여 주시렵니까? 그래요, 우리는 당신을 알고 당신을 뵙는 일에 참으로 더딥니다. 하오나 당신을 믿는 데는 빠르지요. 우리는 당신께서 그렇게 하시기로 마음만 먹으면 당장 오늘이라도 당신 자신을 우리에게 드러내실 수 있음을 믿습니다.

사랑하올 주님, 새벽에든 저녁에든 아니면 대낮에든, 부디 우리에게 나타나소서. 우리 식탁에 오시어 당신과 함께 음식을 나누게 하시고, 우리 침대에 오시어 당신과 함께 휴식을 나누게 하시며, 우리 기도에 오시어 당신과 함께 기쁨과 행복을 나누게 하소서.

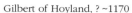

당신 은총의 고요하고 잔잔한 흐름으로 제 가슴을 채우소서. 당신 사랑의 강으로 제 영혼을 관통하여 흐르게 하소서. 당신 사랑의 급한 물살에 제 영혼을 실으시어 드넓고 가없는 하늘나라 바다를 향하게 하소서.

땅 위에 하늘을 펼치시듯이, 당신 힘으로 제 가슴을 펼치소서. 미움과 분노의 주름살은 있는 대로 남김없이 펴주시고, 당신의 진리를 더욱 깊고 넓게 알도록 제 영혼의 품을 깊고 넓게 만드소서.

하늘에 잿빛 구름이 이는 것을 볼 때 우리는 큰 폭풍을 염려합니다. 마찬가지로, 자신이 저지른 죄악의 어둠을 볼 때 우리는 진노하시는 당신의 폭풍을 염려합니다.

그러나 실제로 비가 땅에 새 생명을 가져다주듯이, 당신은 죄로 물든 우리 영혼 위에 자비의 비를 내리시어 용서와 평안을 주십니다. 언제나 우리에게 강한 폭풍처럼 되시어, 당신 자비의 크신 은총을 쏟아 부으소서.

> 링컨셔 스윈스헤드의 시토 대수도원 원장이었던 길버트는 많은 설교문, 서신, 논문을 남겼다. 대부분이 현대 독자들에게는 좀 과장된 느낌을 주는 감이 있지만, 하느님께 드리는 기도에서는 신선한 언어들이 번뜩인다.

존 코신
John Cosin, 1594~1672

은총이 가득하신 주님, 제 가슴에 순수한 의도를 심어주시고, 저의 모든 행실이 당신의 영광을 비추게 하소서. 제 마음을 언제 어디서나 당신 현존으로 모아주시고, 당신 사랑으로 황홀케 하시어, 당신의 보호하시는 팔에 안기는 것이 저의 유일한 기쁨이게 하소서.

주님, 제 눈에는 빛이 되시고, 제 귀에는 음악이, 제 입맛에는 달콤함이, 제 가슴에는 충만함이 되어주소서. 낮에는 햇빛이 되시고, 밤에는 휴식이, 밥상에는 음식이, 벗은 몸에는 의복이, 그리고 필요할 때마다 건져주시는 구원의 손길이 되어주소서.

주 예수님, 당신께 제 몸을 드립니다. 저의 영혼과 재산, 명성, 친구들, 그리고 저의 자유와 생명까지 드립니다.

저와 저의 모든 것을, 복되신 당신 이름의 영광을 위하여, 좋으실 대로 쓰십시오.

저는 제 것이 아닙니다. 당신 것입니다. 하오니, 당신 권리로 저를 주장하시고, 당신 책임으로 저를 지키시며, 당신 아이로 저를 사랑하소서.

제가 폭행당할 때에는 저를 위해 싸우시고, 제가 상처를 입었을 때에는 치료해주시며, 제가 파멸되었을 때에는 소생시켜주소서.

주 하느님. 저로 하여금 어려울 때 인내를, 안락할 때 겸손을, 유혹 앞에서 굳은 지조를 갖게 하시고 모든 보이지 않는 적들을 싸워 이기게 하소서. 저의 죄악에는 슬픔을, 당신의 은총에는 감사를, 당신의 심판에는 두려움을, 당신의 자비에는 사랑을 품게 하시고, 당신의 현존에는 항상 깨어 있게 하소서.

제 얼굴 표정에는 단정함을, 몸짓에는 무게를, 말에는 신중함을, 생각에는 고상함을 주시고 모든 행실에 의로움을 주십시오. 당신의 자비로 저의 죄악을 씻어주시고 당신의 은혜로 제 안에 영생하는 열매를 맺게 하소서.

주님, 저로 하여금, 말없이 순종하고, 꾸밈없이 겸손하고, 악의 없이 참고, 오염 없이 순결하고, 경박함 없이 즐기고, 의심 없이 슬퍼하고, 둔

함 없이 깨어 있고, 표리부동 없이 진실하고, 자포자기 없이 당신을 두려워하고, 지레짐작 없이 당신을 신뢰하게 하소서.

✳

저로 하여금 당신을 기쁘게 해드리는 일 말고는 그 무엇에도 기뻐하지 않게 하시고, 당신을 슬프게 해드리는 것 말고는 그 무엇에도 슬퍼하지 않게 하소서. 당신을 위한 저의 노동을 기쁨으로 삼게 하시고, 당신 안에서 쉬지 않는 모든 휴식이 지겹게 하소서.

❁

저에게 깨어 있는 정신과 부지런한 영혼을 주시어 당신의 뜻을 찾게 하시고, 당신의 뜻을 찾았거든, 영예롭고 높으신 당신 이름을 위하여 충성으로 순종하게 하소서.

'헨리에타 마리아(Henrietta Maria)의 영예로운 동정녀들'이 사용하도록 편집된 존 코신의 《개인 기도문집 Collection of Private Devotions》은, 당시 교회의 공기도 외에 사적인 기도생활을 훈련코자 했던 사람들 사이에서 널리 애용되었다.

젬마 갈가니
Gemma Galgani, 1878~1903

크신 하느님, 당신을 사랑합니다, 오! 당신을 사랑합니다.
제 몸이 불타고 있나이다.
당신은 저를 태우는 불이십니다.
오, 아픔이여, 사랑의 가없이 행복한 아픔이여!
오, 달콤한 불, 달콤한 불꽃이여!

달콤한 주님! 당신이 제 가슴에 불을 붙이시네요.
당신의 불이 저의 죄 많은 자아를 태우고
그것을 잿더미로 만드시네요.
그만, 그만하셔요!
저 자신을 불길에서 끌어낼 순 없습니다.
예, 그냥 거기 있겠어요.
저 자신을 불에 남김없이 사르겠습니다.

오셔요, 주 예수님! 제 가슴을 당신께 엽니다.
제 가슴에 새겨졌던 죄악은 재가 되었습니다.
당신의 거룩하신 몸으로 죄에 물든 저의 몸을 대신하십시오.
당신의 거룩하신 영으로 제 영을 가득 채우십시오.

사랑하올 예수님, 제 기도 안에서
저는 온전히 당신과 함께 있습니다.
십자가를 묵상할 때 저는
당신과 함께 고통을 받습니다.
부활을 묵상할 때 저는
당신과 함께 다시 살아납니다.
그렇게 날마다 죽고, 날마다 살아납니다.

땡볕 아래 흙길을 걸으면
당신이 그러셨듯이 저도
덥고 땀에 젖고 고단합니다.
당신이 말씀하시는 것을 들으면
제 귀는 흥분에 떨고
가슴은 날카로운 당신 말씀에 찢어집니다.
당신이 사람들 고쳐주시는 것을 보면
당신 손길이 가까이 느껴지고
그리하여 당신 능력에 온몸이 떨립니다.

제 인생의 모든 순간을

당신 곁에서 걷게 해주십시오.
끊임없이 당신 말씀에 감동하고
날마다 당신 능력으로 새로워져서
죄에 대하여 죽고
완전한 의(義)에 다시 살게 하소서.

✸

당신을 위하여 모든 것을 희생할 준비가
저에게 되어 있음을, 주님은 아십니다.
당신을 위해서라면 그 어떤 아픔도 견디겠습니다.
당신 가슴에 기쁨을 드리기 위해서라면, 그리고
당신을 거스르는 사악한 무리의 흉계를 막기 위해서라면
제 가슴의 마지막 피 한 방울마저 쏟겠습니다.

오, 주님. 불쌍한 죄인들을 버리지 마십시오.
죄인들을 생각하실 때, 저도 생각해주십시오.
저를 구원하셨듯이, 저들도 모두 구원해주십시오.
우리 모두를 함께 살려주십시오.

사람들이 당신의 거룩하신 이름을 더럽히는
모든 장소에 저의 피를 뿌리겠습니다.

모든 죄인이 저와 함께 구원받도록

사랑하올 예수님, 저의 피를 당신 피에 섞겠습니다.

계속되는 질병의 고통으로 시달리다가 짧은 생애를 마친 젬마 갈가니는, 극심한 통증 가운데서도 기도를 통하여 흔들리지 않는 마음의 평정을 유지할 수 있었다. 단순하면서도 기쁨으로 충만한 그녀의 글은, 자신이 얻은 마음의 평안을 남들과 나누고자 하는 염원이 그 안에 배어 있어서, 모국인 이탈리아의 많은 독자들에게 즐겨 읽혔다.

빙겐의 힐데가르트
Hildegard of Bingen, 1098~1179

저는 지금 어디에 있나요? 어떻게 해서 여기까지 왔나요? 누구에게 위로를 부탁할 수 있을까요? 저를 옥죄고 있는 이 죄의 사슬을 어떻게 끊을 건가요? 저를 이토록 볼썽사납게 만든 더러운 상처들을 누가 지켜볼 수 있겠습니까? 이 몸 치유할 기름을 누가 발라줄까요? 오, 하느님. 당신 아니시면 그 누가 저를 도와주겠습니까?

당신이 약속하신 놀라운 자유를 생각할 때마다 저의 죄는 더욱더 저를 압박하는 듯합니다. 당신 아드님의 아름다움을 생각할 때마다 제 영혼은 더욱 추악해보입니다. 당신 사랑의 즐거운 음악을 생각할 때마다 제 영혼은 오히려 더욱 절망에 빠집니다.

사랑하올 하느님, 저는 이제 어떻게 되는 걸까요?

오, 하느님. 제발 당신 사랑의 신비를 저에게 보여주십시오. 당신 사랑으로 하여금 저에게 길고 우울한 밤의 끝자락을 밝히는 꼭두새벽이 되게 해주십시오. 당신 사랑으로 하여금 저에게, 당신의 종 되는 길을 보여줄 새로운 계획이 되게 해주십시오.

당신의 사랑은 날개깃 사이로 오렌지색 불꽃을 떨치는 하얀 비둘기 같습니다. 비둘기는 번민하는 제 영혼에 평화의 약속을 가져다주고, 불꽃은 슬퍼하는 제 영혼에 기쁨의 약속을 가져다줍니다.

오, 지극히 강하신 하느님. 누가 감히 당신을 거슬러 싸울 수 있겠습니까? 제 안에 있으면서 제 영혼을 먹어치우는 죄의 화룡(火龍)에 거슬러 싸우도록, 하느님, 저를 도와주세요.

용의 두터운 비늘을 잘라버릴 당신의 날선 칼, 당신이 몸소 장식하신 그 칼을 제 손에 들려주세요. 그 칼로 제 속에 있는 용을 무찌르고 나서, 저처럼 연약하고 상처받기 쉬운 사람들을 위해 안전한 도피처를 마련해

130

주고 싶습니다. 자기 안에 있는 용을 없애버릴 칼을 그들에게 주고, 그래서 그들과 함께 기쁘고 평화로이 살고 싶습니다.

저야말로 딱딱하고 완고한 인간입니다! 죽도록 애를 써야 겨우 자신의 고집을 꺾을 수 있지요. 그래서 당신께 도움을 청합니다만, 당신은 아무 도움도 주시지 않는 것 같군요. 무슨 목적이 있으셔서, 그래서 제 청을 모른 척하시는 건가요? 저를 도와주시기 전에, 저 스스로 육신에서 죄의 가시를 뽑아내기까지 기다리시는 겁니까? 좋습니다, 이 독(毒)가시들이 저를 파멸시키기 전에 그것들을 모두 뽑아버려야 한다는 사실은 저도 알아요. 하지만, 당신 없이는 아무것도 할 수 없는 걸 어쩌란 말입니까?

사랑하올 하느님. 저 들판에 온갖 색깔로 장미와 백합을 심어놓으셨듯이 제 가슴에 온갖 덕목의 꽃들을 심어주십시오. 그리고 그 꽃들에 당신의 거룩하신 영으로 물을 주십시오. 어쩌다가 가시덤불이나 독초들이 그 틈에 돋아나거든 그것들의 뿌리를 뽑아주세요. 제 가슴에 심으신 온갖 덕목의 꽃들을 좀더 강하게 하기 위해서, 필요하다면 가지를 치거나 잘라버리셔도 좋습니다. 마침내 그 꽃들로부터 맺어진 씨앗들이 다른 영혼들에게도 날아가서, 당신 홀로 주실 수 있는 아름다움을 그들과 나눌 수 있게만 해주십시오.

　아름다우신 하느님, 이 더럽고 추한 죄악의 외투를 저에게서 벗기시고
그 대신 순결하고 밝은 성령님의 겉옷을 입혀주십시오.
　용감하신 하느님, 제 목숨을 위협하는 퇴폐의 성난 늑대들을 저에게서
쫓아버리시고 그 대신 언제 어디서나 저를 지켜줄 당신의 온유한 어린
양을 제 곁에 두십시오.

오, 영원하신 하느님.
저희로 하여금,
당신의 사랑하는 아드님
예수의 손과 팔, 다리와 발로
돌아가게 하소서.
땅을 지으시기 전에 당신은
그를 하늘에 낳으셨고,
그의 지체로 삼고자 당신은
우리를 땅에 낳으셨습니다.
그의 살아 있는 몸이 되어

영원한 지복(至福)을
함께 누릴 만한 존재로
우리를 만들어주소서.

사랑을 주시는 사랑이신 예수 그리스도님,
당신은 가장 높은 별보다 높으시고
당신은 가장 깊은 바다보다 깊으시고
당신은 우리를 당신의 가족으로 부양하시고
당신은 우리를 당신의 배필로 안아주시고
당신은 우리를 당신의 백성으로 다스리시고
당신은 우리를 당신의 친구로 환영하십니다.
온 세상이 당신을 예배하게 하소서.

생명을 주시는 생명이신 성령님,
당신은 모든 움직임의 동인(動因)이시요
당신은 모든 생물의 호흡이시요
당신은 우리 영혼을 정결케 하는 물이시요
당신은 우리 상처를 치유하는 고약(膏藥)이시요

당신은 우리 가슴을 덥히는 불이시요

당신은 우리 발길을 안내하는 등불이십니다.

온 세상이 당신을 예배하게 하소서.

귀족 가문에 태어난 힐데가르트는 어린아이였을 때 신비스런 환상들을 보았다. 열여덟 살에 수녀가 되어, 라인 강변 빙겐 지방 루페르츠베르크 대수도원 원장이 되었다. 타락한 세상에 대한 경고와 재앙에 대한 예언이 포함된 여러 가지 환상들을 수록한 책에서 그녀는 자신의 추악한 모습에 절망하여 하느님께 덕과 기쁨을 달라고 간청한다. 그런가 하면, 훨씬 더 행복하고 가벼운 어조로 하느님을 찬양하는 노래들도 많이 남겼는데, 자신이 거기에 곡을 붙였고 당시 대중들이 즐겨 불렀다고 한다.

 ## 요한 프레이링하우젠
Johann Freylinghausen, 1670~1739

예수님, 온유하신 예수님.

당신 같으신 이가 어디 있겠습니까?

당신은 길 잃은 영혼들의 빛이십니다.

당신은 죽은 영혼들의 생명이십니다.

당신은 죄에 갇힌 자들의 석방이십니다.
당신은 자기를 부인하는 자들의 영광이십니다.
당신은 두려움으로 굳어진 자들의 수호자십니다.
당신은 거짓에 속아 방황하는 자들의 안내자십니다.

당신은 괴로워하는 자들의 평안이십니다.
당신은 다스림 받고 싶어 하는 자들의 왕이십니다.
당신은 진실을 찾는 자들의 사제십니다.

가장 힘센 왕, 예수님.
당신의 홀(笏)에 입 맞추겠어요.
가장 낮은 종, 예수님.
당신 곁에서 일하겠어요.

가장 현명한 예언자, 예수님.
기꺼이 당신 가르침을 따르겠어요.
가장 어리석은 바보, 예수님.
기꺼이 당신 시중을 받아들이겠어요.

가장 높은 제사장, 예수님.

당신 은혜를 받아 모시겠어요.
가장 평범한 목수, 예수님.
당신과 함께 가난한 이들 곁에 서겠어요.

저를 송두리째 당신 안으로 끌어당기소서. 그리하여
당신 사랑에 완전히 녹아들게 하소서.

저를 쪼개시고, 저를 발기소서. 그리하여
저의 고집불통이 박살나게 하소서.

저를 껴안으시고, 저에게 입을 맞추소서. 그리하여
저의 더러워진 영혼이 다시 고와지게 하소서.

저를 당신의 침실에 가두소서. 그리하여
다시는 당신을 멀리 떠나 헤매지 않게 하소서.

너무나도 멍청하고 둔한 제 머리를
당신 영으로 인도하소서. 그리하여

언제나 제 생각들이 당신께 머물러 있고
제 눈은 모든 것에서 당신을 뵙게 하소서.

너무나도 차갑고 무심한 제 가슴을
당신 영으로 녹여주소서. 그리하여
당신 사랑으로 제 가슴이 따뜻해지고
모든 것에서 당신을 느끼게 하소서.

너무나도 느슨하고 무기력한 제 영혼을
당신 영으로 죄어주소서. 그리하여
언제나 당신 현존에 제 영혼이 깨어 있고
모든 것에서 당신을 깨닫게 하소서.

오, 하느님. 당신을 찬양합니다.
영원을 향한 발걸음 하나를
이제 막 옮겨놓았습니다.
흐르는 세월과 더불어 제 가슴은
더욱 당신께 가까이 나아가고
어서 당신 계신 곳에 이르기를 갈망합니다.

당신이 하늘로 데려가실 그때까지
저는 시간과 날과 해를 헤아립니다.
시간은 끝이 없어 보입니다.
유한한 모든 것이 당신에게 삼키어져서
돌연 무한해지고, 덕분에 저 또한
죽을 수 없는 몸이 되기를 갈망합니다.

아, 그때가 속히 왔으면 좋겠습니다.
제가 지치기 전에, 제 가슴이 차갑게 식기 전에,
당신 향한 제 갈망이 시들기 전에,
당신 계신 그곳에 이르렀으면 좋겠습니다.
저는 신방에 들 준비가 되어 있는 신부요
꺾일 준비가 되어 있는 한 송이 꽃입니다.

하지만 저는 그때를
온전히 당신께 맡겨야 합니다.
그 시간, 그날, 그해는
온전히 당신께서 정하실 것들입니다.
제가 당신 계신 곳에 받아들여질 준비가
과연 되어 있는지, 그것은
위에 계신 당신만이 아십니다.
오, 예수님. 제 영혼은 벌써

당신을 향하여 활짝 피어 있습니다.
비록 몸은 아직 땅에 있지만
제 영은 당신께서 하늘로 데려가셨습니다.
진실로, 저는 이미 죽을 수 없는 몸이니
시간과 날과 해를 잊게 하소서.

저의 인간성을 강하게 해주십시오.
저의 속눈을 밝게 해주십시오.
지나치게 용의주도한 자기중심을 막아주십시오.
저를 생명으로 되돌려주십시오.

주님, 저로 하여금 할 일을 바로 하고
범죄와 두려움, 불안과 분노 사이에서
화해자가 될 수 있도록, 저에게 힘을 주십시오.
주님, 저를 앞으로 이끌어,
인생의 온갖 아픔과 문제들을
기쁨으로 기꺼이 받아들일 수 있는,
거기까지 나아가게 해주십시오.

미래의 낙원에서 얻게 될 미래의 성취

때문이 아니라, 완전한 사람으로

살아가는 것이 무엇인지를 알기 때문에

그냥 그렇게 살아가도록, 저를 이끌어주십시오.

> 독일 경건운동을 주도한 이들이 애용했던 프레이링하우젠의 《영가집(靈歌集)》은 사람들을 구세주 예수에게 곧장 인도하는 내용으로 채워져 있다. 구절구절이, 사랑하는 자를 위하여 고난 받으시는 예수한테로 집중된다.

 보나벤투라

Bonaventura, 1217~1274

주 예수님, 몸소 유한한 육신의 소유자심을 우리로 하여금 믿게 함으로써 당신은, 우리 믿음에 틀을 잡아주셨습니다. 겟세마니에서 당신은 우리가 흘리는 것과 똑같은 땀을 흘리셨습니다.

주 예수님, 인간의 육신이 겪을 수 있는 온갖 정신적 육체적 시련을 견뎌냄으로써 당신은, 우리에게 희망을 주셨습니다. 겟세마니에서 당신의 영혼은 괴로우셨고, 당신 가슴은 다가올 고통에 떨었습니다.

당신께서 육신의 모든 나약함을 그대로 보여주셨기에, 우리는 우리의 슬픔을 당신이 진정으로 감당하신 줄 알았습니다.

착하신 예수님, 도대체 사람 영혼이 얼마나 단단하게 굳어졌으면, 당신의 참상을 보고도 눈물을 흘리지 않는단 말입니까?

착하신 예수님, 도대체 사람 가슴이 얼마나 단단하게 굳어졌으면, 당신의 아픔을 보면서 동정의 신음을 내지 않는단 말입니까?

착하신 예수님, 제 귀로는 "죽여라, 죽여라! 십자가에 못 박아라!" 외쳐대는 군중의 저 무서운 함성을 차마 들어 넘길 수가 없습니다.

거룩하신 주, 하느님. 우리 죄를 없애기 위하여 십자가에 달리신 분, 당신 고통으로 자기를 괴롭히는 자들의 굳어진 가슴을 녹이고, 자비로운 사랑으로 그들을 떨게 하신 분, 당신 죽음으로 자기를 죽이는 자들에게 생명을 주시는 분, 도대체 그분은 어떤 분이십니까?

제 가슴으로 하여금 그분 앞에서 깨어지고 부서지게 하십시오. 제 영혼으로 하여금 그분의 고통에 대한 연민으로 찢어지게 하시고, 그분을 죽음으로 몰고 간 저의 죄악에 대한 슬픔으로 무너지게 하십시오. 그리고 마침내 그분께 바치는 사랑으로 다시 살아나게 하십시오.

오, 주님. 저는 어느 모로도 당신께 쓸모가 없는 몸입니다만, 그래도, 아리마태아 사람 요셉처럼, 당신께 처소 하나 내어드리고 싶습니다. 그는 자기 무덤을 드렸습니다만, 저는 제 가슴을 드리겠습니다.

그날 요셉의 어두운 무덤 속으로 들어가셨듯이, 오늘 제 가슴의 어둠 속으로 들어오십시오. 당신 빛으로 제 가슴을 가득 채우시어 거기 숨어 있던 모든 죄악을 몰아내시고, 저로 하여금 당신을 모실 만한 사람이 되게 하여주십시오.

사랑하올 예수님, 태양 빛에 흰 깃털 나부끼며 하늘 높이 날아오르는 송골매처럼, 일어나십시오. 일어나시어 우리에게 당신 영혼의 순결함을 보여주십시오.

둥지 속의 어린 새끼들을 보살피는 참새처럼, 우리를 밤낮으로 보살피시고, 온갖 정신적 육체적 위험에서 지켜주십시오.

갓 태어난 병아리를 노리는 것들한테서 그것을 숨겨주는 비둘기처럼, 우리를 악마의 습격에서 숨겨주십시오.

땅 아래로 내려 꽂히는 제비처럼, 우리 위에 곧장 내려오시어, 생명을 주는 당신 거룩하신 영으로 우리를 만져주십시오.

주 예수님, 제 믿음을 당신 안에 둡니다. 제 희망을 당신께 걸고, 제 마음과 몸과 능력을 모두 기울여 당신을 사랑합니다. 하늘로 오르실 때, 부디 저도 하늘로 데려가주십시오. 그리하여 제 믿음이 입증되고 제 희망이 성취되고 제 사랑이 보상을 받게 해주십시오.

주 예수님, 하늘 보좌에 앉으실 때, 길 잃은 자들은 구원하시고, 구원받은 자들은 성결케 하시고, 성결한 자들은 기쁨으로 충만케 하소서.

주 예수님, 하느님의 성령이 하늘에서 내려 당신 위에 머무셨듯이, 같은 성령께서 우리에게 내리시어 일곱 가지 선물을 베풀어주시기 바라나이다.

첫째, 우리에게 이해의 선물을 주시어, 당신의 교훈으로 우리 마음이 밝아지게 하소서.

둘째, 우리에게 분별의 산물을 주시어, 당신의 의로운 발자취를 따르게 하소서.

셋째, 우리에게 용기를 주시어, 악마의 공격을 물리치게 하소서.

넷째, 우리에게 지식을 주시어, 악에서 선을 가려내게 하소서.

다섯째, 우리에게 경건을 주시어, 자비로운 가슴으로 살게 하소서.

여섯째, 우리에게 두려움을 주시어, 악에서 물러나 선으로 나아가게
하소서.

일곱째, 우리에게 지혜를 주시어, 당신 사랑의 달콤함을 맛보게 하소서.

보나벤투라는 프란체스코 성인 사후에 프란체스코 수도회를 이끌면서 스승의 가르침을 신학의 틀
에 담았다. 높은 학식과 탁월한 정치적 수완을 지녔으면서도, 예수에 대한 애틋하고 친밀한 애정
에 있어서는 스승을 많이 닮았다. 그의 기도에는, 그리스도인의 삶이란 모름지기 예수의 수난과
부활을 그대로 반영한 것이어야 한다는 신념이 담겨 있다.

렉스 채프먼
Rex Chapman

저에게 있는 것은 본디 나눠 쓰기 위한 것임을 알게 해주십시오.

저에게 있는 것이 인생의 마지막 결론은 아님을 알게 해주십시오.

궁극적으로 저의 평안함과 제 마음의 평화는

저의 재능이나 성취나 그것들로 얻은 지위에 있지 않고

저에게 있는 모든 것이 당신한테서 온 것임을 아는 데 있습니다.

이를 아는 것이, 주님, 가난과 부(富)를 아는 것입니다.

주님, 저에게는 마음 아픈 것들이 참 많습니다.
제가 만사에 부족한 것이 마음 아픕니다.
때로 안이한 평화, 안이한 행복에 머물러 있다가
결국은 중심에 만족스럽지 못한 것도 마음 아픕니다.
당신께 아픈 상처를 입혀드린 것도 마음 아픕니다.
오, 주님. 당신만이 저로 하여금
장차 저 자신과 더불어 살 수 있게 해주십니다.

당신께서 삶으로 분명히 보여주신
그 영혼의 온유함을 저에게 주십시오.
진실을 찾아나가는,
인내로 참고 견디는,
비난당할 때 평정을 지키는,
남을 위하여 자기를 뒤로 물리는,
안으로 숙련된 감정을 밖으로 잘 드러내는,
그 영혼의 온유함을 저에게 주십시오.

저의 냉정함을 털어내 비워주십시오.
저의 편파적인 정의에 만족함을 털어내 비워주십시오.
생명 있는 모든 곳에
공의(公義)가 편만할 필요를 알게 될 때까지
주님, 저를 털어내 비워주십시오.

남들이 느끼는 것을 저도 느끼도록
주님, 저에게 민감함을 주십시오.
남들의 자리에 서볼 수 있도록
주님, 저에게 상상력을 주십시오.
예수를 통하여, 예수 안에서,
사람 되는 것이 어떤 것인 줄 아셨던
당신의 자비는 실로 위대하십니다.
그 자비를 저도 나눠 가지게 도와주십시오.

이제 곧 밤입니다, 사랑하올 예수님.
제 가까이 오십시오.
어둠 속에 빛나는 촛불 되시어
제 가슴에서 죄를 지워주십시오.

그날이 다가옵니다, 사랑하올 예수님.
새벽을 당겨주십시오.
의로운 태양이 제 가슴 깊은 곳에
빛을 비출 그때를 앞당겨주십시오.

부드러운 달빛입니다, 사랑하올 예수님.
저를 인도하십시오.
하늘나라에 안전하게 이르도록
이 어두운 길에서 제 걸음을 인도하십시오.

별들이 반짝입니다, 사랑하올 예수님.
저를 가르쳐주십시오.
거짓에서 참을 가려내어, 이제라도
당신 영광을 알아볼 수 있도록 가르쳐주십시오.

제 머리가 베개 위에서 쉬듯이
제 영혼이 당신 자비 안에서 쉬게 하소서.

제 손발이 요 위에서 쉬듯이
제 영혼이 당신 평화 안에서 쉬게 하소서.

제 몸이 이불 안에서 따뜻해지듯이
제 영혼이 당신 사랑 안에서 따뜻해지게 하소서.

제 마음이 꿈으로 가득 차듯이
제 영혼이 하늘나라 환상으로 가득 차게 하소서.

애버딘 대학교 교목이었던 채프먼은 예수 그리스도의 가르침을 곧장 삶의 현장에 적용시키는 일련의 기도문을 작성했다. 거기에는 산상수훈의 '팔복(八福)'에 연결시킨 짧은 기도문들이 포함되었다.

대승불교

7세기

지존(至尊)이시여, 당신은 우리에게 알 수 없는 분이십니다. 당신은 모든 것을 지으셨고, 모든 것을 깨끗하게 하실 수 있습니다. 당신은 우리 머리로 이해하기엔 너무 먼 당신입니다. 당신께 말씀드리는 것 자체가 미지의 영역으로 들어가는 것입니다. 그런데도 당신의 빛이 만물을 비추고 그것들의 영혼을 환하게 하십니다.

부디 청컨대, 하늘 밝은 궁전을 떠나 이 티끌세상으로 내려오십시오. 이 세상 온갖 악을 물리치시고 모든 병을 치유하는 데 당신의 능력을 쓰십시오. 괴로워하는 자들에게 평안을 주십시오. 적수들을 화해시키시고, 돌이켜 서로 친구가 되게 하십시오. 우리에게 삶의 길을 보여주시고, 모든 일에서 당신께 순종하는 법을 가르쳐주십시오.

그 순수함에 짝이 없는 빛이여
그 맑음에 티가 없는 아름다움이여
비나니, 당신과 함께 극락왕생하기를.

그 강함에 한이 없는 힘이여

그 위엄에 끝이 없는 영광이여
비나니, 당신과 함께 극락왕생하기를.

당신 왕국 안에는 온갖 꽃들이 피어나고
온갖 나무들이 잎을 냅니다.
비나니, 당신과 함께 극락왕생하기를.

당신을 향한 갈망이 우리 몸을 채우고
당신을 아는 지식이 우리 혼을 채웁니다.
비나니, 당신과 함께 극락왕생하기를.

어디서나 장엄한 음악이 연주되고
달콤한 향기는 콧속을 가득 채웁니다.
비나니, 당신과 함께 극락왕생하기를.

당신 생각이 우리 머리를 채우고
당신 사랑이 우리 가슴을 채웁니다.
비나니, 당신과 함께 극락왕생하기를.

본디 불교에는 신의 존재가 인정되지 않았다. 그러나 불교가 북쪽으로 티베트와 중국에 전파되면서 신적인 존재에 대한 생각들이 첨부되었다. 그 속에는, 위에서 땅으로 내려오는 신과 함께 영원한 극락정토에 다시 태어나려는 소망이 담겨 있다.

시에나의 카테리나

Catherine of Siena, 1347~1380

자비로우신 주님, 당신이 회개한 자들의 죄를 남김없이 모두 잊으신다고 해도 저는 놀라지 않습니다. 당신을 미워하고 비난하는 자들에게 여전히 성실한 모습을 보여주신다고 해도 저는 놀라지 않습니다. 당신 깊은 가슴에서 솟아나는 자비가 온 세상을 가득 채우고 남습니다.

우리가 이렇게 지어진 것도 당신의 자비로 말미암아서요, 아드님을 보내시어 우리를 구원하신 것도 당신의 자비로 말미암아섭니다. 당신의 자비는, 그 안에서 죄인들이 당신을 발견하고 착한 이들이 당신께로 돌아가는 빛이십니다. 당신의 자비는 없는 곳이 없습니다. 사악한 영혼들을 용서하기 위하여 만드신 지옥 그 깊은 바닥에도 당신의 자비가 있습니다. 당신의 자비는 당신의 정의를 끊임없이 다독거려, 우리가 마땅히 받아야 할 벌을 거두십니다. 오, 미친 연인(mad lover)이여! 당신은 사람 몸을 입고 세상에 오신 것으로도 모자라서, 우리를 위하여 스스로 죽음을 택하셨습니다.

사랑하올 하느님, 당신의 빛은 다른 모든 빛을 능가합니다. 모든 빛이 당신한테서 오기 때문이지요. 당신의 불은 다른 모든 불을 능가합니다.

당신의 불만이 꺼질 줄 모르고 타오르니까요. 당신 불의 불꽃은 사람 영혼 안으로 들어가, 거기 숨어 있는 죄와 이기심을 태워버립니다. 그러면서도 영혼에는 상처 하나 입히지 않고서 사랑의 불꽃을 눈부시게 피워 올리지요.

　무엇이 당신을 움직여, 당신의 진리로 저를 밝히게 하시는 것입니까? 다름 아닌 바로 당신 사랑의 불이지요. 저를 너무나도 사랑하셔서, 제가 정신 못 차리고 이리저리 헤매며 어지럽게 사는 것을 차마 그냥 두고 보실 수 없으셨던 겁니다. 당신이 저에게 베푸신 그 사랑을 제가 조금이라도 갚아드릴 수 있을까요? 없습니다. 아무 가진 것이 없으니까요. 뭐가 있어야 드릴 것 아닙니까? 그런데도 당신은 제가 당신의 선물을 받는 모습 보시는 그것만으로 즐겁다면서, 그러니 저에게 베푸신 사랑이 충분한 보답을 받았다고 하시는군요. 이보다 더 온전하신 아버지가 어디 계시겠습니까!

　영원하신 아버지, 저를 어리둥절하게 하는 문제가 있어서 두 가지만 여쭙겠습니다.

　때로 사람들이 저에게 와서, 어떻게 하면 당신을 제대로 섬길 수 있겠는지 말해달라고 합니다. 그런 다음 제 말을 듣고 나서 어떤 이들은 당신의 밝은 빛으로 목욕을 하는데 어떤 이들은 영적 어둠 속에 파묻혀 있는 거예요. 제가 당신 빛으로 목욕하는 이들을 당신 섬기는 일에 진솔한 사람들로 보고, 영적 어둠에 묻혀 있는 이들을 자기중심적인 위선자들로 봐도 되는 걸까요? 아니면, 그들 모두에게 죄를 회개하여 당신께로 돌아가기를 권면하고, 그 참회하는 바가 큰 사람일수록 당신의 훌륭한 종이라고 봐야 하는 겁니까? 이것이 첫 번째 질문이고요, 두 번째 질문은 이것입니다.

영혼에 찾아오는 생각이나 느낌을 그것이 당신한테서 온 것인지 아닌지, 어떻게 분별할 수 있나요? 그것들이 영혼에 기쁨과 즐거움을 주는지 아닌지를 보긴 합니다만, 당신은 사람에게 언제나 행복만을 주시지 않고 때로는 고통과 슬픔도 주시니까, 그래서 여쭙는 것입니다.

영원하신 삼위일체님, 당신은 저에게 더 많이 찾을수록 더 많이 발견하고, 더 많이 발견할수록 더 많이 찾게 되는 깊은 바다 같습니다. 당신은 사람의 영혼을 채워주십니다만, 영혼은 결코 만족을 모르고서 끊임없이 당신에 굶주리고 목말라 찾으며 모든 빛의 근원이신 당신을 뵙고자 합니다.

영원하신 삼위일체님, 당신의 빛 안에서 저는 당신 사랑의 깊은 바다를 들여다보고 당신이 지으신 세계의 아름다움에 취합니다. 문득 눈을 돌이켜 당신 안에 있는 저 자신을 보면, 제가 당신의 형상으로 창조되었음을 알게 되지요. 이것이야말로 당신의 능력과 지혜 안에서 제가 당신께로부터 받은 가장 값진 선물입니다.

영원하신 삼위일체님, 당신은 창조주시고 저는 피조물입니다. 제가 당신을 알아보게 된 것은 당신께서 아드님이신 예수 그리스도 안에서 저를 새롭게 지으셨기 때문입니다. 당신은 아드님께 베푸신 바로 그 사랑 때문에 저를 사랑하십니다. 당신은 저에게 당신 자신을 주셨습니다. 제가 더 무엇을 바랄 수 있겠어요?

당신은 끝없이 타면서 결코 꺼지지 않는 불이십니다. 제 속에 숨어 있는 자기중심을 태워버리시고 모든 냉담을 녹여 없애십니다. 당신은 끝없이 밝히면서 결코 어두워지지 않는 빛이십니다. 제 가슴 속 어둠을 몰아내시고 저로 하여금 당신의 눈부신 진실을 보게 해주십니다.

당신은 모든 선을 능가하는 선이요, 모든 아름다움을 능가하는 아름다움이시며, 모든 지혜를 능가하는 지혜십니다.

당신은 모든 벌거벗음을 덮어주는 옷자락이요, 모든 굶주림을 채워주는 양식이십니다.

영원하신 아버지. 아버지께서는, "우리 형상으로 사람을 만들자"고 말씀하셨습니다. 그렇게 당신의 크심을 기꺼이 우리와 나누고자 하셨지요. 당신은 우리에게, 당신의 진실을 나눠 가지게 하시려고 지성을 주셨고 당신의 선(善)을 나눠 가지게 하시려고 지혜를 주셨으며 참되고 바른 것을 사랑할 자유의지를 주셨습니다.

어찌하여 우리를 이토록 존엄하게 하셨는지요? 그것은 우리를 내려다보시고 우리와 사랑에 빠지셨기 때문입니다. 처음 우리를 지으시도록 당신을 부추긴 것도 사랑이었고, 당신의 진실과 선을 우리와 나눠 가지게끔 한 것도 사랑이었습니다.

그러나 우리가 당신께 등을 돌릴 때 당신 가슴은 무너져 내리고, 허무한 것들 추구하느라고 지능을 낭비할 때 당신은 울지 않을 수 없고, 악을 정당화하고자 지혜를 망가뜨릴 때 당신은 아파하지 않을 수 없나이다.

그런데도 당신은 우리를 결코 버리지 아니하십니다. 당신으로 하여금 우리를 지으시게 한 바로 그 사랑으로, 당신은 외아들을 우리에게 보내셨지요. 그분은 당신의 온전한 모습을 그대로 갖춘 분이셨고, 그러기에 우리는 그분을 통하여 당신의 형상을 회복할 수 있게 되었습니다.

사랑하올 주님, 당신은 당신이 창조하신 것들을 너무나도 사랑하시어 그들 없이는 살아계실 수 없는 분처럼 보입니다. 그렇게 당신은 우리를 지으셨고, 그러므로 우리가 당신을 떠나 돌아설 때마다 우리를 구원해주셨습니다. 하지만 당신은 하느님이시고, 따라서 우리를 반드시 필요로 하지는 않으시지요. 우리 때문에 당신의 위대하심이 더욱 커지지도 않거니와, 우리 때문에 당신의 힘이 더욱 강해지는 것도 아닙니다. 당신은 우리를 돌봐야 할 책임도 없으시고 우리에게 갚아야 할 빚도 없으십니다. 그런데도 우리를 돌보시고 우리를 구원하시는 것은 사랑, 오직 사랑 때문이지요.

열두 살 때 그리스도의 동정녀로 살 것을 서약한 카테리나는, 그분과 직접적인 통교를 나누며 온전히 그분 말씀에 의존하여 산다고 스스로 주장했다. 어른이 되자, 가까이 모여든 친구와 제자들로 '가정'을 이루고, 그들에게 친절한 가르침과 지혜로운 조언으로 영감을 주었다. 그녀의 가장 유명한 저술인 《대화 *The Dialogue*》는 본인이 하느님과 나눈 깊고 내밀한 이야기들로 이루어져 있다.

엘리자베스 굿지

Elizabeth Goudge, 1900~1984

주님, 우리에게 베풀어진 모든 사랑에 대하여, 가족과 친구들의 사랑에 대하여, 무엇보다도 삶의 순간순간마다 우리에게 부어주신 당신의 사랑에 대하여 고맙습니다. 우리의 보잘것없음을 용서해주십시오. 우리를 사랑하는 이들에게 수도 없이 실망을 안겨주었고 그들의 기대를 무너뜨렸고 그들을 근심하게 하였고 또한 슬프게 하였습니다. 용서해주십시오. 그들을 실망시킴으로써 당신을 실망시켜드렸고, 그들에게 상처를 줌으로써 사랑 때문에 우리를 위하여 죽으신 당신에게 상처를 안겨드렸습니다. 주님, 긍휼히 여기시고 용서해주십시오. 당신은 당신을 사랑하는 자에게 실망을 안겨주지 않으십니다. 당신은 바뀌지도 않으시고 이랬다저랬다 하지도 않으십니다. 사랑과 겸손과 너그러움에 한결같으신 당신의 그 비결을 가르쳐주십시오. 우리의 작고 변덕스럽고 나약한 사랑을 불쌍히 여기시어, 그나마 지켜주시고 붙잡아주시고 더욱 강하게 키워주십시오. 오, 세상의 빛이시어, 우리에게 사랑하는 법을 가르쳐주십시오.

※

　오, 세상을 구원하신 주님. 사랑이신 당신을 알지 못한 채 어둠의 수렁에서 길 잃고 헤매는 자들을 위하여 기도하는 법을 가르쳐주십시오. 전쟁의 무고한 희생자들과 그들이 겪어야 했던 아픔들, 죄악의 수렁에 빠져서 헤어날 줄 모르는 이들, 낙심한 이들, 유혹에 넘어진 이들, 공포에 질린 이들, 몸과 마음으로 곤궁에 처해 있는 이들을 우리는 기억합니다. 그들이 생각날 때 등을 돌리게 만드는 비굴함과 그들을 보고도 모른 척 지나가게 하는 무관심에서 우리를 건져주십시오. 우리 안에 있어서 세상을 더욱 어둡게 만드는 악을 참회하게 하시고, 세상을 조금이라도 더 밝게 할 수 있는 일이 있다면 아무리 작은 일이라도 우리에게 보여주시고 그 일을 할 수 있도록 도와주십시오. 괴로워하는 이들과 함께 괴로워하고, 필요하다면 그들과 함께 어둠 속으로 들어가기를 겁내지 않는 마음으로 기도하는 법을 가르쳐주십시오.

　오, 한때 하늘 높은 곳에서 궁핍한 인간의 바닥으로 내려오셨던 영원하신 자비여. 우리를 용서하시고 새롭게 하시고 불태우시는 능력으로 다시 한번 오시어, 가슴이 깨어진 죄인들의 수고와 기도를 통하여 당신의 자비로 하여금 이 땅의 어둠을 사르고 새 생명을 가져오게 하소서.

성공회 신부의 딸로 태어난 굿지는 대중적인 소설가로 명성을 얻었다. 인간의 고통에 대한 연민과 악을 이기는 선에 대한 흔들리지 않는 믿음이 그녀의 소설에 잘 나타나 있다. 같은 연민과 믿음이 그녀의 《기도일기 *Diary of Prayer*》에도 그대로 담겨 있다.

다그 함마르셸드

Dag Hammarskjöld, 1905~1961

저에게 시작하도록 허락하신 일을 마치게 해주십시오.

다 잘되리라는 아무 보장 없이, 모든 것을 내어놓게 하십시오.

한 컵의 교만이 그것을 마시는 자에게 있고,

한 컵의 겸손이 그것을 따라주는 자에게 있습니다.

당신은 우리를 자유롭게 지으셨고,

일어나는 모든 일을 내려다보시는 분입니다.

그러면서 당신은 승리를 확신하십니다.

당신은 이 시대에 지극한 외로움으로 괴로워하는 우리들 가운데

한 분이십니다.

당신―또한 내 안에 계신 분이여,

저의 때가 되거든

당신 짐을 지게 해주십시오.

우리 위에 계시는 당신,

우리 가운데 하나이신 당신,

또한 우리 안에 계시는 당신, 제 안에서도

모든 사람이 당신 뵙게 되기를!

저로 하여금, 당신의 길을 준비하고

제 운명으로 주어진 모든 것에 감사하고,

다른 이들의 궁핍을 잊지 않고,

당신 사랑 안에 항상 머물도록 하소서.

제 안에 있는 모든 것이

당신의 영광을 향하게 하시고

결코 절망하지 않게 하소서.

저는 당신 손 안에 있고

모든 힘과 선함이 당신께 있기 때문입니다.

저에게 깨끗한 가슴을 주시어, 당신 모습을 뵙게 하시고

겸손한 가슴을 주시어, 당신 음성을 듣게 하십시오.

사랑하는 가슴을 주시어, 당신을 섬기게 하시고

믿고 따르는 가슴을 주시어, 당신 안에 머물게 하십시오.

당신의 용기로

당신의 평화 안에서

당신 보시기에 의로운 일을!

당신 앞에서 겸손, 당신 곁에서 믿음, 당신 안에서 평화!

아버님, 당신 앞에서
의로움과 겸손으로,
큰형님, 당신 곁에서
믿음과 용기로,
성령님, 당신 안에서
고요함으로.

저는 당신의 것입니다, 당신의 뜻이 제 운명이기에.
저는 당신께 바쳐진 몸입니다, 제 운명이 당신의 뜻에 따라서 씌어졌기에.

당신의 거룩하신 삶은 우리의 길이요, 당신의 존경스런 인내는
그리로 해서 우리가 당신께 가까이 가야 하는 통로입니다.

당신의 바람 안에서, 당신의 빛 안에서—
다른 모든 것이 얼마나 하찮고 우리는 또 얼마나 작은지요.
당신의 바람 안에, 당신의 빛 안에,
거기 머무르는 우리는 또 얼마나 행복한지요!

그렇게, 당신 안에서 당신에게 용서받아
세상이 아침마다 새로이 창조되기를.

이 피할 수 없는 외로움을 내게 주시어
당신께 모든 것을 더욱 쉽게 드릴 수 있도록 하신 분이 당신입니까?

주님, 이날은 당신 것이요
저는 이날의 것입니다.

우리에게 자비를 베푸소서.

우리의 수고에 자비를 베푸소서. 그리하여

당신 앞에서

사랑 안에서

그리고 믿음 안에서

정의와 겸손 안에서

자기 부정과 단호함과 용기로

당신을 뒤따르고,

그리고 침묵 안에서

당신을 만나 뵙게 하소서.

우리에게 깨끗한 가슴을 주시어

당신을 뵙게 하시고

겸손한 가슴을 주시어

당신을 듣게 하시고

사랑하는 가슴을 주시어

당신을 섬기게 하시고

믿고 따르는 가슴을 주시어

당신을 사랑하게 하소서.

당신을 저는 모릅니다만

그러나

저는 당신 것입니다.

당신을 저는 이해하지 못합니다만

그러나

저와 제 운명은 당신의 작품입니다.

당신의―

유엔 사무총장으로 있을 때 함마르셸드는 투쟁적인 휴머니스트의 모습을 보여주었다. 그런 까닭에, 갑작스런 비행기 사고로 그가 죽은 뒤 아파트에서 '나 자신, 그리고 하느님과의 협상들'이 기록되어 있는 《비망록》이 발견된 것은 크게 놀라운 일이었다. 거기에는, 그리스도교 신비가들에게 깊은 영향을 받아 자기를 지으신 분 앞에서 솔직했던 그의 기도문들이 가득 들어 있었다.

조지 허버트

George Herbert, 1593~1633

모든 것에서 당신을 보도록

저를 가르치소서.

나의 하느님, 나의 임금님.

무엇을 하든지

당신을 위해서 그 일을 하도록

저를 가르치소서.

짐승처럼 사납게
곧장 행동으로 뛰어들지 않도록
저를 가르치소서.
오히려 당신을 마음에 새겨
당신과 함께 마무리 짓도록
저를 가르치소서.

유리창을 보는 사람은
유리에 눈길이 머물 수도 있겠으나
그것을 통과하여
하늘나라를 볼 수도 있나이다.

오소서, 나의 길, 나의 진리, 나의 생명이여
우리에게 호흡을 주는, 그런 길로
모든 다툼을 끝장내는, 그런 진리로
죽음을 죽이는, 그런 생명으로 오소서.

오소서, 나의 빛, 나의 잔치, 나의 힘이여

잔치를 보여주는, 그런 빛으로
갈수록 흥겨워지는, 그런 잔치로
손님들을 즐겁게 해주는, 그런 힘으로 오소서.

오소서, 나의 기쁨, 나의 사랑, 나의 가슴이여
아무도 앗아가지 못할, 그런 기쁨으로
아무도 나눠놓지 못할, 그런 사랑으로
사랑 안에서 기뻐하는, 그런 가슴으로 오소서.

아아, 나의 사랑하올 화내시는 주님,
당신이 사랑하면서 때리시니,
내어 던지면서 도움의 손길을 펼치시니.
저도 그렇게 하겠습니다.
불평하면서 당신을 찬양하고
애통하면서 당신을 시인하겠습니다.
저의 모든 쓰고 달콤한 날들을
슬피 울면서 사랑하겠습니다.

당신의 채찍을 내어 던지소서.
당신의 진노를 내어 던지소서.
오, 나의 하느님,
부드러운 오솔길을 잡으소서.

제 가슴의 열망이
당신께로 굽어 있나이다.

사람의 말도 눈길도
저에게 감동을 주지 못하고
당신의 책, 오직
거룩한 당신의 책만이
저에게 감동을 주나이다.

비록 실패하여도, 당신을 바라보며
눈물을 흘립니다.
비록 걸음을 정지당해도
은총의 보좌를 향해 기어갑니다.

이제 진노를 물리치소서.
사랑이 그 일을 하겠지요.
사랑만 있으면

돌 같은 가슴도 녹을 테니까요.

사랑은 걸음이 빠릅니다.
사랑은 전사(戰士),
멀리서도 백발백중입니다.

누가 그 화살을 피할 수 있으리까?
당신을 움직여
아래로 내려오게 한 사랑이라면
저 또한 움직이겠지요.

당신의 채찍을 내어 던지소서.
사람은 덧없지만
당신은 하느님이십니다.
당신의 진노를 내어 던지소서.

왕이 등을 돌림으로써 짧고 화려한 정치가의 삶을 청산한 조지 허버트는 시골 교회 목사가 되었다. 정계를 물러난 직후부터 자신의 기쁨과 분노가 생생하게 담겨진 종교시를 쓰기 시작하였다.

에라스무스
Erasmus, 1469~1536

　지극히 사랑하시는 아버님, 당신 집에 머물기를 바라는 우리로 하여금 온전히 당신 법의 지배를 받게 하소서. 힘들 때나 순탄할 때나, 살아서나 죽어서나, 당신의 선하신 뜻을 우리에게 나타내시고 몸과 마음으로 당신 명령에 복종할 힘을 우리에게 주소서. 우리를 온전케 하소서. 이는, 진실로 온전한 사람만이 당신의 영광을 되비칠 수 있기 때문입니다. 당신은 거룩한 성경을 통하여, 온전함으로 가는 길을 우리에게 보이셨나이다.

　지극히 은혜로우신 아드님, 당신 가르침으로 우리 마음속 무지의 어둠을 물리치시고 당신 명령으로 우리에게 평화의 길을 밝혀주소서. 그 길을 걸을 때 우리로 하여금 당신 발자국을 보게 하시고 당신이 밟으신 그 자리를 따라서 밟게 하소서. 우리 힘줄이 약해질 때 힘 있게 해주시고, 우리 정신이 무거워 가라앉을 때 가벼이 일으켜주실 줄 믿습니다. 이는, 구원으로 가는 우리 걸음을 지켜보는 것보다 더한 즐거움이 당신께 없기 때문입니다. 비나니, 언제 어디서나 우리 친구가 되시고 안내자가 되소서. 그리하여 당신 아버님의 하늘나라로 우리를 데려가소서.

숭앙하올 성령님, 당신 자비의 몰아치는 바람으로 우리 안에 있는 죄악의 흔적을 모두 날려버리시고 당신의 꺼지지 않는 불로 우리 영혼을 순결케 하소서. 우리는 당신을, 우는 자들에게 위로를 베푸시고, 절망해 쓰러져 있는 자들을 일으켜 세우시고, 헤매는 자들을 인도하시고, 외로워하는 자에게 벗이 되어주시고, 갈라진 자들을 화해시키시고, 예수 그리스도를 주님으로 고백하는 모든 사람에게 기쁨을 주시는 분으로 믿습니다. 비나니, 우리의 단순하고 겸손한 마음에 거하시며, 우리 몸을 영광스런 당신 사랑의 성전으로 삼으소서.

주 예수 그리스도님, 당신은 항상 떠오르면서 결코 지지 않는 태양입니다. 당신은 모든 산 것들을 짓고 살아 있게 하는 생명의 근원입니다. 당신은 우리 영혼과 육체를 먹여 기르는 모든 물질적 정신적 양식의 근원입니다. 실책과 의혹의 구름을 흩어버리는 빛이요, 순간마다 제 앞에 가시며 저의 생각과 행동을 인도하시는 분입니다. 비나니, 저로 하여금 당신 빛 안에서 걷고, 당신 양식으로 자라고, 당신 자비로 살아가고, 당신 사랑으로 따뜻해지게 하소서.

주 예수 그리스도님, 당신은 어두운 밤을 지키는 온유한 달이요 기쁨에 반짝이는 별들입니다. 온 우주를 아버님께 화해시키는, 당신은 평화의 근원입니다. 번민하는 가슴들을 가라앉히고 고단한 몸에 잠을 주시는, 당신은 모든 휴식의 근원입니다. 당신은 조용한 기쁨으로 우리 마음을 채우는 달콤함이요, 고약한 악몽을 하늘나라 꿈으로 바꿀 수 있으십니다. 비나니, 저로 하여금 당신 품에 안겨 당신의 달콤함을 꿈꾸게 하시고 당신 아버님과 하나 되게 하시고, 언제나 당신이 저를 지켜보신다는 사실을 알아 위로받게 하소서.

주 예수 그리스도님, 모든 살아 있는 것들을 건강하게 하시는 당신께서, 지금 죽어가는 자들에게 영생을 약속하십니다. 당신의 거룩하신 뜻에 저를 맡겨드리나이다. 제가 이 세상에 더 살아 있기를 원하시거든 이 질병에서 건져주소서. 제가 이 세상 떠나기를 원하신다면 영원토록 건강한 불멸의 몸 받기를 희망하며 기꺼이 이 육신 바닥에 눕히겠나이다. 다만 저로서는, 살든지 죽든지 이 고통에서 해방되어 평화롭고 만족스럽게 쉴 수 있기를 바랄 따름입니다.

당대에 가장 저명한 학자였던 에라스무스는, 가톨릭교회의 부패와 개신교 지도자들의 스스로 의로
운 열정에 모두 반대하였다. 개신교 지도자들에게 로마와 싸우지 말 것을 종용했지만, 교황청을
거스르는 풍자 때문에 교황이 그의 저술활동을 금지시켰다. 그가 남긴 기도문에는 날카로운 지성
대신 부드럽고 신심 깊은 가슴이 숨쉬고 있다.

토머스 모어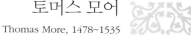
Thomas More, 1478~1535

좋으신 주님, 저에게 자비를 베푸소서.

그리하여 저로 하여금, 이 세상의 헛됨을 깨달아 알고

제 마음을 오직 당신께 고정시켜,

사람들 하는 말에 흔들리지 않게 하소서.

홀로 있는 것에 만족하여, 세속의 무리와 함께 있기를 갈망하지 않고

조금씩 세상을 버려, 마침내 모든 번잡한 일에서 마음이 떠나고

더 이상 세속의 일에 귀 기울이려 하지 않게 하소서.

기쁘게 당신만을 생각하고, 아프게 당신의 도움을 청하고

당신의 위로만 의지하고, 당신 사랑하는 일에만 골몰하게 하소서.

저 자신의 쓸모없음과 사악함을 알고 당신 앞에 겸손히 엎드려

지난날 저지른 죄를 슬퍼하고 모든 역경을 견디어, 그것들을 소멸시키고

이곳에서 받는 연옥의 고통을 달게 받고,

이 시련들을 기꺼이 감당하게 하소서.

그리스도와 함께 십자가를 지고, 마지막 순간을 항상 생각하여

코앞에 있는 제 죽음을 바라보고 그 죽음을 낯선 자로 여기지 않고

마지막 심판이 닥치기 전, 용서를 구하게 하소서.

저를 위하여 당하신 그리스도의 고난을 언제나 마음에 새기고,

끝없는 그분 은총을 감사하게 하소서.

허무하게 낭비한 시간들을 되돌려놓고,

쓸데없이 지껄인 잡담들을 거두어들이고

게으르고 천박했던 행동들을 지워버리고,

불필요했던 오락들을 잘라버리고

세속의 재물과 친구들과 자유와 생명까지도

그리스도를 얻기 위하여, 아무것도 아닌 것으로 버리게 하소서.

저 옛날 요셉의 형들이 질투와 증오로 아우에게 저지른 일들이

사실은 그에게 더없이 좋은 사랑과 은혜를 베푼 것이었으니, 바라건대

저의 가장 악한 원수들을 저의 가장 선한 친구들로 여기게 하소서.

❋

좋으신 주님, 저에게 자비를 베푸시어 제 죄를 깨닫게 하셨으니, 말과 마음으로 뉘우쳐 마침내 그것들을 버릴 수 있도록, 끝까지 자비를 베푸소서. 혹시 제 교만 때문에 찾아내지 못한 죄가 있거든 그것들도 모두 용

서하소서.

영광스러운 하느님, 저에게 자비를 베푸시어, 세상 일 모두 등지고 제 중심을 오직 당신께만 붙잡아 매게 하소서.

저로 하여금 잘못 살아온 삶을 수정하여 후회 없이 죽음으로 나아가고, 당신 안에서는 죽음이 곧 영원한 복락으로 들어가는 문임을 알게 하소서.

영광스러운 하느님, 저에게서 죄악으로 가득 찬 두려움과 죄악으로 가득 찬 슬픔과 자기연민, 죄악으로 가득 찬 희망과 욕망을 모두 거두어주소서. 하오나, 저의 영혼을 위하여 도움이 된다면, 그런 모든 두려움과 슬픔과 자기연민과 희망과 욕망을 저에게 주소서.

좋으신 주님, 그날 밤 올리브 동산에서 당신이 감당하셨던 그 두려움과 번민을 저의 모든 두려움과 번민에서 볼 수 있도록, 저에게 자비를 베푸소서.

전능하신 하느님, 세상의 칭송을 듣고자 하는 저의 욕망과 함께 성내어 보복하려는 감정을 제하여주소서.

겸손하고 낮고 평화롭고 참아 견디고 친절하고 부드럽고 자애로운 마음을 저에게 주소서.

좋으신 주님, 충만한 믿음과 굳건한 소망과 뜨거운 사랑을 저에게 주시어, 당신을 기쁘시게 해드리고 당신 뜻을 이루어드리는 일만을 간절히 바라게 하소서.

그리고 무엇보다도, 당신의 사랑과 자애로 저를 굽어보소서.

토머스 모어는 헨리 8세 통치하 영국에서 고위직을 두루 역임하고 마침내 대법관 자리에 올랐다. 그러나 왕이 아라곤의 캐서린과 이혼하고자 했을 때 반대하였고, 왕과 로마의 사이가 나빠졌을 때에는 교황청을 편들었다. 그래서 결국 런던탑에 투옥되었고 반역죄로 재판받아 교수형을 당했다. 재판받는 동안 겪어야 했던 정신적 번뇌와 갈등이 마지막 기도에 담겨 있다.

 # 로마의 클레멘스
Clement of Rome, ? ~96

우리는 당신을 믿습니다.

당신은 우리 눈에 보이는 모든 것을 지으신 분이요

우리 안에 있는 눈을 떠서

지극히 높은 곳에 계시는 위없이 높으신 분,

거룩한 이들 가운데 거룩하신

당신을 뵙도록 하셨습니다.

당신은 교활한 자들의 음모에 재갈을 물리시고

사악한 자들의 계획을 무산시키시고

나약하고 겸손한 자들을 일으켜 세우시고

힘 있고 교만한 자들을 끌어내리십니다.

비밀스런 섭리에 따라서 당신은

풍요와 가난, 삶과 죽음을 각자에게 주십니다.

당신은 모든 육신의 주인이요

우리가 하는 모든 일을 내려다보시며

우리를 시험에서 지켜주시고

절망에서 또한 건져주십니다.

당신은 사랑하는 아드님 예수 그리스도를 통하여

진실과 거룩함과 영예를 우리에게 주십니다.

몸소 하신 일과 지으신 것들,

영원 전부터 이 세계가 설계된 방식을 통하여

당신 자신을 보여주십니다.

이 땅은 주님이신 당신의 솜씨와 통치를 반영하는

당신의 창조물입니다.

당신을 믿는 자들 모두에게 신실하시고

죄를 고백하는 자들 모두에게 자비로우시고

마음으로 돌아서는 자들 모두에게

당신은 동정을 베푸십니다.

당신 진리의 더없이 깨끗함으로

우리를 깨끗하게 해주시고

우리로 하여금 언제나 옳고 바르게 행하도록

걸음걸음을 지켜주십시오.

높으신 주인님, 우리에게 당신 얼굴을 보여주십시오.

안심하고 선한 것을 좇겠습니다.
강하신 팔로 우리를 죄에서 지켜주십시오.
조용히 당신 기뻐하실 일을 하겠습니다.

우리 모두에게 평안과 화합을 주시고
몸과 마음에 건강을 주십시오.
우리 통치자들을 슬기롭고 의롭게 하시어
저들의 법이 당신의 법을 본받게 하십시오.
당신 홀로 그럴 수 있으시고,
우리가 구하기 전에 당신은
이보다 더한 일도 할 수 있으십니다.
지금 이 순간,
모든 세대에,
시대에서 시대로,
영광과 위엄이 당신의 것입니다.

    높으신 분들의 높으신 분, 거룩하신 이들의 거룩하신 이, 당신을 뵐 수 있도록 우리 마음을 열어주십시오. 당신은 건방진 자들의 오만을 끌어내리시고 정직하지 못한 자들의 술책을 둘러엎으십니다. 비천한 자들을 높이시고 거만한 자들을 무너뜨리십니다. 풍요와 가난, 삶과 죽음이 당신 손 안에 있습니다. 당신 홀로 모든 정신을 식별하실 수 있고 모든 영혼의 중심을 들여다보실 수 있습니다. 당신은 위험에 처한 자들을 지켜주시고 절망하는 자들에게 희망을 주시고 이 땅의 모든 살아 있는 것들을 인도하십니다. 당신의 힘에 의하여 지상의 나라들이 일어나기도 하고 무너지기도 합니다.

당신은 많은 사람들 가운데 우리를 뽑으시어, 당신의 아드님 예수 그리스도의 지식과 사랑을 통해서 당신을 알고 사랑하게 하셨습니다. 그분을 통해서 우리에게 진리를 가르치셨고, 우리를 높이 들어 올려 당신의 거룩하심을 나눠 가지게 하셨습니다.

간절히 구합니다, 주님. 우리에게 은총을 베풀어주십시오.

가난한 자를 불쌍히 여기시고, 슬퍼하는 자에게 위로를 주시고, 어둠 속을 헤매는 자에게 빛을 주시고, 병든 자를 고쳐주시고, 길 잃은 자를 이끌어주시고, 굶주린 자를 먹여주시고, 부당하게 갇혀 있는 자를 풀어주시고, 약한 자에게 힘을 주시고, 소심한 자에게 용기를 주십시오. 이 땅의 모든 나라들로 하여금 당신이 하느님이시요, 예수 그리스도는 당신의 아드님이시요, 우리는 당신의 백성임을 알게 해주십시오.

주님, 당신은 끝없이 펼쳐지는 우주의 틀을 있게 하셨고, 생명의 수(繡)를 놓으셨습니다. 세대에서 세대로 당신의 법은 한결같고 지당하시며 당신의 행위는 슬기롭고 자상하십니다. 사방을 둘러보는 것은 곧 당신의 좋으심을 보는 것이요, 당신을 의지함은 곧 당신의 너그러우심을 아는 것이요, 당신께 자백하는 일은 곧 당신께 용서받는 일입니다.

당신 진리의 최고급 비누로 우리를 깨끗이 씻어주십시오. 당신 자비의 영약(靈藥)으로 우리를 온전케 해주십시오. 당신 웃음의 환한 빛을 우리에게 보여주십시오. 당신 그 강하신 팔로 우리를 지켜주십시오.

성 베드로를 이어 로마교회 3대 주교였던 클레멘스의 《모든 궁핍한 자들을 위한 기도 Prayer for All Needs》는 성서 밖에서 기록으로 남아 있는 가장 오래된 기도문이다. 그의 《고린토 사람들에게 보낸 편지 Epistle to the Corinthians》에도 열린 눈과 순결한 마음을 구하는 두 편의 기도문이 들어 있다.

마그데부르크의 메히트힐트
Mechthild of Magdeburg, 1210~1280

주님, 당신은 제 애인입니다.
제 간절한 바람의 대상이요
제 몸을 관통해 흐르는 강물이요
제 얼굴에서 빛나는 태양입니다.

저로 하여금
당신을 비치는 거울이 되게 해주셔요.

저를 뜨겁게 사랑해주셔요.
저를 자주 사랑해주셔요.
저를 오래 사랑해주셔요.
당신이 저를 뜨겁게 사랑할수록
그만큼 저는 예뻐진답니다.
당신이 저를 자주 사랑할수록
그만큼 저는 순결해진답니다.
당신이 저를 오래 사랑할수록
그만큼 저는 거룩해진답니다.

주님, 저는 모든 피조물 가운데 가장 비천한 몸입니다.
그래서 저를 그들보다 더욱 당신께 가까이 들어 올리셨지요.
주님, 저에게는 보물이 없습니다.
그래서 하늘의 보물을 저에게 주셨지요.
주님, 제가 입은 것은 죄로 물든 넝마입니다.

그래서 순결의 흰옷으로 저를 입히셨지요.

주님, 제가 바라는 것은 고향의 초라한 오두막입니다.

그래서 영원한 당신 궁전으로 저를 부르셨지요.

어디에도 아니 계시는 주님,

사랑의 사슬로 당신한테 묶인 몸이

오시는 당신을 기다립니다.

기다림이 멀고 무료하네요.

어서 저에게로 가까이 와주셔요.

저를 당신 품에 안아주시고

사랑의 놀라운 팔로 잡아주셔요.

저의 사악한 교만 때문에

저를 멀리 하시는 줄 압니다.

하지만, 이토록 겸손하게 비나니

제발 저에게 돌아와주셔요.

당신을 향한 사랑에 빠졌습니다.

더 깊이 빠져들수록

그만큼 제 사랑은 달콤해집니다.

오, 사랑하올 하느님, 사랑하올 사랑님,
당신께로 가까이 제 영혼 당겨주셔요.
당신한테서 떨어지는 것이 저에게는
무엇보다 큰 아픔입니다.
저의 뜨거운 열정이 식지 않게 해주셔요.
당신을 위한 것이 아니면
제가 하는 모든 일이 헛일이요 망할 일입니다.
당신은 우리 괴로움을 달콤하게 만드시고
우리 짐을 가볍게 하시며
온갖 염려 가운데서 안심케 하십니다.
당신 품에서 우리로 쉬게 해주셔요.

전능하신 주님, 당신 능력 안에서 제가 이렇게 기쁩니다.
당신이 저의 고집스런 뜻을 꺾으실 때
저는 그것을 저 자신의 승리로 여깁니다.
당신이 저의 변덕스런 마음을 항복시키실 때
저는 기꺼이 감사를 드립니다. 그리고

당신이 제 육신을 거두어 가실 그날,
죽음의 순간을 이렇게 내다보고 있습니다.

오, 달콤한 사랑의 하느님,
제가 너무 오래 잠들어
당신의 온갖 축복을 잊고 살거든
부디 저를 깨워 일으키시고
즐거운 당신 노래를 불러주십시오.
그것은 잡음도 악보도 없는 노래요,
사람의 말로 그릴 수 없고
사람의 말에 담을 수 없는
사랑과 믿음의 노래입니다.
당신이 저를 깨워 당신 곁에 두시면
제 영혼이 그 노래를 듣겠지요.

아버님, 저를 지어주셔서 고맙습니다.
아드님, 저를 구해주셔서 고맙습니다.
성령님, 저를 순결케 해주셔서 고맙습니다.

삼위일체님, 당신께 기도합니다.
저의 신실한 믿음을 기억하시어
평화로운 죽음을 주십시오.
그래서 제가 죽을 때, 모든 고통이 끝나고
당신의 영원한 기쁨 안에 머물게 해주십시오.

저를 이끌어주시지 않으면, 오 주님, 저는 춤출 수 없습니다.
당신의 뜻이라면, 신명나게 뛰어오를 수 있어요.
하지만, 몸소 춤추고 노래하심으로써
춤추고 노래하는 법을 저에게 가르쳐주셔야 합니다.
당신과 함께 저는 사랑으로 뛰어오를 거예요.
그 사랑에서 진실로,
진실에서 기쁨으로,
마침내 사람의 모든 감각들을 넘어선 그곳으로
저는 뛰어오를 것입니다.
그리고 거기에서 언제까지나 춤출 거예요.

아아, 주님. 당신 사랑에 제가 사로잡혔습니다.

제 곁에 계신 당신께 무릎 꿇었습니다.

제 영혼은 본디 사랑할 줄을 모르지만

당신 홀로 그것을 일깨워 사랑할 수 있게 하십니다.

아무래도 고급 포도주를 마신 기분이에요.

이 술에 잔뜩 취하여

당신 앞에 제 목숨 던지기까지

당신 명령에 따를 겁니다.

바야흐로, 당신이 여기 계심을 알았기에

다른 모든 즐거움이 허망해졌어요.

당신과 함께 있는 이것이 저의 유일한 기쁨입니다.

주님, 당신의 사랑 안에서 저의 모든 재물을 거두시고

이렇게 사람들의 자선에 기대어 먹고 입게 하시니 고맙습니다.

주님, 제 눈의 시력을 거두시고

이렇게 남들의 눈으로 보게 하시니 고맙습니다.

주님, 제 손의 힘을 거두시고

이렇게 남들의 손으로 저를 돌봐주시니 고맙습니다.

저들이 죽을 때, 당신을 섬기고 기쁘시게 해드릴 수 있도록

하늘 사랑으로 저들에게 상을 내려주십시오.

주님, 저에게서 세상 살아가는 재미를 모두 거두셨지만
다른 무엇보다도 값진 은사 하나를 남기셨군요?
모든 개들이 태어나면서부터 몸에 지닌 바,
아무리 지독한 곤경에서도 주인에게 충성하는, 모든 위로가
사라진 처지에서도 주인을 바라보는, 바로 그것입니다.
이 충성심이야말로 세상의 그 어떤 재물보다 저에게 소중합니다.

열두 살 때 신랑이신 그리스도를 만나 뵙는 신비체험을 한 메히트힐트는 자기가 그리스도와 결혼
했다는 생각으로 평생을 살았다. 마그데부르크의 한 수도공동체에서 심한 극기생활 끝에 병을 얻
고, 자신의 영적 체험을 《하느님의 흘러넘치는 빛 The Flowing Light of the Godhead》이라는
저술에 담았다.

샤르트르의 풀베르투스
Fulbert of Chartres, 960~1028

처음이요 나중이시고, 부활이요 생명이시며, 죄인들을 위하여 생명을 내어준 완전한 사람이신 예수 그리스도님, 당신을 예배하고 당신을 기리고 당신 이름을 큰소리로 찬양합니다. 저는 당신이 십자가에서 돌아가실 때 구원해주시고 자유롭게 해주신 자들 가운데 하나입니다. 당신은 죄의 노예였던 저를 구해주셨습니다. 그런데도, 제가 고약한 죄인이며 저의 모든 행동이 쓸데없고 사악하다는 느낌에서 좀처럼 벗어날 수가 없습니다. 저는 불타는 사막의 마른 모래 같고, 감옥에서 시들어가는 죄수 같습니다. 선한 이들이 저를 도우려 하고 저 또한 그들이 당신께 보상받기를 기도합니다만, 저들의 선함이 저의 나쁜 감정을 가라앉혀주지는 못합니다. 참을성 있는 이들이 저에게 길을 가리켜주려고 합니다만, 제가 너무 고집이 세어서 아무것도 배울 수가 없습니다. 겸손한 이들이 저를 섬기려 합니다만, 저의 교만이 그 섬김을 제대로 받아들이지 못하게 합니다. 저에게서 사악함의 짐을 벗겨주시고, 제 고집을 꺾으시고, 제 교만을 뿌리 뽑아주십시오. 생명까지 내어주는 당신의 사랑을 받아들이게 하시고, 저를 자유롭게 해주십시오.

무엇을 어찌 해야 할는지 알 수 없어서, 어떻게 하면 평화를 찾을 수 있는지 그 방법을 몰라서, 사랑하올 예수님, 이렇게 당신 가까이 나아갑니다. 주교직을 받아들인 것이 아무래도 성급한 처사였던 것 같군요. 맡겨주신 양들에게 유익은 관두고 오히려 해를 입힐까 두렵습니다. 그래서 저보다 훌륭한 누군가에게 주교 자리를 넘겨주고 물러나야겠다는 생각입니다. 하지만, 제가 이 자리에 오른 것이 무슨 명문 귀족 출신이거나 재물이 많아서가 아니었음도 저는 알고 있지요. 그래서 저처럼 가난하고 비천한 집안 출신을 주교로 뽑으신 것이 당신의 선택은 아닐까 그런 생각이 드는 것도 사실입니다.

주님, 비록 죄 많은 몸이지만 당신의 분명한 표지(sign) 없이는 주교직을 내어놓지 않겠습니다. 저에게 표지를 주십시오.

당신이 우주를 지으신 그 세월에 견주어 우리의 한평생이란 얼마나 짧은 순간인지요. 당신이 지으신 우주의 방대함에 견주어 우리 자신은 얼마나 왜소한지요. 당신이 지으신 우주의 복잡함에 견주어 우리가 아는 세계란 얼마나 하찮은 것인지요. 우주를 지으신 당신의 천재에 견주어 우리의 두뇌는 또 얼마나 모자라는지요. 그런데도, 우리 삶의 갈피갈피에, 우리 안에, 우리 둘레에, 당신은 계십니다. 당신은 우리 하나하나를 온전하고 한결같은 눈으로 지켜보십니다. 우리의 관심사를 곧 당신의 관심사로 삼으십니다. 우리의 어리석음을 끝없이 참아주십니다. 저의 감사라는 것이 당신의 크심에 견주어 얼마나 우스운 것인지 잘 압니다만, 그래도 제 마음을 모아 당신께 감사를 드립니다.

북부 프랑스 농부 집안에 태어나 샤르트르 주교가 된 풀베르투스는 재치 있는 설교와 철학적 언변으로 이름을 얻었다. 비록 겉모습으로는 오만하고 건방지게 보일 때가 있었지만, 그의 기도에는 자신의 비천한 출신과 세속적 성공의 덧없음에 대한 예민한 자각이 배어 있다.

조지 맥도널드
George MacDonald, 1824~1905

저를 용서해주셔서 고맙습니다, 주님. 그런데도 저는 여전히 어둠 속에 머물러 있기를 좋아합니다. 그것도 용서해주십시오, 주님.

아닙니다, 그럴 순 없어요. 용서받을 수 없는 유일한 죄는, 악을 고의로 선택하고 거기서 구출되기를 거부하는 죄입니다. 그걸 용서하기는 불가능한 일이지요. 함께 죄를 짓는 것이니까요.

하느님, 제가 아닌 물건에서 제 기도가 나옵니다.
당신의 대답들이 여기 있는 저를 만드십니다.
지루한 파도들처럼, 생각이 생각의 꼬리를 물고 밀려옵니다만
그것들의 고요한 밑바닥은 오로지 당신의 것입니다.
그리고 거기에서 당신은 저에게 미지의 길을 가리키십니다.
시끄러운 분쟁 한복판에 당신의 평화가 은밀히 이루어집니다.
제 안의 늑대가 기도할 때, 당신의 응답은 양입니다.

공허한 결말을 눈앞에 보면서도
물질을 추구하는 우리를 불쌍히 여기소서.
뱀한테 몇 번 속아봤으면서도
새들은 그 얼굴에 넋을 잃는답니다.

거룩한 것들 안에도 속된 탐욕이 있습니다.
당신은 나중을 위하여 쌓아두지 말고
지금 여기에서 거룩하게 사용해야 할
신성한 것들을 우리에게 주셨습니다.
가장 거룩한 빵에도, 그것을 쌓아두면

맘몬[物神]의 이끼가, 소유의 교만이 번식합니다.

오 주님, 제가 사람들에게 또 설교를 늘어놓았습니다.

생각의 바퀴들이 불 언덕에서 저를 빙글빙글 돌게 했어요.

제가 쏟아놓은 말들이 밥풀처럼 허공을 떠돌았고

소심한 제 가슴은 잔뜩 부풀어 올랐습니다.

그런즉 이제 저 자신을 당신 앞에 던지오니

불붙은 제 머리에 찬 손을 얹어주시고

나약한 가슴에서 부푼 공허를 짜내어주십시오.

조지 맥도널드는 애버딘에서 그리스도교 선교사로 훈련을 받고 임지에 갔다가 이단자라는 혐의로 추방당했다. 그 뒤에 글을 쓰기 시작하여 어린이들을 위한 책을 몇 권 내었다. 최근, 그가 남긴 신앙서적들이 사람들의 주목을 끌기 시작했는데, 특히 그의 《발언되지 않은 설교들 Unspoken Sermons》은 풍부한 유머와 상상력으로 그리스도교 신앙을 해설하고 있다.

쇠렌 키에르케고르

Søren Kierkegaard, 1813~1855

새들은 둥지가 있고 여우는 굴이 있지만, 주 예수님, 당신은 해가 져도 머리 둘 곳 없는 무숙자셨습니다. 그런데 당신은 죄인들이 달려가 숨을 은신처셨지요. 오늘도 여전히 당신은 은신처시요, 저는 당신한테로 달려가서 숨습니다. 당신 날개 아래 제가 숨으면 당신은 날개로 죄 많은 저를 덮어주십니다.

오, 주 예수 그리스도님. 당신은 저를 구원코자 평생을 고통스럽게 사셨습니다. 그런데도, 길을 걸으면서 자주 넘어지고 끊임없이 길을 벗어나는 저를 참아주셔야 하기에, 당신의 고통은 아직 끝나지 않았습니다. 얼마나 자주 저는 참을성을 잃고 당신의 길을 포기하려 했던가요. 그리고 얼마나 자주 당신은 저에게 용기를 주시며 도움의 손길을 벋으셨던가요. 날마다 저는 당신이 지셔야 할 짐을 더 무겁게만 해드립니다. 그런데도 제가 참을성이 없는 그만큼 당신은 한없이 참아주십니다.

당신의 사랑이 저의 큰 죄를 덮어주십니다. 제 죄를 스스로 깨닫고 하늘 법정이 저에게 형을 선고할 때마다, 제가 달려가서 숨을 곳은 당신 품밖에 없습니다. 만일 제가 제 힘으로 하늘의 진노와 저의 죄에 저항하려 한다면, 저는 절망으로 미치고 말 것입니다. 하오나, 제 죄를 덮으시는 당신을 의지하면 평화와 기쁨을 누리겠지요. 당신은 우리를 죄에서 건지고자 십자가에 죽으셨고, 우리가 받아 마땅할 진노를 당신 몸으로 받으셨습니다. 저를 당신 발밑에서 쉬게 하시고, 당신을 닮은 존재로 변화시켜주십시오.

❋

오, 주님. 우리는 당신한테서 모든 것을 받고 있습니다. 당신은 강한 손을 벋으시어 세속의 지혜를 하느님의 거룩한 어리석음으로 돌려놓으십니다. 부드러운 손을 펼치시어 내면의 평화를 선물로 주십니다. 때로 당신의 팔이 짧다 싶으면, 우리 믿음과 신뢰를 늘이시어 당신한테 가서 닿게 해주십니다. 간혹 우리가 당신 손길을 뿌리치는 듯싶을 때에도, 우리는 그것이 당신의 영원한 축복을 짐짓 숨겨놓는 것일 뿐임을, 그래서 더욱 목마르게 그 축복을 갈망하게 될 것임을, 알고 있습니다.

❋

오, 주님. 우리를 뒤에서 끌어당겨 발걸음을 무겁게 하는 것들이 참 많습니다. 허무한 추구, 덧없는 쾌락, 쓸데없는 염려가 그것들이지요. 우리를 겁주어 달아나게 하는 것들이 참 많습니다. 도움받기를 싫어하게 만드는 교만함, 당신의 고통을 함께 나누지 못하게 하는 비굴함, 죄를 고백해야만 하는 자신에 대한 분노가 그것들입니다. 하지만, 당신은 이 모든 것들보다 더욱 강하십니다. 당신이 우리를 허무하고 덧없는 실존에서 건져주시고 어리석은 두려움에서 건져주시기에 우리는 당신을 구주라고 부릅니다. 이는 당신이 벌써 완성하신 일이요, 앞으로도 순간마다 완성하실 일입니다.

오, 주 예수 그리스도님. 당신의 현존 안에 살면서, 사람 모습으로 땅위를 걸으시는 당신을 뵙고 싶습니다. 낡은 전통의 때 묻은 유리창이나, 현대의 편견과 그릇된 가치관의 눈을 통해서 당신을 보고 싶지 않습니다. 과거에 있던 그대로의 당신, 지금 있는 그대로의 당신, 앞으로 언제나 있을 그대로의 당신을 뵙고 싶습니다. 사람의 오만을 무너뜨리고, 비천한 밑바닥 인생들과 함께 걸어가는 겸손의 사람, 그러면서도 인류를 구원하는 구세주로서 당신을 뵙고 싶습니다.

키에르케고르는 부유한 루터교 집안에 태어나 거의 평생을 고향인 코펜하겐에서 살았다. 자신의 신앙을 건강하게 지키기 위하여 갈등해야 했던 영적 위기의 산물인 저술들이 현대 실존주의 철학의 교과서로 평가받고 있다. 그는 주관적 경험이 진리에 이르는 유일한 통로라고 보았다. 그에게 예수는 역사의 한 인물이 아니라 직접 통교할 수 있는 동시대의 영적 존재였다.

요한 스타르크

Johan Starck, 1680~1756

은혜로우신 하느님, 지난 한 주간 저를 지켜주시고 제 손으로 하는 일에 복을 내려주셔서 고맙습니다. 당신은 날마다 제 가슴에 기도의 제단을 쌓도록 도우셨고, 그리하여 힘든 노동 중에도 당신 안에서 기뻐하게 하셨습니다. 이제 안식하는 날을 맞아 제 눈길을 온전히 당신께만 모으렵니다. 오늘 이 기쁨이 낙원에서 누릴 기쁨의 전조(前兆)가 되고 오늘 이 예배가 당신의 하늘 보좌 앞에서 드려질 영원한 예배의 예행연습이 되게 해주십시오.

은혜로우신 하느님, 오늘 당신의 가르침에 귀 기울여 당신 사랑을 좇아 제 마음의 꼴이 다시 만들어질 수 있도록 저를 도와주십시오. 온갖 근거 없고 악의에 찬 잡담들에는 귀머거리가 되고, 온갖 유혹에는 맹인이 되게 해주십시오. 저를 새 사람으로 만드시어 오직 당신의 진리에만 깨어 있고, 오직 당신의 은혜로만 살게 해주십시오.

그래서 당신의 영원한 안식일 날, 끝없이 이어지는 하늘 잔치에 받아들여질 때까지, 주일에 이어 주일, 안식일에 이어 안식일을 기리도록 해주십시오.

사랑과 자비가 충만하신 하느님, 오늘부터 시작되는 한 주간에 무슨 일이 벌어질는지, 그것은 오직 당신만이 아십니다. 저는 아는 것이 없고, 그나마 아는 것도 분명치 못하고 불행을 겁내고 행운을 바라는 보통사람입니다. 당신이 축복하시지 않으면 제가 아무리 노력해도 헛일이요, 당신이 이끌어주시지 않으면 제 손은 눈 먼 사람처럼 더듬거립니다. 당신의 성령으로 저를 축복하시고 이끌어주시어 저에게 주어진 모든 일을 당신의 뜻에 따라 이루게 해주십시오. 모든 위험과 상해(傷害)에서 저를 보호해주시고, 강도들과 야만족들로부터 제 집을 지켜주십시오. 저로 하여금 몸으로든 마음으로든 그 어떤 유혹에도 넘어가지 않게 해주시고, 제 가슴을 오직 당신 한 분 섬기려는 간절한 마음으로 채워주십시오. 이 한 주간에도 저를 더욱 성결하게 하시고 진리를 아는 지식이 늘어나게 하시고 기도는 더욱 깊어지게 해주십시오. 당신의 사랑하는 아드님이시요 우리의 구주이신 예수 그리스도의 형상을 더욱 가까이 닮아가게 해주십시오.

하느님, 당신은 저를 이토록 큰 슬픔과 분노에 밀어 넣으시어, 제 눈을 눈물로 젖게 하시고 제 심장을 멎게 하시며 아프게 하시는군요. 저도 한때 행복한 시절이 있지 않았던가요? 평화롭게 휴식을 즐긴 적이 있지 않았던가요? 저는 언제나 위안과 위로를 얻고자 당신을 찾았습니다. 겁이 날 때면 늘 당신 품으로 도망치곤 했지요. 그런데 지금은, 당신이 몸소 저를 내어던지시고 저를 뿌리치십니다. 사실 제가 이렇게 화를 내는 이

유도 당신이 저를 거절하시기 때문입니다. 처음에는 몇몇 친구들이 저를 등지는 줄로만 알았고, 당신은 여전히 제 곁에 계신 줄 알았지요. 그런데 그게 아니었어요. 저의 거룩한 친구인 당신이 저에게 냉담하고 무관심하다는 사실을 이제 알았습니다. 기도를 바치려고 해보았지만 도무지 들으시는 것 같지 않더군요. 고통 속에서 울부짖었지만 저의 울음은 텅 빈 허공에 묻혀 사라졌습니다.

주님, 돌아와주십시오. 당신의 사랑을 알 수만 있다면 이 땅에서 어떤 고난도 견디겠습니다. 지금 이렇게 저를 거절하시는 것이 제 믿음을 알아보려는 시험에 지나지 않고, 그 시험을 이제 곧 마치시리라는 사실을 저에게 확인시켜주십시오. 예, 제가 믿습니다. 예, 저는 이 시험을 통과할 거예요. 하지만 주님, 지금 끝내주십시오. 지금 저를 일으켜주십시오.

✳

오, 주 나의 하느님, 제 아이에게 당신 사랑의 빛을 비추어 모든 질병과 상해에서 이 아이를 지켜주십시오. 어린 영혼에 들어가시어 당신의 평화와 기쁨으로 위로해주십시오. 아직은 너무 어려서 저에게 말도 못합니다. 제 귀에는 아이의 울음이나 옹알이가 아무 의미 없는 소리로 들릴 따름입니다. 하지만 당신의 귀에는 기도 소리로 들리겠지요. 그의 울음은 당신의 축복을 바라는 울음이요, 그의 옹알이는 당신의 은총을 기뻐하는 옹알이입니다. 그로 하여금 아이 때는 아이로서 당신의 계명에 따르는 길을 배우게 하시고, 어른이 되어서는 땅 위에 세워진 하늘나라를 섬기는 일로 평생을 보내게 하소서. 그리고 마침내 늙어서는 당신의 구원에 대한 분명한 인식 가운데 평안한 죽음을 맞게 하소서. 저는 이 아이가 부유해지거나 권력을 행사하거나 유명해지기를 소원하지 않습니다. 오히려, 마음에 가난하고 행동에 겸손하고 예배에 경건하기를 바랄 뿐입니다. 사랑하올 주님, 이 아이에게 웃어주십시오.

오, 하느님. 바야흐로 저의 죽음이 임박했음을 알고 있습니다. 이제 얼마 안 있어 당신 심판대 앞에 서겠지요. 그리고 저는 제가 큰 죄인이라는 것도 압니다. 저는 당신의 거룩한 계명을 모두 어겼습니다. 자주 당신을 사랑하는 일에 실패하였고, 예수님의 발자취를 벗어났어요. 수시로 성령님의 이끄심에 마음 문을 닫아걸기도 했지요. 자신의 욕심을 채우는 데 골몰하여 이웃을 사랑할 기회를 수도 없이 놓쳤습니다.

하지만, 이제 죽음을 앞둔 자리에서 감히 당신의 용서를 간청합니다. 맞아요, 저는 당신의 심판이 두렵습니다. 그러나 또한 당신의 자비를 굳게 믿습니다. 그 믿음에 서서 감히 바랍니다. 저의 죄를 모두 지워주시고, 비록 드문 일이긴 하겠으나, 제가 당신을 믿고 당신 말씀에 순종하고 당신 아드님의 가르침을 따르려고 애썼던 시간들만 기억해주십시오. 주님, 제가 하늘나라에 합당치 못한 인간임을 알고 있습니다. 부디 저를 합당한 자로 만들어주십시오.

요한 스타르크는 루터교회의 새로운 영성 부흥에 활기를 불어넣고자 일어난 경건운동의 지도자로서, 여러 편의 기도문과 찬양시를 써서 《기쁨과 슬픔의 날들을 위한 매일 핸드북 *A Daily Handbooks for Days of Joy and Sorrow*》이라는 제목으로 모아 놓았다. 그 책은 두 세기에 걸쳐 독일 전역에서 널리 읽혔다.

시리아 사람 에프렘
Ephrem the Syrian, 306~373

주님, 당신 생일을 기리는 축제가 당신을 닮았네요.

그것이 모든 사람에게 기쁨을 주니까요.

늙은이와 어린아이가 함께 당신 생일을 기뻐합니다.

세대에서 세대로 이날을 기념하고 있습니다.

왕과 황제들은 사라져가고

그들을 기리는 축제들도 머잖아 끝나겠지만

당신의 축제는 영원히 이어질 것입니다.

당신의 생일은 평화로 가는 길이요 보증입니다.

당신이 태어나던 그 순간에 하늘과 땅은 화해하였고

그날 하늘에서 땅으로 내려오신 뒤

당신은 우리 죄를 용서하시고 우리 허물을 씻어주셨지요.

병든 자에게는 영험 있는 약을,

눈 먼 자에게는 영의 빛을,

목마른 자에게는 구원의 잔을,

굶주린 자에게는 생명의 빵을,

당신은 생일을 맞아 우리에게 많은 선물을 주셨습니다.

나무들이 헐벗은 겨울철에 당신은

시원 달콤한 영의 열매를 우리에게 주시고

얼어붙은 동토(凍土)에서 당신은

새 희망을 우리에게 불어넣으십니다.

씨앗들이 땅 속에 묻혀 있는 동지섣달에

처녀 자궁에서 생명의 싹이 움텄군요.

오, 주님. 우리가 당신 어머님을 어떻게 불러 모셔야 할까요?

'처녀' 라고 부르면 한 아이가 일어나고

'유부녀' 라고 부르면 한 여인이 일어서는데

그런데 그분은 처녀면서 남편이 있으셨지요.

오, 주님. 당신에게 마리아는 누구십니까?

분명히 그분은, 그분만이, 당신의 어머님이십니다.

그런데 또한 그분은 당신의 누이요 친구시지요.

온 교회와 함께 그분은 당신의 연인이요
당신에게 모든 것입니다.

당신이 오시기 전에 그분은 당신과 약혼하셨고
성령이 당신을 데려왔을 때 당신을 잉태하셨습니다.
당신이 태어나실 때 그분은 당신 어머니가 되셨고
당신이 설교하실 때 첫 제자가 되셨습니다.

남자를 모르는 몸으로 그분은 당신을 가지셨고
당신에게 먹일 젖을 가슴에서 생산하셨습니다.
그분의 젖가슴은,
목마른 영혼들에게 영의 젖을 먹이는
당신의 자비를 그대로 보여주는 사인(sign)이지요.

당신은 그분 안에 들어가 종이 되셨습니다.
말씀으로 천지만물을 지으신 당신이
그분 자궁에서 깊은 침묵에 잠기셨지요.
그렇게 하여, 모든 사람이 당신 음성을 듣게 되었습니다.

왕들의 왕인 당신이 그분 안에서 비천한 몸이 되셨고
풍요의 샘인 당신이 그분 안에서 가난해지셨고
전사(戰士)들의 전사인 당신이 그분 안에서 무력해지셨고 새들까지도 입히는 당신이 그분 안에서 벌거숭이가 되셨습니다.

그래서 당신은,

비천한 자들을 들어 올릴 수 있고

굶주린 자들을 배불리 먹일 수 있고

힘없는 자들을 힘 있게 할 수 있고

벗은 자들을 입힐 수 있으십니다.

대부분의 생애를 성경 주석에 바쳤지만, 그리스도에게 바치는 에프렘의 송가들이 보여준 독창성 때문에 동시대 사람들로부터 칭송과 비난을 함께 받아야 했다. 그의 〈크리스마스 송가〉는 교회가 성탄절을 축제로 지키기 시작하던 무렵에 최초로 만들어진 노래였고, 〈마리아 송가〉는 예수의 어머니를 두고 논쟁을 벌이던 시대를 반영한다.

토머스 머튼
Thomas Merton, 1915~1968

처음부터 당신 안에서 도달한 그 길을, 얼마나 멀리 당신 찾아 걸어야 했던가요?

오, 하느님. 이제부터 제가 말할 수 있는 상대는 당신 한 분밖에 없습니다. 아무도 제 말을 이해 못할 테니까요. 제가 지금 당신의 빛 안에 머물고 있는 이 구름 안으로, 그러니까 제가 지금 그 안에서 길을 잃고 어리둥절해하는 당신의 어둠 안으로, 이 땅의 다른 누구도 데려올 수가 없습니다. 당신의 기쁨인 저의 고뇌에 대하여, 당신을 얻음인 저의 상실에 대하여, 당신에게로의 도달인 모든 것으로부터의 떨어짐에 대하여, 당신 안에서의 태어남인 저한테의 죽음에 대하여, 저는 사람들에게 설명할 수가 없습니다. 그것에 대하여 아무 아는 바가 없기 때문입니다. 제가 아는 것이라고는 그것이 끝났기를, 그것이 시작되었기를, 제가 바란다는 사실뿐입니다.

당신은 모든 것을 모순으로 만드십니다. 당신은 사람 없는 땅에 저를 혼자 두십니다. 저로 하여금 온종일 나무들 사이로 오르내리게 하시며, 거듭거듭 한 말씀만 하십니다. "홀로, 홀로." 당신은 저를 돌려놓으시고 세계를 발 앞에 던지며 말씀하셨습니다. "모든 것을 등지고 나를 따라라." 시끄러운 제 마음을 기둥 뒤에서 무릎 꿇게 하셨습니다.

성 요셉 축일에, 서른세 살 나이로 종신서약하고 부제서품을 받기 전, 당신은 저에게 홀로 있으며 묵상으로 살아가기 위해 세상에 대한 모든 동경을 버리라고 하셨습니다. 글을 쓰거나 철학을 강의하거나 수도원 주변의 잡다한 일을 함에 있어서 모든 것을 윗사람 지시에 따르라고, 하루 네 차례 찾아오는 사람들에게 설교하는 일도 그만두어야 할는지 모른다고 하셨습니다. 이렇게 아무 하는 일 없어도, 새벽 두 시에 일어나 밤 일곱 시까지 저는 종종걸음을 쳐야 합니다.

오, 하느님. 우리는 당신과 하나입니다. 당신이 우리를 당신과 하나로 만드셨어요. 우리가 서로에게 자기를 열어놓으면 당신이 우리 안에 거하신다고, 그렇게 당신은 우리를 가르치셨습니다. 이 열려 있음을 유지할 수 있도록, 온 마음으로 그것을 위해 싸울 수 있도록, 우리를 도와주십시오. 서로가 서로를 거절하고 부인하는 곳에는 그 어떤 이해도 있을 수 없음을 깨닫도록 우리를 도와주십시오.

오, 하느님. 서로를 온 마음으로, 충만하게, 남김없이 받아들일 때 우리는 당신을 받아들이고 당신께 감사하고 당신을 숭배하고 온몸과 마음으로 당신을 사랑하는 것입니다. 우리의 있음이 당신의 있음 안에 있고 우리의 영이 당신의 영에 뿌리박혀 있기 때문이지요. 그런즉 우리를 사랑으로 채워주십시오. 서로 다른 길을 걸어도 사랑으로 결속되게 하시고, 당신을 세상에 현존케 하시는 한 분 영 안에서 하나 되게 하십시오. 사랑이 모든 것을 극복합니다. 사랑이 모든 것을 이깁니다.

머튼은 불우한 소년시절과 방탕한 청년시절을 보내고 나서 가톨릭으로 개종하여 스물여섯 살에 켄터키의 트라피스트 수도원으로 들어갔다. 그에게 가톨릭교회가 처음에는 편협하고 엄격한 곳이었지만 수도원에서 영성수련이 깊어질수록 신앙의 지평이 넓어졌고, 말년에 이르러서는 불교와 힌두교의 수도승들과 밀접한 관계를 맺기도 했다.

존 헨리 뉴먼
John Henry Newman, 1801~1890

친절한 빛이여, 이 암울한 세상 한복판에서
저를 인도하소서.
밤이 깊은데 저는 집에서 멀리 떨어져 있습니다.
저를 인도하소서.
먼 거리까지 내다보기를 바라진 않습니다.
한 발짝만으로도 충분합니다.
제 걸음을 지켜주소서.

지난날 저는 당신께
저를 인도해달라고 빌지 않았습니다.
스스로 제 길을 선택했고 좋아했지요.
하지만 지금은, 저를 인도해주소서.
난잡한 날을 사랑했고, 한편으로 겁을 내면서도
오만으로 하여금 제 의지를 다스리게 하였습니다.
저의 과거를 기억하지 말아주소서.
오랫동안 당신의 힘이

저를 이끌어오셨으니 앞으로도
밤이 끝나고 밝은 아침에
제가 본 지 너무 오래된 천사들의
웃는 얼굴을 보게 될 때까지
황무지와 늪지대를 넘어
바위산과 급류를 넘어
저를 인도하실 줄 믿습니다.

오, 하느님. 어떻게 해야 하는지 잘 알면서도 그것과 거리가 먼 행동을하고 있습니다. 제 마음은 어두운 그늘을 좇아 달려가며, 당신과 나누는통교보다 다른 일을 더 좋아하고, 어떻게 해서든지 당신한테서 떨어지려고 열심입니다. 기도를 드리는 것조차 어려울 때가 자주 있습니다. 당신을 골몰하게 생각하는 데서 기쁨을 맛보는 경우란 거의 없습니다.

오, 아버님. 저에게 은총을 베푸시어 자신의 우유부단을 부끄러워하게하소서. 저를 게으름과 냉담에서 일으키시고 온 마음으로 당신을 갈망하게 하소서. 묵상과 거룩한 독서와 기도를 사랑하도록 가르쳐주시고, 제영혼으로 모든 거룩한 것을 섬기게 하는 사랑을 가르쳐주소서.

하느님, 제가 얼마나 당신을 사랑하지 않는지, 저보다 당신이 훨씬 잘 아십니다. 당신의 은총 아니면, 저는 도저히 당신을 사랑할 수 없습니다. 제 눈을 열어 당신의 영광을 보게 한 것은 당신의 은총입니다. 제 가슴을 두드려 그토록 놀라운 아름다움의 영향을 입게 한 것도 당신의 은총입니다. 오, 하느님. 당신의 은총이 간섭하지 않으면, 당신보다 더 가까이에서 저절로 저를 즐겁게 하는 세속의 일들이 틀림없이 가로막아 당신을 보지 못하게 할 것입니다. 그런 못된 폭군으로부터 제 눈과 귀와 가슴을 지켜주십시오. 제 몸의 사슬을 끊고 제 가슴을 열어주십시오. 제 몸과 마음을 오로지 당신께 묶어주십시오. 당신 모습을 결코 놓치지 말게 하시고, 당신을 바라보는 동안, 당신께 드리는 저의 사랑이 날마다 더욱 자라게 하소서.

오, 하느님. 고백합니다. 당신은 저의 어둠을 밝히실 수 있나이다. 당신만이 그러실 수 있나이다. 제 어둠이 밝아지기를 원합니다. 저는 무엇이 당신 뜻인지를 모릅니다. 하지만, 당신은 그렇게 하실 수 있고 저는 그렇게 되기를 원하니, 그만하면 당신이 구하지 말라고 금하지 않으신 것을 구할 이유가 충분합니다. 그런즉 이제 약속합니다. 당신의 은총에 힘입어, 제 마음에 진리라고 확신되는 것이면 무엇이든 품어 안겠습니다. 그리고 또 당신의 은총에 힘입어, 이성의 제안보다 본능을 따르도록 유도하는 자기기만을 철저히 경계하겠습니다.

✳

오, 주님. 제가 마지막 숨을 거둘 때 당신 성사(聖事)의 강한 팔과 당신 위로의 신선한 향기로 저를 잡아주십시오. 용서의 말씀을 들려주시고, 거룩한 기름으로 닦아주시고, 당신 몸으로 먹이시고, 당신 피를 제 몸에 뿌리시고, 거룩하신 어머니 마리아의 숨을 제 가슴에 불어넣으시고, 수호천사로 하여금 제 귀에 평안을 속삭이게 하시고, 영광스런 성인들로 하여금 웃음으로 저를 대하게 하소서. 이 모든 이들 안에서, 이 모든 이들을 통해서, 끝까지 참은 자에게 돌아가는 선물을 제가 받을 것이며, 한평생 당신의 교회 안에서 당신을 믿고 당신을 섬기고 당신을 사랑하며 살기를 바랐듯이, 그렇게 제가 죽을 것입니다.

옥스퍼드운동의 창시자들 가운데 하나였던 뉴먼은 영국교회에 가톨릭 뿌리로 돌아갈 것을 종용하다가 결국 로마 가톨릭으로 개종한 뒤에 개신교의 여러 이상들을 교회에 적용시키려 노력했다. 비록 요동치는 교계의 풍랑에 시달리며 살았지만, 그는 기도하는 사람이었고 날마다 드리는 경건한 예배와 기도에 자기 신학의 토대를 둔 학자였다. 그의 저서인 《그리스도교 교리에 관한 묵상들 *Meditations on Christian Doctrine*》에 신학과 기도의 결합이 잘 표현되어 있다. 특히 이탈리아 여행에서 돌아와 바이러스 전염으로 사경을 헤매던 때에 쓴 기도문, 《친절한 빛이여, 인도하소서 *Lead, Kindly Light*》는 그의 생전에 노래로 작곡되어 널리 애창되었다.

아시시의 프란체스코
Francis of Assisi, 1182~1226

지극히 높으신 빛의 하느님, 제 마음의 어둠을 밝혀주소서. 그리고 주님, 저에게 바른 믿음과 든든한 소망과 온전한 사랑을 주시어, 당신의 거룩하고 진실한 명령을 그대로 따르게 하소서.

가장 힘 있고 가장 높고 가장 거룩하고 가장 고귀하신 주님, 당신 홀로 선하시고, 세상의 선한 것이 모두 당신한테서 나옵니다. 우리의 찬양과 영광과 축복과 영예를 모두 당신께 바치고, 우리에게 베푸신 모든 좋은 것을 그대로 당신께 돌리오니 받아주소서.

전능하고 영원하고 의롭고 자애로우신 하느님, 우리에게 오직 당신을 기쁘시게 해드릴 일만 하려는 간절한 마음을 주시고, 아울러, 당신이 명하신 일만 할 힘을 주소서. 우리 영혼을 깨끗하게 하시고, 우리 마음을 환하게 하시고, 우리로 하여금 당신의 사랑하는 아드님 예수 그리스도를 따르게 하소서.

208

지극히 전능하시고 옳으신 주님, 모든 찬양과 영광과 영예와 축복을 당신께 돌리나이다. 그것들 모두 당신께만 합당하옵고, 사람은 당신을 언급할 자격조차 없나이다.

주님, 당신이 지으신 모든 피조물을 두고, 무엇보다도 우리에게 낮의 빛을 비추는 해 형을 두고, 당신을 찬양합니다. 그의 아름답고 눈부시게 빛나는 모습은, 지극히 높으신 주님, 당신을 닮았나이다.

달 누이와 별들을 두고 주님이신 당신을 찬양합니다. 하늘에서 당신은 그것들을 맑고 아름답게 씻기셨나이다.

바람 형제와 함께 궂은 날씨, 맑은 날씨, 흐린 날씨, 갠 날씨, 온갖 날씨를 두고 주님이신 당신을 찬양합니다. 그 모든 날씨로 당신은 몸소 만드신 것들을 기르시나이다.

쓸모 있고 겸손하고 소중하고 순결한 물 누이를 두고 주님이신 당신을 찬양합니다.

불 형제를 두고 주님이신 당신을 찬양합니다. 아름답고 쾌활하고 건장하고 힘 있는 그것으로 당신은 어둠을 밝히시나이다.

우리를 아래에서 받쳐주고 지켜주며 가지각색 꽃과 향기로 열매 맺는 땅 누이를 두고 주님이신 당신을 찬양합니다.

당신을 사랑하기에 우리 죄를 용서해준 이들, 우리의 질병과 어려움을 감당한 이들을 두고 주님을 찬양합니다. 그 모든 일들을 평화롭게 견뎌 낸 이들은, 지극히 높으신 주님이 왕관을 씌워주실 터인즉, 참으로 복된 이들입니다.

모든 살아 있는 것들이 피하여 도망갈 수 없는 육신의 죽음 누이를 두고 주님이신 당신을 찬양합니다. 덧없는 죄 가운데 죽어가는 이들을 불쌍히 여기소서.
그러나 당신의 거룩하신 뜻에 복종하는 가운데 죽는 이들은, 그 죽음이 아무 해도 끼치지 못할 터인즉, 진실로 복된 이들입니다.

주님을 찬양하고 기리나이다. 겸허하게 당신을 섬기며 당신께 감사드리나이다.

— 하늘에 계시는

당신은 천사들과 성인들과 함께 계시며, 그들을 당신 빛으로 목욕시키시어 당신 사랑으로 환하게 하시며, 그들 가운데 머물게 하시어 당신 기쁨으로 충만하게 하십니다. 당신은 위없이 높은 선(善)이시요 영원한 선이시며, 모든 선이 당신의 선에서 나오고 당신의 선 없이는 아무 선도 없나이다.

— 우리 아버지
우리를 지으시고 구원하시고 위로하시고 건져주시는 아버지.

— 이름이 거룩히 여김을 받으시며
당신을 아는 우리 지식이 더욱 밝아져서 당신 축복의 숨결, 당신 약속의 길이, 당신 자비의 높이, 당신 심판의 깊이를 알게 하소서.

— 나라가 임하시며
우리 마음을 당신 은총으로 다스리시어 당신 왕국에 살 만한 백성이 되게 하소서. 보좌에 앉으신 당신을 우러러 뵙고 당신의 온전하신 사랑을 맘껏 누릴 수 있는 당신 왕국에 사는 것 말고, 우리에게 다른 욕망이 없나이다.

— 뜻이 하늘에서와 같이 땅에서도 이루어지소서.
우리로 하여금 언제나 당신을 생각하고, 어디서나 당신을 갈망하고, 모든 뜻을 당신께 향하고, 당신 섬기는 일에 힘을 모음으로써 마음과 영혼과 뜻과 힘을 모두 기울여 당신을 사랑하게 하소서. 또한, 이웃들을 당신의 사랑 가까이로 데려가고, 그들의 행운을 함께 기뻐하고 그들의 불운을 함께 안타까워함으로써, 우리 자신을 사랑하듯이 저들을 사랑하게 하소서.

    — 오늘 우리에게 일용할 양식을 주시고

주 예수 그리스도께서 우리를 위해 십자가에 몸소 희생하심으로써 보여주신 그 사랑을 기억하고 이해하고 존중하는 가운데, 당신 몸이신 온전한 양식을 구하나이다.

    — 우리가 우리에게 잘못한 이들을 용서하듯이

사람들이 우리에게 저지를 어떤 잘못도, 뒤로 미루지 않고서, 깨끗이 용서할 수 있게 하시며 원수까지도 사랑하고 그들을 위해 기도하며 그들의 구원을 위해 노력할 수 있도록, 우리 마음을 잡아주소서.

    — 우리 잘못을 용서하시고

사랑하는 당신 아드님의 고통과 죽음을 통하여 우리를 용서하시는 줄, 우리가 아나이다.

    — 우리를 유혹에 빠지지 않게 하시며

뚜렷이 드러나 보이고 늘 계속되는 유혹들뿐만 아니라, 감추어져 있다가 경계심이 느슨해질 때 갑자기 나타나는 유혹들로부터도 우리를 건져주소서.

— 다만 악에서 구하소서.
어제의 악에서, 오늘의 악에서, 내일의 악에서 우리를 지켜주소서.

❋

주님, 저를 당신 평화의 도구로 써주소서.
미움이 있는 곳에 사랑을
상처가 있는 곳에 용서를
의혹이 있는 곳에 믿음을 심게 하소서.
절망이 있는 곳에 희망을
어둠이 있는 곳에 광명을
슬픔이 있는 곳에 기쁨을 주게 하소서.
오, 거룩하신 주인님. 저로 하여금
위로받으려 하기보다 위로하게 하시고
이해받으려 하기보다 이해하게 하시며
사랑받으려 하기보다 사랑하게 하소서.
주어서 받고, 용서해서 용서받고,
스스로 죽어서 영원한 생명으로 태어나기 때문입니다.

아시시의 프란체스코는 부유한 상인의 아들로 태어나 젊은 시절을 군인으로 복무하면서 용맹과 사치스런 생활로 이름을 얻었다. 그러다가 스물세 살 되던 해, 회개하고 예수를 본받아 철저한 가난을 평생 배필로 삼았다. 그가 처음 한 일은 고향인 아시시의 황폐한 예배당을 보수하는 것이었다. 그런 다음, 1208년 복음을 전하기 위해 맨발로 길을 나섰다. 곧, 그의 온유한 사랑과 환한 기쁨에 감명 받은 사람들이 모여들었고, 결국 그들과 함께 수도공동체를 이루었다. 유명한 기도문, 《해 형, 달 누이 *Brother Sun, Sister Moon*》에는 하느님의 피조물 전체에 대한 그의 사랑이 담겨 있다. 〈평화를 비는 기도〉가 과연 그의 작품인지는 확실치 않지만, 프란체스코 정신을 온전히 담고 있는 것만은 의심의 여지가 없다.

엘데르 카마라
Helder Camara, 1909~1999

이름은
사물이나 사람한테 붙이는
찌지가 아닙니다.
그럴 수도 없고
그래서도 안 되지요.

이름은
사물이나 사람 안에서 나오는 것이기에
결코 가짜 반지가 아닙니다.

그것은
그 이름으로 불리는 사람이나 사물의
존재할 이유와
존재하는 이유와
알속의 알속을 나타내는 것입니다.

그러므로 당신 이름은
사랑입니다.
사랑일 수밖에 없습니다.

맑고 투명하게
사랑하고 사랑받는 법을 가르쳐주십시오.

자기 눈의 티끌을
남의 눈에 반사(反射)시켜
그것으로 들보를 만들지 않도록,
우리 사랑을 맑고 투명하게 해주십시오.

가짜 사랑에 놀아나는 일이 없도록
우리 사랑을 맑게 하여주십시오.

당신 아닌 다른 것에서 나오는 사랑,
당신 아닌 다른 것에서 이루어지는 사랑,
당신 아닌 다른 것으로 돌아가는 사랑,
그것은 사랑이 아닙니다.

서로, 모든 사람을,
땅 위에 있는 유일한 사람인양 사랑하는 법을
우리에게 가르쳐주십시오.
당신은 그렇게 사람을 사랑하셨습니다.
특별하게 진실하게 옹글게, 사람과 사물을 사랑하는
당신의 그 완벽한 사랑 법을
우리에게 가르쳐주십시오.

주님, 인간의 자유의지를
지나치게 존중하시는 건 아닌지요?

당신의 사랑은 물론
모든 피조물에 두루 미칩니다.
하오나, 당신은
미천하고 순박하고 가난한 이들을 위한

당신의 특별한 사랑을 유보하고 계십니다.
저만 알고, 야망에 불타고,
포악하고 불의한 소수의 무리에 종속되어
인간 이하의 대접을 받으며 살아가는
당신의 수백 만 아들과 딸들을
어떻게 그냥 보고만 계시는 겁니까?

게다가 온갖 천재지변들이,
홍수에 가뭄에
지진에 태풍에
화산 폭발까지 합해서
그러잖아도 어렵게 살아가는 이들을
더욱 괴롭히고 있습니다.

질병이나 가난으로
저들의 삶이 깨어지는 것 가지고는
충분치 않은 건가요?

당신한테서 오는 이것들을
어떻게 설명할는지 모르겠습니다.
우리에게 생각할 머리를 주셨고
자연재해를 극복하는 방법을 가르쳐주셨다고,

그렇게 말씀하시는 걸로 다 되는 겁니까?

뒤뚱뒤뚱 걸음마 하는 아이가
성큼성큼 걷기까지
천방지축 자빠지고 넘어지듯이,
오, 하느님,
눈 먼 거북처럼 좌충우돌하는 저를
당신은 얼마나 자주
당신 품에 안아주시는지요!

고단한 하루가 지났군요.
우리에게 밤의 평안을 주셔서 고맙습니다.
그 안에서, 산과 마천루의
당당하게 돌출된 모습들이 흐릿해지다가
소름끼치는 정적에 잠겨드는
너무나도 고요한 밤의 평화는
그냥 그대로 우리에게 축복입니다.

낮에 겪어야 했던

속상한 일들을

곱씹지 않게 해주십시오.

비뚤어지고

아프고

쓰리고

거친 말과 행동들을 떠올려

되새김질하지 않게 도와주십시오.

아버지,

우리를 끝없이 참고 기다려주시는

당신의 가없는 선하심에 기대어 빕니다.

우리로 하여금,

상대가 누구든지 간에

그를 향하여

미움과 앙심과 분노 따위는

한 방울도 품지 않게 해주십시오.

당신의 무한 자비로 우리를

채워주십시오.

브라질 북동부 빈민지역인 올린다와 레시페의 대주교였던 엘데르 카마라는 가난한 이들의 인권과 정의를 위한 사목에 헌신한 가톨릭 사제였다. 그의 묵상집 《주님, 당신 손 안으로Into Your Hands, Lord》에는 힘없는 이들에 대한 무조건적인 사랑이 잘 표현되어 있다.

콜룸바누스
Columbanus, 543~615

자비로우신 하느님, 저로 하여금 당신의 생명샘에서 솟아나오는 물을 마시게 하소서. 당신의 깊은 진리에서 솟아오르는 물의 달콤한 맛을 보게 하소서. 오, 주님. 당신은 제가 이토록 온 마음으로 마시고 싶어 하는 바로 그 샘물이십니다. 주 예수님, 저에게 그 물을 주십시오. 그래서 그 물이 제 영혼의 타는 목마름을 식히고 저의 모든 죄를 씻어내게 하소서.

영광의 왕이신 주님, 제가 너무 큰 선물을 당신께 청하고 있는 줄 저도 압니다. 하오나, 당신을 믿어 의지하는 자들에게 값을 헤아리지 않고 주시며 앞으로 더욱 큰 것을 주마고 당신은 약속하셨습니다. 실로, 당신 자신보다 더 큰 것이 없거니와, 당신은 십자가에서 우리 모두에게 당신 자신을 주셨나이다. 그런즉, 생명수를 달라고 하는 저의 기도는 모든 생명수의 근원이신 당신 자신을 달라고 하는 기도인 것입니다.

당신은 저의 빛이요, 구원이요, 양식이요, 음료요, 하느님이십니다.

주님, 어둠에 묻혀 있는 저에게 등불이 되어주소서. 제 영혼을 어루만 지시고 그 안에 불을 붙이시어 그것으로 하여금 밝게 피어올라 제 인생을 비추게 하소서. 제 몸을 당신 성전으로 삼으시고 당신의 영원한 불꽃이 제 심장 제단에서 타오르게 하소서. 나아가, 제 속의 빛이 밖으로 형제들에게 비추어 저들의 무지와 죄의 어둠까지 몰아내게 하소서. 그래서 우리 함께 세상의 빛 되어 당신 복음의 밝은 아름다움을 온 누리에 증명하게 하소서.

지극한 사랑의 주님. 당신 자신을 우리에게 계시하시어 우리로 하여금 당신을 알게 하시고, 당신을 앎으로써 당신을 갈망하게 하시고, 당신을 갈망함으로써 당신을 사랑하게 하시고, 당신을 사랑함으로써 당신만을 생각하며 살게 하소서.

아일랜드 태생인 콜룸바누스는 배를 타고 갈리아로 건너가 그 지역 사람들에게 복음을 전하고자 두 곳에 수도원을 세웠다. 그런 다음, 이탈리아 북쪽 보비오 지방으로 가서 수도원을 창설하여 교육의 센터로 삼았다. 그의 기도서는 가장 오래된 개인 기도서 가운데 하나이다.

리보의 엘레드
Aelred of Rievaulx, 1110~1167

오, 주 예수님. 저에게 어린아이로 오신 당신을 품어 안습니다. 저에게 약자로 오신 당신을 저의 나약함으로 끌어안습니다. 평범한 보통사람인 제가 사람으로 오신 하느님, 당신을 포용합니다. 당신은 저처럼 가난한 사람이 되셨고, 어린 나귀 등에 앉아 예루살렘으로 들어가셨습니다. 오, 주님. 당신의 비천함이 저의 고귀함이요, 당신의 나약함이 저의 강함이요, 당신의 어리석음이 저의 슬기로움이기에, 제가 이렇게 당신을 끌어안습니다.

사랑하올 예수님, 제가 당신 발에 입을 맞춥니다. 비록 많은 죄를 지었고 무거운 죄의식에 시달리고 있으며 판단력도 부족하지만, 그럼에도 불구하고 당신을 겁낼 이유가 하나도 없음을 아는지라, 당신 발등에 제 입술을 포갭니다. 주, 예수님. 제가 당신 발을 껴안고, 회개의 기름으로 당신 발을 적십니다. 당신은 아무도 경멸하지 않고, 아무도 거절하지 않고, 아무도 돌려보내지 않고, 모든 사람을 환영하며 모든 사람을 받아들이십니다. 그런 까닭에 저 또한 받아주실 줄 알고서 이렇게 당신 발 앞에 엎드립니다.

좋으신 예수님, 당신의 가르침은 소리 없이 흐릅니다. 당신의 복음은 웅변하는 혀로 우리 귀를 압박하지 아니하고, 당신의 온유한 마음을 통해 우리 가슴 속으로 스며듭니다. 당신 음성은 긴장되지도 않고 날카롭지도 않습니다. 우리에게 당신 말을 들으라고 강요하지도 아니하십니다. 다만, 나를 향하여 마음을 열라고 권하실 뿐이지요. 우리가 마음을 열면 당신 사랑은 소리도 없이 스며들어 우리 영혼을 적십니다.

　좋으신 예수님, 당신께 마음을 여는 사람은 복된 사람입니다. 당신이 거기 들어가서 머무실 테니까요. 당신은 문제를 안고 허둥대는 사람 가슴에 한낮의 하늘빛을 비추시고, 소용돌이치는 감정들을 신성한 빛살로 쓰다듬어 가라앉히십니다. 당신은 향기로운 천상의 꽃들로 사람 영혼 안에 침상을 만드시고 거기 몸을 누이시어, 그 영혼으로 하여금 당신을 아는 지식과 당신한테서 오는 기쁨으로 가득 차게 하십니다.

　주님, 때로 당신을 떠나 멀리 헤매고 다닙니다만, 제가 그러는 것은 고의로 당신을 등졌기 때문이 아니라 제 마음이 한결같지 못해서입니다. 제 몸과 마음을 온전히 당신께 바치려는 의지가 갈수록 약해집니다. 저 자신을 제 인생의 주인으로 생각하던 옛날로 자꾸 돌아갑니다. 하지만, 당신을 떠나 헤매고 다닐 때 저에게는 삶 자체가 짐이 되고, 제 안에서 발견되는 것은 어둠과 비열함, 두려움과 근심걱정밖에 아무것도 없습니다. 그래서 이렇게 당신께로 돌아와 지은 죄를 고백하는 바입니다. 그리고 저는 압니다, 당신이 저를 용서하시리라는 사실을.

주, 예수님. 꽃향기가 벌과 나비를 유혹하듯이, 당신 사랑의 향기가 저를 당신한테로 끌어당깁니다. 주님, 당신 뒤를 좇아서 달콤한 들꽃으로 덮여 있는 아름다운 언덕들을 넘겠습니다. 당신이 골고다를 향할 때에도 당신을 등지지 않겠어요. 당신 곁에 있다가 당신 몸이 무덤에 안치될 때 따라서 무덤으로 들어가, 제 몸을 당신 곁에 누이겠습니다. 더 이상 자신만을 위하여 살고 싶지 않을 뿐더러, 당신과 함께 부활하여 당신 사랑의 큰 바다에 빠져들고 싶기 때문입니다.

낮이 밤으로 저물듯이, 제 가슴도 얼마쯤 즐거움을 맛보다가 낙담과 실망 속으로 기울곤 합니다. 만사가 귀찮고 손가락 하나 움직이기 싫은 거예요. 누가 뭐라고 말해도 귀에 들어오지 않고, 누가 문을 두드려도 그 소리가 들리지 않습니다. 마음은 차돌처럼 단단해지고요. 그럴 때 저는 들로 나가서 산책을 하거나, 성경을 읽거나 명상을 하고, 제 마음속 깊은 곳에 있는 생각들을 편지로 써서 당신께 부칩니다. 그러면 예수님, 당신의 은혜가 홀연 어둠을 몰아내고, 무거운 짐을 벗겨주고, 긴장을 풀어주지요. 순식간에 한숨은 감사의 눈물로 바뀌고, 그 눈물은 하늘 기쁨의 홍수가 되어 제 몸을 감싸 흐릅니다.

사랑하올 그리스도님, 저를 붙잡아주십시오. 제가 지은 죄에서 해방시켜주시고, 제 손목에 채워져 있는 수갑을 풀어 당신을 안게 해주십시오. 제 눈에서 무지의 비늘을 벗겨내어 당신을 보게 해주세요. 왜 뒤로 미루십니까? 무엇을 기다리고 계신 거예요? 당신은 저의 하느님이요 주인이시며, 저의 피난처요 능력이시고, 저의 영광이요 희망이십니다. 사랑하올 그리스도님, 당신을 믿고 의지합니다. 저를 붙잡아주십시오.

젊은 날, 왕실에서 복무한 적이 있는 엘레드는 잘 생긴 용모와 재치 있는 언변으로 주변의 눈길을 끌었다. 그러나 곧 강렬한 동성애 욕구에 사로잡혔고, 그것은 그를 공포에 몰아넣었다. 1134년, 요크셔 지방 리보에 있는 신설된 시토회 수도원을 방문했다가 그곳의 엄격한 금욕생활에 자극되어 그 자리에서 수도회에 들어갔고, 십여 년 만에 수도원장으로 피선되었다. 격렬한 논쟁과 분규들을 부드럽고 따스한 성품으로 잠재워줌으로써 명성을 얻었다. 당시의 근엄한 분위기에 구애받지 않고, 사람이 사람한테 느끼는 성적 욕구나 감정들도, 비록 그것을 육신으로 실현하진 못한다 해도,

모든 인간관계에서 빠뜨릴 수 없는 소중한 요소라고 생각한 그는 수도자들 사이의 친밀한 사귐을 억제하지 않고 오히려 장려하였다. 그의 기도들에는 예수를 상대로 한 같은 친밀함이 잘 표현되어 있다.

윌리엄 바클레이
William Barclay, 1907~1978

오, 하느님, 우리 아버지. 우리는 필요한 것들이 저마다 다릅니다. 당신은 우리에게 무엇이 필요한지를 아십니다. 우리 각자에게 필요한 것으로 축복해주십시오. 특히, 어려운 일을 만나 고생하고 있는 사람들에게 복을 내려주십시오.

당장 해결해야 할 어려운 과제를 안고 있는 사람들,

어려운 시험을 치러야 하는 사람들,

헤쳐 나가야 할 어려운 문제에 부닥친 사람들,

중대한 결정을 내려야 하는 사람들,

벗어나야 할 유혹에 빠진 사람들,

혼란스런 의혹을 물리치고 자기 길을 찾아야 하는 사람들,

이들에게, 당신의 축복을 내려주십시오. 또한,

내려야 하는 결단을 미루는 사람들,
주어진 사명을 회피하는 사람들,
맡겨진 임무를 포기하는 사람들,
불장난하는 사람들,
시간을 헛되이 낭비하는 사람들,
주어진 기회를 박차버리는 사람들,

그들에게, 스스로 부끄러운 짓을 하지 말라고, 자기들을 사랑하는 이들에게 실망을 안겨주지 말라고, 말씀해주십시오.

성공한 사람들에게는 우쭐거리며 교만하여 자기를 속이지 말라고, 지나치게 자부심이 강한 사람들에게는 무모한 짓을 하지 말라고, 저만 옳고 다른 사람은 모두 틀렸다고 생각하는 사람들에게는 옹졸한 사람이 되지 말라고, 그렇게 말해주십시오.

스스로 부끄러워하는 사람들을 도와주시고, 치욕을 당하거나 감옥에 갇혀 있는 사람들을 기억하시어 절망에 빠지지 않도록 지켜주십시오.

오, 하느님. 우리로 하여금 이웃과 더불어 살아가기 어렵게 만드는 우리의 허물들을 용서하여주십시오.

우리가 혹시 자기만 어렵게 사는 줄 알고 처신하거든,

자기만 유독 힘들게 일하는 줄 알고 불평하거든,

자기만 절망적인 상황에 처한 줄 알고 낙심하거든,

우리가 혹시 지나치게 자기중심적이거나 지나친 자기연민에 빠져 있거든,

오, 하느님, 우리를 용서해주십시오.

우리가 혹시 끈기가 없어서 시작한 일을 마치지 못하거나

우리에게 말하고 싶은 이들에게 귀를 기울여주지 못하거든,

도움이 필요한 이들에게 손을 내밀지 않거든,

다른 사람들을 바보로 알아 노골적으로 경멸하거든,

오, 하느님, 우리를 용서해주십시오.

우리가 혹시 너무 자주 사람들을 화나게 만들거든,

좋은 일을 억지로 하다가 망치는 경우가 있거든,

사람들 신경 거스르는 짓을, 그들이 그러지 말라고 하는데도, 되풀이하거든,

오, 하느님, 우리를 용서해주십시오.

우리 삶에서 저만 아는 마음과 추한 욕심을 제하여주시고, 다가오는 날에는 좀더 나은 사람이 되게 하여주십시오.

오, 하느님, 우리 아버지. 너무나도 자주 그릇된 일에 최선을 다하고 있는 우리를 용서해주십시오.

때로 우리는 주어진 사명보다, 우리를 즐겁게 하는 놀이와 오락에 더 많은 생각과 열정과 노력을 쏟고 있습니다.

때로 우리는 잘 모르는 사람에게 우아하고 품위 있는 행동을 보이다가 집안 식구들한테는 비열한 짓을 서슴지 않고, 낯선 사람에게는 결코 보이지 않는 무례한 행동을 가까운 사람들에게는 함부로 보여줍니다.

때로 우리는 가만 생각해보면 진짜 별것 아닌 일인데도 화를 마구 내고 약이 잔뜩 올라 짜증을 부립니다.

때로 우리는 시시한 일로 친구들과 다투어 의를 상합니다.

우리를 도우시어, 중요한 일과 중요하지 않은 일을 가려낼 수 있게 해주십시오. 그리하여 중요한 일을 기억하고, 중요하지 않은 일을 중요하게 여기지 않도록 도와주십시오.

윌리엄 바클레이는 가난한 산업도시 클라이드사이드에서 13년간 목회를 하다가, 1946년 글라스고우 대학에서 성서를 가르치기 시작했다. 심오하면서도 평범한 언어로 성서를 해설한 《성서주석》이 널리 읽히고 있다.

켈트 기도문
Celtic Prayers, 450~700

오, 온갖 신비의 임금님, 제가 과연 가정의 보드라운 안락을 버려야 하는 겁니까? 고향을 등지고 바다를 향해야 하는 건가요?

제가 과연 동전도 없이, 말[馬]도 없이, 명성도 명예도 없이 당신 자비에 저의 모두를 내어맡겨야 하는 겁니까? 칼도 방패도 없이, 먹을 음식도 마실 물도 없이, 몸 눕힐 침상도 없이 저를 온전히 당신께 내어던져야 하는 건가요?

아름다운 고향 땅에 작별을 고하고 당신의 멍에를 어깨에 메어야 하는 겁니까? 제 마음을 당신께 쏟아놓고, 많은 죄를 자백하며 용서를 빌고, 두 뺨을 눈물로 적셔야 하는 건가요?

제가 정말 고향 땅에 남긴 마지막 기도의 흔적인 바다 기슭 모래 위 무릎 자국을 등지고 떠나야 하는 겁니까? 그리하여, 바다가 줄 수 있는 모든 상처를 제 몸에 입어야 하는 건가요?

이 작은 코라클(버드나무 가지로 바구니처럼 만든 배)에 몸을 싣고 저 끝없이 출렁이는 바다를 건너야 하는 겁니까?

오, 영광스런 하늘 임금님, 제가 과연 저 바다 위에서 제 길을 스스로 선택해야 하는 겁니까? 오, 그리스도님. 거친 파도 위에서 저를 도와주시렵니까?

태초로부터 영원하신 임금님, 저는 거친 숲 속 오두막에 숨어 살고 싶습니다.

해맑은 개울이 가까이 흐르고, 성령님의 은혜로 저의 죄를 씻어줄 깨끗한 연못이 있는 곳.

온갖 새들이 둥지 틀고 지저귀며 자라는 아름다운 숲.

남쪽으로 햇볕을 받으며 각종 식물들이 어우러지는 기름진 땅.

저와 함께 손잡고 겸손히 당신 섬기는 젊은이들, 무슨 일이든지 기꺼이 감당하려는—셋씩 넷이든, 넷씩 셋이든, 둘씩 여섯이든, 여섯씩 둘이든—모두 열두 젊은이들.

흰 아마포로 덮은 제단이 있는, 하늘에서 내려온 당신의 집인 아담한 예배당.

네 복음서를 위한 촛불 네 개로 둘러싸인 성경.

비꼬는 말이나 뽐내는 말이나 다른 어떤 나쁜 말도 들리지 않고, 서로 유쾌하게 이야기하며 식사하는 오두막.

우리를 위하여 알을 낳아주는 암탉, 개울가에 자라는 부추, 강물을 거슬러 오르다가 손에 잡히는 연어와 송어, 그리고 부지런히 꿀을 모아주는 벌꿀들.

당신이 마련해주시는 풍족한 양식과 의복, 앉아서 당신께 기도드릴 충분한 시간.

하느님, 제 생각을 어떻게 좀 해주십시오! 그것들이 저를 떠나서 마구 돌아다니는데 도무지 종잡을 수가 없습니다.

제가 교회당에 있을 때에는 장난꾸러기 아이들처럼 떠들며 소란을 피우고,

성경을 읽을 때에는 어디 먼 도시로 날아가서 예쁜 여자들에 둘러싸여 있습니다.

단숨에 큰 바다를 건너기도 하고, 땅에서 하늘로 날아올랐다가 눈 깜짝할 사이에 돌아오기도 하지요.

잠깐 동안 저에게 머물렀다가는 어느새 달아나는데 어떤 사슬, 어떤 자물통으로도 그것들을 잡아둘 수 없고, 어떤 위협으로도 겁줄 수 없으며, 어떤 채찍질로도 다스릴 수 없습니다.

뱀장어 꼬리처럼 제 손아귀에서 빠져나가고, 제비처럼 솟구쳤다가 곤두박질합니다.

인간의 모든 마음을 들여다보고 생각을 읽으시는 그리스도님, 제 생각을 붙잡아주십시오. 제 생각을 저에게로 데려다주시고, 저를 당신께 비끄러매어주십시오.

오, 살아계신 하느님의 아들, 그리스도님.
당신의 천사들로 잠든 우리를 지키게 하소서.
침상에 누워 쉬고 있는 우리를 맴돌며 지켜보게 하소서.
저들로 하여금 우리 꿈속에서
당신의 빛나는 참모습을 보여주게 하소서.

오, 우주의 가장 높으신 왕자님.
모든 신전의 가장 높으신 사제님.
어떤 꿈도 우리 휴식을 방해하지 못하게 하시고
어떤 악몽도 우리 꿈을 어지럽히지 못하게 하시며
어떤 두려움이나 염려도 우리 잠을 가로막지 못하게 하소서.

낮의 고된 노동으로
밤 기도를 성결하게 만드시고
밤의 깊고 부드러운 잠으로
우리 노동을 신선하게 만드소서.

오, 생명나무 임금님.
가지 위 꽃들은 당신 백성이요
노래하는 새들은 당신 천사들이요

속삭이는 미풍은 당신 영입니다.

오, 생명나무 임금님.
저 꽃들로 하여금 달콤한 열매를 맺게 하시고
저 새들로 하여금 아름다운 찬송을 부르게 하시며
당신 영으로 하여금 부드러운 숨으로 만물을 덮게 하소서.

오, 하느님의 아드님, 저에게 기적을 일으켜 제 마음을 바꿔주십시오.
당신은 붉은 피로 인류를 구하신 분이시니, 제 마음을 희게 해주십시오.
　해를 빛나게 하고, 얼음을 반짝거리게 하고, 강을 흐르게 하고, 연어를
뛰어오르게 하는 이는 당신입니다.
　당신의 솜씨 좋은 손은 밤나무를 꽃피게 하고, 콩을 황금색으로 익게
하며, 당신의 영은 새들의 노래와 벌들의 윙윙거리는 소리에 곡을 달아
줍니다.
　당신 지으신 세계가 온통 아름답고 놀라운 기적 그 자체입니다. 그러
니, 그 헤아릴 수 없이 많은 기적들 위에 기적 하나 더 일으켜 제 영혼을
아름답게 해주십시오.

제 가슴의 주님, 저를 설레게 하는 비전을 주시어,

일할 때나 쉴 때나 항상 당신을 생각하게 하소서.

제 가슴의 주님, 저를 안내하는 빛을 주시어,

집안에 있든지 바깥에 있든지 항상 당신의 길을 걷게 하소서.

제 가슴의 주님, 저에게 방향을 가리키는 지혜를 주시어,

생각할 때나 행동할 때나 항상 옳은 것과 그른 것을 가려내게 하소서.

제 가슴의 주님, 저를 힘 있게 하는 용기를 주시어,

벗들과 함께 있거나 적들과 함께 있거나 항상 정의를 선포하게 하소서.

제 가슴의 주님, 저를 위안하는 믿음을 주시어,

배가 고프든 배가 부르든 항상 당신의 자비를 의지하게 하소서.

제 가슴의 주님, 저를 공허한 칭찬에서 건져주시어,

항상 당신만을 자랑하게 하소서.

제 가슴의 주님, 저를 세속의 풍요에서 건져주시어,

항상 하늘의 보화를 구하게 하소서.

제 가슴의 주님, 저를 군대의 무장에서 건져주시어,

항상 당신의 보호 아래 있게 하소서.

제 가슴의 주님, 저를 허무한 지식에서 건져주시어,

항상 당신 말씀을 공부하게 하소서.

제 가슴의 주님, 저를 자연스럽지 못한 쾌락에서 건져주시어,

항상 당신의 놀라운 창조세계에서 기쁨을 찾게 하소서.

제 가슴의 가슴이신 주님, 저에게 무슨 일이 닥치든지

제 생각과 느낌을 다스리시고, 제 말과 행동을 다스리소서.

하늘 임금님, 제가 당신 집에 살 수 있을 만큼 순결해질 때까지 기다려주십시오.

마리아의 아드님, 제가 충분히 늙어 세월이 주는 지혜를 갖출 때까지 기다려주십시오.

어린아이가 유년기를 지나기 전에 죽으면, 그가 얼마나 큰 것을 잃었는지 아무도 모릅니다. 사람은 어른이 되어서야 그가 받은 선물을 활짝 꽃피웁니다.

어른소가 되기 전에 송아지를 죽여서는 안 되고, 어미젖을 빨고 있는 새끼 돼지를 죽여서도 안 됩니다.

아직 꽃을 피우지 못한 가지를 꺾어서는 안 되고, 낟알이 익기 전에 추수해서도 안 됩니다.

정오에 지는 해는 있을 수 없고, 한밤중에 뜨는 해도 있을 수 없습니다.

아직 당신 손에 들릴 준비가 되지 못한 채, 형태 없이 물렁한 질흙인 제 영혼을 여기 이 땅에서 지켜주십시오.

하지만, 혹 당신이 저를 젊은 날에 자르신다 하여도, 저는 불평하지 않겠고 계속하여 당신을 예배하겠습니다.

임금님, 아낌없이 베푸신 사랑에 감사드립니다.

여섯 달 동안 병상에 누워 있었습니다. 질병의 사슬에 묶인 몸으로 갇혀 있었어요.

제 힘은 모두 바닥났고, 머리에서 발끝까지 맘대로 움직이지도 못합니다. 족쇄 같은 쇠약함이 저를 바닥으로 끌어당기는군요.

사방을 둘러보지 못하는 눈 먼 사람처럼, 여섯 달 동안 오두막 한쪽 벽만을 바라봅니다.

당신은 저를 제 십자가에 못 박으셨습니다. 이 병이 제 십자가입니다.

그래서 당신께 감사드립니다, 임금님.

저를 심판대 앞으로 가까이 나가게 하시니 고맙습니다.

내일이면 숨을 거두고, 당신 얼굴을 뵙겠지요. 내일이면 제 육신에 가해지는 당신의 채찍질도 멎고, 저는 평안해질 것입니다.

지금 제 몸은 어두운 구름에 묻혀 있지만, 제 영혼은 따스한 볕을 쬐고 있습니다.

지금 제 눈은 쓴 눈물로 가득 차 있지만, 제 영혼은 달콤한 꿀을 맛보고 있습니다.

지금 저는 덫에 걸린 몸으로 고양이 발톱에 휘둘리는 쥐 같지만, 내일이면 바람처럼 자유로울 거예요.

제가 지은 죄의 사악함에 견주면 오늘 이 고통은 아무것도 아닙니다. 당신의 자비는 한이 없고 영원하십니다.

로마 제국이 무너지자 영국 여러 섬에서 토착화된 그리스도교가 생겨났는데, 로마 교황청은 그들을 매우 수상하게 보았다. 그들은 모든 생명체들과 식물들 안에 있는 신성한 영을 기렸다. 깊은 숲속에서 짐승과 새들을 벗 삼아 숨어 살던 은둔자들과 복음을 전하기 위하여 오지 깊숙이 여행했던 '순례자'들이 그들의 영웅이었는데, 버드나무 가지로 바구니처럼 만든 작은 배를 타고 대서양을 건넌 브렌던(Brendan), 자연 사랑으로 유명해진 아일랜드의 은둔자 케빈(Kevin), 아일랜드의 사도로 알려진 패트릭(Patrick)이 대표적이다.

야코포네 다 토디
Jacopone da Todi, 1230~1306

주님, 어째서 당신은 무자비한 사랑으로 저에게 상처를 입히십니까?

당신 사랑의 밧줄로 저를 묶으시는 이유가 무엇입니까?

이렇게 가슴 떨리고 영혼은 찢어지는데

저를 고통의 용광로에 던지시는 까닭이 무엇입니까?

불 위의 밀랍처럼, 죽음으로 녹아드는 제 몸이 느껴집니다.

오, 그리스도님, 당신 사랑의 실체를 알기도 전에

오, 주님, 당신의 무자비를 먼저 겪습니다.

비나니, 저에게 자비를 베푸소서.

그 자비가 저에게 평안을 줄 것입니다.

그러면 제 영혼은 고통을 등지고서

저 높은 곳으로 올라가겠지요.

하오나 지금 제가 겪고 있는 이 고통은

상상으로도 미칠 수 없을 만큼 지독하군요.

가슴을 인두로 지지는 듯한 뜨거움이

한여름 무더위를 추운 겨울로 만들어버리네요.

당신의 사랑은 상상과 묘사를 초월합니다.

도피처로 죽음이 허락된다면, 기꺼이 죽겠습니다.

오, 주님, 당신 사랑 때문에 모든 것을 버렸습니다.

당신을 위해서라면 세상도 팔아치울 것입니다.

당신을 아는 지식과 모든 피조물을 바꿀 거예요.

그런데 지금 당신은 저의 감각들을 앗아가시고

비참만이 있는 곳, 가장 낮은 바닥으로 끌어당기십니다.

그러고는 저항할 힘마저 없게 만드시는군요.

저 자신을 몽땅 당신께 팔아넘겼습니다.

돌이 물로 바뀔지언정, 당신은 저를 떠나보내지 못하십니다.

쇠가 버터로 바뀔지언정, 당신은 저를 놓아 보내지 못하십니다.

제가 혹시 당신 사랑에서 떨어진다면 모르겠습니다만,

이글거리는 지옥불도 당신과 저를 떼어놓지 못할 것입니다.

주님, 당신은 저를 고통이 미치지 못하는 곳으로 데려오셨습니다.
죽음이 닿지 못하는 곳으로 데려오셨어요.
평화롭게 볕을 쬐고 있는 세상이 내려다보이네요.
사랑하올 그리스도님, 어떻게 저를 이 놀라운 곳으로 데려오셨나요?
당신이 두 팔로 저를 껴안아 이리로 데려오셨지요.
당신의 아름다움이 제 가슴을 씻기고, 제 영혼을 끌어올려
저 자신과 몸의 감각에서 나오게 하셨습니다.

한때는, 진노의 불길에 녹아내리는 느낌이었어요.
행복에 대한 모든 희망이 저에게서 떠난 것 같았지요.
지금 저는 당신의 따스한 기쁨에 녹아내립니다.
그리고 지금 맛보는 지복(至福)은
지난날의 아픈 추억들조차 깨끗이 지워주네요.

오, 그리스도님, 당신은 저의 낡은 자아를 벗기고
거룩한 당신의 자아를 입혀주셨습니다.
제 영혼이 영원토록 빛나는 당신 외투를 입었습니다.
제 몸이 당신 축복의 지워지지 않는 흔적을 입었어요.
지금 저는 황홀경에 빠져들고 있습니다.

주님, 당신 안에서 거듭난 새 피조물입니다.
제 혈관을 타고서 당신의 자비가 약동합니다.
조각가가 꼴을 빚듯이, 당신은 저를 다시 빚으시어
완전한 사랑의 형상으로 만드십니다.

언제는 고통으로 저를 미치게 하시더니
지금은 기쁨으로 저를 미치게 하시네요.

야코포네 다 토디는 마흔일곱 살 때까지 움브리아에서 변호사로 일하다가 아내가 죽자, 아시시의
프란체스코를 본받아 걸인이 되어 이곳저곳 떠돌며 자신이 만든 찬송을 불렀다. 10년 뒤, 프란체
스코 수도회 수사가 되었으나 곧 나와서 프란체스코의 규범을 좀더 엄격하게 따르는 독립된 수도
회를 창설했다. 교황청의 부패를 공개적으로 성토했다는 이유로 한동안 투옥되기도 했다.

어거스틴 베이커
Augustine Baker, 1575~1641

오, 주님. 제가 아직 없었을 때 당신은 저를 지으셨습니다. 그것도 당
신의 형상으로!

제가 처음 생겨날 때부터 당신은

내 하느님,

내 아버지,

나를 구원하신 분,

내 모든 선(善)이셨습니다.

당신 섭리의 은총으로 오늘 여기까지 제 목숨을 지켜주셨으니, 이제 이 목숨으로 당신을 섬기게 하소서!

당신은 자기를 잃어버린 저를 찾으시고자 하늘에서 내려오셨습니다. 오, 제 영혼을 당신께로 끌어올려주소서!

오, 주님. 저에게 당신을 향한 경외와 가슴의 회한(悔恨), 겸손, 모든 죄에서 자유로운 양심을 주소서.

저에게 은혜를 베푸시어, 언제나 형제를 사랑하는 가운데 살게 하시고, 저 자신의 죄는 잊지 말고, 남들의 죄와 행실을 엿보는 일이 없게 하소서.

쇠약해진 저를 찾아주시고,

병든 저를 고쳐주시고,

지친 저에게 생기를 주시고,

죽은 저를 일으켜주소서.

오, 주님. 당신을 두려워하는 가슴, 당신을 사랑하는 마음, 당신을 느끼는 감각, 당신을 보는 눈을 저에게 주소서.

오, 주님. 선과 악을 가려낼 수 있는 분별력을 주시고, 제가 무슨 짓을 하든지 깊은 이해심으로 저를 참아주소서.

오, 하느님. 제가 비싼 생활용품이나 취미 따위에 얽매이지 않은 순수한 사랑으로 당신을 사랑하며 사랑하기를 바라나이다.

오, 주님. 제가 거룩한 당신 은총에 힘입고, 저의 죄로 인해서 중단되지 않는 당신의 도우심을 받아, 불굴의 사랑으로 당신을 사랑하나이다.

만일 제가 백만 년을 더 산다 해도, 여전히 당신의 성실한 종이자 연인으로 남겠나이다.

만물이 당신을 숭배하고 섬기며, 이교도들은 회심하여 당신을 믿게 되고, 죄인들은 착한 행실로 돌아가는데, 이 모든 일들이 오직 당신의 높으신 명예와 영광을 위하여 이루어지기를 바라나이다.

오, 하느님. 당신 안에 있는 지복(至福)과 완전함, 영원토록 당신이 이루신 일들, 그리고 당신의 전능과 지혜를 기리나이다.

또한, 당신과 모든 피조물이 쓰고도 남을 만한 풍요로움이 당신 안에 있어서, 다른 무엇이 더 필요 없음에 대하여, 당신을 기리나이다.

오, 주님. 제가 창조된 세계의 온갖 놀라운 사물들과, 당신이 이미 만드셨고 앞으로 세상 끝 날까지 만드실 작품들과, 천지간에 통하는 당신의 법 안에서, 당신과 함께 기뻐하나이다.

이 시간부터, 당신의 은총에 힘입어, 저에게 일어나는 모든 일들을, 즐거운 일이든 역겨운 일이든 가리지 않고, 당신의 섭리에 따라 주시는 것으로 알아서, 기꺼이 받아들이는 것이 제 인생의 목표입니다. 그로써, 위태로운 가운데서든 안전한 가운데서든 괴로움을 겪어야 하는 저에게 위안이 되고, 다가올 날에 대한 기대 속에서 마음의 휴식이 될 것입니다.

오, 하느님. 당신만이 저를 위해 예비하고 결정짓고 뜻을 세우고 선택하십니다.

저를 위하여, 하느님, 당신의 왕국을 마련하지 않으셨습니까? 그런즉 제가 무슨 일로 낙담하겠나이까?

오, 하느님. 당신이 교회에 계시하신 모든 신성한 진리들을 굳게 믿어 그것들 가운데 어느 것도 의심하거나 질문하지 않겠나이다. 여기서도 제 인생의 취소할 수 없는 목표는 당신의 은총 안에서 살고 죽는 것입니다.

온 인류가 당신을 알고 굳은 믿음으로 당신께 나아간다면, 그보다 더 당신을 기쁘시게 해드릴 일이 무엇이겠습니까?

나의 하느님, 제가 기꺼이 제 피로 제 믿음을 봉(封)하나이다. 당신의 섭리에 따라, 기회가 주어지는 대로, 당신이 저의 힘이요 구원이 되어주시기를 소망하며, 제가 당신께 희망을 두는 한 결단코 약해지지 않으리라는 것을 확신하나이다.

웨일스의 개신교 집안에서 성장한 베이커는 이십대 후반에 가톨릭으로 개종하여 잉글랜드 두에(Douai)에 있는 베네딕트 수도원에 들어갔다. 그가 죽은 뒤에, 유고들을 묶은 《거룩한 지혜 *Holy Wisdom*》가 출판되었는데, 개인과 하느님 사이의 관계에 초점을 맞춘 영성훈련의 기록들이 담겨 있다.

후안 아리아스

Juan Arias

주님, 오늘 여기저기에서 멸시당하는 천더기들이 당신께로 나옵니다. 우리는 보기에 딱한 인간들이 아니라, 보기만 해도 구역질나는 것들입니다. 사람들은 우리를 보고 연민이나 증오심, 친절이나 동정심을 일으키지 않습니다. 우리는 그저 멸시당하는 자들일 뿐이며, 우리도 사람이라면 넌더리가 납니다. 문둥이는 사람들한테서 동정심을 불러일으키고, 악한 범죄자는 증오심과 공포심을 유발하고, 정신이상자나 정신지체아는 사람들의 연민과 보호본능을 자극하지요. 그러나 사람들의 자비행(慈悲行) 목록에, 우리를 위해서 마련해둔 자리는 없습니다.

주님, 나는 마약중독자입니다. 여러 가지 현실적 이유들로 인류한테서 제명당했지요. 자제력을 회복하여 나 자신으로 돌아갈 희망은 완전히 사라졌습니다. 세상에는 몸이 아니라 양심이 마약에 중독된 자들이 있더군요. 더욱 기가 막힌 것은, 사람들이 그들을 두려워한다는 사실입니다.

주님, 나는 동성애자입니다. 나는 여자가 싫어요. 전에도 그랬지만 지금도 다른 남자와 함께 있습니다. 내 아우는 분명히 여자를 좋아해서 남의 아내를 취하기도 하는데, 내가 그 친구보다 죄를 더 범한 건 결코 아닙니다. 그런데 집에서나 밖에서나 아무도 그에게 등을 돌리지 않습니다. 아무도 그를 경멸하지 않아요. 오히려 칭찬할 때도 있더군요. 하지만 모든 사람이, 남자도 여자도, 나를 피해 뒤로 물러섭니다. 나처럼 사회에서 추방당했다고 스스로 생각하는 자들만이 받아들여줄 뿐이지요.

주님, 나는 가난한 술꾼입니다. 여러 해 동안 술병에 코를 박고 살았어요. 집안 식구들은 나 같은 물건이 한 집에 있는 게 창피한지 내가 집 안에 있는 것을 원하지 않아요. 그래서 병든 개처럼 이 거리 저 골목을 쏘다닙니다. 사람들은 나를 보면 얼른 길 저편으로 건너가지요. 거지도 가끔은 누군가 다가와서, 비록 황급한 몸짓이긴 해도, 손에 동전을 던져주는 대접을 받는데, 나를 감옥으로 데려가는 경찰관 말고는 아무도 내게 가까이 오지 않습니다.

그렇지만, 주님. 술에 취하는 사람들은 저 말고 또 있어요. 다만 그들은 저택에서 호화판 잔치를 열고 비싼 술을 마시지요. 왜냐하면 저마다 힘깨나 쓰는 인사들이니까요. 사람들은 그들이 술에 취하여 괴상한 짓을 해도 아무렇지 않게 웃어넘깁니다. 그들에게는 면책특권이 있고 설혹 무슨 잘못을 저질러도 측근들이 나서서 모두 해결해주지요. 어떤 경찰관도 그들에게 손가락 하나 대지 않습니다.

모르겠어요, 똑같이 술에 취했는데 그들이 비싼 위스키, 보드카, 진을 마시는 동안 나는 싸구려 와인을 들이켰기 때문에, 그래서 그들보다 내가 더 역겨운 것입니까?

주님, 나는 갈보입니다. 더 이상 어디서도 숙녀 대접 받기는 그른 몸이지요. 늙고 뚱뚱한데다 온몸이 지쳐 있으니까요. 이제 나한테는 방세를 내줄 사람도 없고 예쁜 노리개를 사줄 사람도 없습니다. 그저 몇 안 되는 '단골손님들'이 자기 맘 내키는 대로 던져주는 선심에 만족할 수밖에 없는 신세가 되었어요. 고객을 모실 근사한 아파트도 없고, 신문에 '마사지' 광고를 낼 돈도 없습니다. 빈민가 싸구려 술집 근방을 어슬렁거리거나, 차가운 비 내리는 골목을 서성거리다가, 어떤 술주정뱅이 가난한 사내에게 몸을 주고 동전 몇 닢 얻으면 그것으로 만족해야 합니다.

자동차 타고 지나가는 사람들은 눈을 깔고 내려다보다가 나와 눈이 마주치면 잽싸게 시선을 돌리지요. 보석과 비싼 모피로 몸을 휘감고, '기둥서방'이 운전하는 승용차에 앉아 스쳐가는 고급 콜걸들한테서조차 멸시당하는 것이 내 신세랍니다.

사회가 불쌍하게 여기지도 않는 것들, 증오나 연민이나 두려움도 불러일으키지 못하는 것들, 어디서나 경멸만 당하는 것들이 오늘, 죄 없는 당신 앞에 나옵니다. 정말 당신이 존재한다면, 당신만큼은 우리를 역겨워 아니하시고 오히려 용서하실 줄 믿기 때문입니다.

사회에서 추방당하게 만든 자신의 잘못과 죄를 숨기거나 변명할 마음은 없습니다. 다만, 죄인들을 용서할 뿐만 아니라 그들의 빚을 대신 갚아주시는 당신이 우리를 더욱 비참하게 만드실 리 만무하고 오히려, 저 옛날 악령에 사로잡힌 남자에게 그러셨듯이, 우리를 구원하시어 모든 사람에게 당신의 영광과 자비를 보여주실까 하는 희망을 품고 이렇게 나오는 것입니다.

잃은 자를 찾으러 왔다고 하신 당신 말씀을 기억해주십시오. 세상에 동정심조차 불러일으키지 못하는 우리보다 더 지독하게 잃은 자들이 있겠습니까? 때로 한 줄기 희망이, 우리 같은 퇴물까지도 버리지 않고 사랑하시는 당신 모습을 꿈꾸게 합니다.

✳

나는 무신론자입니다. 내가 아무것도 믿지 않는다는 뜻이 아닙니다. 나에게 하느님은 사랑스런 꿈 또는 아름다운 시(詩)입니다. 지금 나는 내가 사랑할 수 있는 하느님에 대하여 말하고 있는 겁니다. 왜냐하면, 내가 도저히 사랑할 수 없는 하느님이 있거든요. 역사에 등장하는 약탈자들의 하느님, 그런 하느님은 내 손으로 죽이고 싶습니다. 나는 무신론자로서 누구한테도 기도를 할 수 없습니다. 나와 다른 누군가가(Someone) 존재해서 그에게 내가 기도할 수 있다고는 생각하지 않으니까요. 그렇긴 합니다만, 그래도 어떨 때에는 지독한 고독감에서 오는 아픔이 예리하게 느껴지는 것을 고백하지 않을 수 없습니다. 때로는 무엇인지 알 수 없는 어떤 것에 대한 내 목마름을 누구에겐가 털어놓고 싶어요. 답을 알 수 없는 수많은 질문들을 그에게 쏟아놓고 싶은 겁니다. 하지만 그것은 허공에 대고 외치는 격이겠지요.

그래서 나는 그냥 여기 이렇게 있는 나 자신을 받아들여야겠다고, 어두운 세상을 내 발로 뚜벅뚜벅 걸어야겠다고, 내 존재에 대한 질문에 분명한 답을 얻으려 하지 말아야겠다고, 생각합니다. 내 눈에는 하느님을 믿는 사람들이 모두 미친 사람으로 보입니다. 비록 나 자신도 미친 게 아닐까 하는 생각이 자주 들긴 합니다만.

하느님, 하느님, 하느님! 당신은 시인의 아름다운 발명품인가요? 뭔가 기대를 걸고 희망을 둘 만한 상대를 발견했다고 착각하는 자들의 단순한 메아리입니까? 인간을 약탈하는 자들이 알리바이로 사용하는 도구인가요? 누군가에게 보호를 받지 않으면 안 되는 인간의 무의식적 투영(投影)입니까? 물론 당신은 사람과 사물을 존재하게 하는 유일한 실재일 수 있습니다. 하지만, 만일 당신이 신성한 무엇을 만들어야 하는 절박한 이유가 있는 인간들의 커다란 착각이 만든 산물이라면 어쩔 것입니까? 그런즉 나는 계속하여 내 기도를 허공에 외쳐야겠습니다.

스페인의 로마 가톨릭 사제인 후안 아리아스는, 기도문집 《꾸밈없는 기도 Player Without Frills》로 유럽 전역의 많은 독자들에게 큰 영향을 미쳤다. 그 기도들이, 교회에서 자기 자리를 얻지 못한 사람들의 심경을 분노와 정직으로 하느님께 표출하고 있기 때문이다.

장피에르 드 코사드

Jean-Pierre de Caussade, 1675~1751

주님, 당신은 일반 사람들에게 일반 사건들을 통하여 말씀하십니다. 혁명이란, 사람들 마음에 폭풍우를 일으키는 당신 섭리의 큰 파도에 지나지 않습니다. 또한 당신은 특별한 사람들에게 순간순간 일어나는 특별한 사건들을 통하여 말씀하십니다. 그런데 사람들은 일어나는 사건들을 당신의 사랑이 보여주는 안내 신호로 존중하고 거기에서 당신 음성을 듣는 대신, 눈 먼 기회와 인간의 결단만 보는군요. 그들은 당신 말씀에 반대할 구실만 찾습니다. 그 말씀에 무엇을 덧붙이거나 덜어내려고 하지요. 당신 말씀을 바꾸거나 뜯어고치려고 하는 겁니다.

사랑하올 주님, 저에게 인생이라는 책을 제대로 읽도록 그 방법을 가르쳐주십시오. 당신의 목적을 이해하든 못하든 상관없이 당신 말씀을 받아들이는, 단순한 아이처럼 되고 싶습니다.

오, 알 수 없는 사랑님! 당신의 놀라운 일들이 모두 지나간 일이요, 우리가 할 수 있는 일은 오래된 경전을 베끼고 거기 적혀 있는 당신의 말을 인용하는 것밖에 없다고 생각하는 경향이 우리에게 있습니다. 우리는 당신의 무진장한 행위가 끊임없이 새로운 생각, 새로운 고통, 새로운 행동을 낳고, 그리하여 남의 인생과 저술들을 베낄 필요도 없이 다만 당신의 계획 앞에 온전히 자신을 포기하면서 살아가는 새로운 지도자들, 새로운 예언자들, 새로운 사도들, 새로운 성인들을 배출하고 있음을 보지 못합니다. 그저 끊임없이 "옛날에 있었던 일"과 "성인들의 시대"에 대한 이야기만 듣고 있지요. 무슨 그런 대화법이 다 있습니까? 모든 시대, 모든 사건들이 순간순간 그것들을 채우고 성결하게 하는 당신 은총의 산물 아닌가요? 당신의 성스런 행위는 이 세상이 끝나는 날까지, 당신 섭리 앞에서 자기를 온전히 포기하는 영혼들 위에 그 빛을 비출 것입니다.

주님, 제 가슴에 당신 왕국이 임하시어 저를 성결케 하고 저를 먹여 기르시며 저를 깨끗하게 해주십시오. 믿음 없는 눈에는 스쳐 지나가는 순간들이 아무것도 아닙니다만, 믿음으로 밝아진 눈에는 모든 순간들이 참으로 값지고 중요한 것입니다! 당신이 있게 한 순간들인데 어찌 우리가 그것들을 하찮게 볼 수 있나요? 모든 순간, 모든 사건을 당신이 이끄시기에 그 안에는 당신의 무한 섭리가 담겨 있습니다.

그런즉, 주님, 저에게 일어나는 모든 일 안에서 당신을 찬양합니다. 어떤 방식으로 저를 살리시고 죽이시든, 저는 만족합니다. 저에게 일어나는 사건들은, 결과가 어찌되든, 그것들 뒤에 당신이 계시기에 그 자체로서 저를 즐겁게 합니다. 저의 모든 순간들이 당신의 사랑을 표현하고 있기에, 모든 것이 저에게는 그대로 하늘나라입니다.

　사랑하올 주님, 당신이 저에게 오시는 방식이나 때에 상관없이, 언제나 당신을 환영합니다. 세상에서 이루시는 당신 행위의 신비가 저에게 계시되었습니다. 제가 어디로 움직여도 당신의 넓은 가슴을 벗어나지 못합니다. 끊임없이 제 둘레에 넘쳐나는 당신 은총의 분류(噴流) 한가운데 제가 누워 있습니다. 더 이상 두꺼운 책표지 안에서나 성인의 삶에서 또는 어떤 철학적 변증에서 당신을 찾으려 하지 않겠어요.

　예, 주님. 당신의 아이로서, 저에게 일어나는 모든 일들을 당신의 선물로 받아들여, 당신의 선하심과 지혜를 세상에 드러내며 살고 싶습니다. 결코 바닥날 리 없는 당신의 두터운 사랑을 의지하여 살고 싶어요. 당신을 믿는 믿음을 통하여, 모든 것이 저를 먹여 기르는 빵이 되고, 저를 깨끗하게 하는 비누가 되며, 저를 순수하게 만드는 불이 됩니다.

　주님, 저렇게 많은 사람들이 당신의 섭리에 눈멀어야 하는 무슨 이유가 있는 겁니까? 언제나 그랬듯이, 지금도 저들 머리 위에 쏟아 부으시는 당신의 호의를, 알아보는 건 관두고 저렇게 거절해야 할 무슨 까닭이 있는 건가요? 만약에 누가 공기를 들여 마시거나 목마를 때 물 마시기를 거절한다면, 우리는 그를 어리석은 바보라고 생각하겠지요. 그런데 어째서 같은 사람이 공기와 물에서 당신을 찾지 않고, 자기를 에워싼 모든 것에서 당신을 보려 하지 않는 걸까요?

저 자신은 당신의 많은 보물을 받아 간직하면서, 다른 영혼들이 영적 기근으로 죽어가는 것을 속절없이 바라보아야 하는 겁니까? 당신의 생수가 사방에서 흐르는데, 사막의 풀처럼 말라 죽어가는 저들을 그냥 바라만 보아야 하는 건가요?

장피에르 드 코사드는 예수회 소속 신부로서 프랑스 전역에서 퇴수회를 지도하였다. 죽은 지 두 세기 뒤에, 그의 어록이 《신성한 섭리를 향한 자기 포기Self-Abandonment to Divine Providence》라는 제목으로 출간되었는데, 세계의 위대한 영적 고전들 가운데 하나로 꼽히고 있다. 하느님은 크고 작은 모든 사건들과 사물들 안에 현존하시며, 하느님의 섭리에 오로지 복종하는 것이 우리의 임무라고 가르쳤다.

히포의 아우구스티누스
Augustine of Hippo, 354~430

주님, 당신은 찬양받아 마땅한 크신 분입니다. 당신의 능력은 위대하고 당신의 지혜는 끝이 없습니다. 당신이 창조하신 것의 한 부분인 사람은,

당신을 찬양하려는 마음으로 가득 차 있습니다. 그렇습니다. 비록 어디를 가든지 죽을 수밖에 없는 육신을 가지고 다니지만, 당신의 정의를 증명하고 자신의 죄를 밝히려는 마음으로, 사람은 당신을 찬양코자 합니다.

당신이 우리 가슴을 휘저어놓으셨기에 우리는 당신을 찬양하는 데서 즐거움을 맛봅니다. 당신이 당신을 위하여 우리를 지으신 까닭에, 우리 가슴은 당신 품에 쉴 때까지 쉴 수가 없습니다.

❄

오, 하느님. 당신을 부르는 일과 당신을 찬양하는 일, 이 둘 가운데 어느 쪽을 먼저 해야 하는지, 그것을 알게 해주십시오. 다시 말씀드립니다. 당신을 아는 일과 당신을 부르는 일, 이 두 가지 가운데 어느 쪽이 먼저입니까? 당신을 모르는 사람은 당신 아닌 다른 누구를 부를 터인즉, 당신을 모르면서 어떻게 당신을 부를 수 있겠습니까? 아니면, 당신은 알려지기 위하여 불려져야 하는 그런 분이신가요? 하지만, 어떻게 자기가 믿지도 않는 누구를 부를 수 있으며, 그에 대하여 말해주는 사람이 없는데 어떻게 그를 믿을 수 있겠습니까?

당신을 찾는 자들은 마땅히 당신을 찬양할 것입니다. 누구든지 당신을 찾는 자는 당신을 만날 것이요, 당신을 만나면 곧 찬양하게 될 테니까요. 그러므로 저는 당신을 찾을 것입니다. 주님, 당신이 우리에게 가르침을 베푸셨기에, 저는 당신을 부를 것입니다.

오, 하느님. 당신이 저에게 주신 믿음이 당신을 부릅니다.

제가 어떻게 주님이신 당신을 모실 수 있겠습니까? 제가 당신을 모신 다는 것은 당신께 제 안으로 들어오시기를 청하는 것인데, 하늘과 땅을 지으신 하느님을 모실 만한 자리가 어떻게 제 안에 있겠습니까? 주님, 과연 제 안에 당신을 모실 만한 자리가 있는 것입니까? 당신이 지으시고 그 안에서 우리를 지으신 하늘과 땅인들 당신을 모실 수 있을까요? 당신 아니 계시면 아무것도 있을 수 없는데, 그 무엇이 당신을 담을 수 있겠습니까? 그런데도 저는 어째서 당신께 제 안으로 들어오시라고 이렇게 간청하는 것일까요? 당신이 처음부터 제 안에 계시지 않고서는 저라는 물건이 존재할 수도 없을 텐데 말씀입니다.

주님, 제가 마음을 다하여, 당신이 주신 힘을 다하여, 당신을 찾습니다. 저는 제가 믿는 바를 알고 싶습니다.

당신은 저의 유일한 희망이십니다. 부디 제 말에 귀를 기울여주십시오. 제 속의 권태가 발동하여, 당신을 찾아 당신 얼굴을 뵙고자 하는 저의 갈망을 식히는 일이 없게 하여주십시오.

당신은 당신을 찾게 하고자 저를 지으셨고, 당신을 찾는 힘도 저에게 주셨습니다. 저의 약함과 강함이 모두 당신 손 안에 있습니다. 저의 힘을 보존해주시고 저의 약함을 도와주십시오. 저로 하여금 당신이 열어놓으신 문으로 들어가게 하시고, 닫혀 있는 문을 제가 두드리거든 열어주십시오.

당신이 저를 당신의 온전하신 모습으로 회복시켜주실 때까지 당신을 기억하고, 당신을 사랑하고, 당신께 기도하고, 당신을 묵상하게 해주십시오.

하느님, 당신은 누구십니까? 주님이신 하느님, 당신은 과연 누구십니까? 당신은 위없이 높으신 분이요 가장 의롭고 가장 힘 있는 분이십니다. 당신은 가장 자비로우면서 가장 엄정한 분이십니다. 가장 신비로우면서 가장 친숙하고, 가장 아름다우면서 가장 굳세고, 가장 안정되어 있으면서 도무지 자취를 알 수 없고, 바뀌지 않으면서 모든 것을 바꾸고, 새롭지도 낡지도 않으면서 모든 것을 새롭게 하고, 항상 일하면서 항상 쉬고. 땅에 부(富)를 일구면서 아무것도 지니지 않는 분이십니다. 당신은 모든 것을 밑에서 받쳐주고 기르고 보호하십니다.

당신은 사랑하면서 열정에 휘말리지 아니하십니다. 질투하면서 두려워하지 않고, 우리의 죄에 뒤로 물러서면서 슬퍼하지 않고, 화를 내면서 냉정하고, 우리 행실에 따라서 계획을 바꾸면서 당신의 법과 목적은 조금도 흔들리지 않고, 찾는 바를 취하면서 아무 찾을 것이 없고, 모자라는 것이 없으면서 모든 좋은 것을 즐기고, 부러워하는 것이 없으면서 우리에게 주신 재능을 십분 살리기를 요구하고, 빚을 갚아주면서 아무 빚진 게 없고, 빚을 탕감하면서 아무 잃은 게 없으십니다.

오, 나의 하느님. 나의 생명, 나의 신성한 기쁨이여. 제가 무슨 말을 하겠습니까? 당신에 관하여, 어느 인간이 무슨 말을 할 수 있겠습니까? 과연 침묵이 가장 위대한 웅변입니다. 하오나, 당신을 찬양하지 않는 자야말로 불행한 인간입니다.

행동으로, 행동이 아니면 말로, 말이 아니면 생각으로, 제가 저지르지 않은 악이 무엇이겠습니까? 하오나 주님, 당신은 은혜로우시고 자비로우십니다. 무거운 죄 가운데 빠져 있는 저에게 당신은 오른손을 내밀어주시고, 제 마음 바닥에서 부패한 신념을 뽑아내주십니다. 그것도, 제가 원해서가 아니라 당신이 저로 하여금 그렇게 바라도록 만드셨기에 그리 되는 것입니다.

하오나, 어느 깊고 은밀한 구석에서 당신은 저의 자유의지를 불러내셨습니까? 어떻게 해서 제가 당신의 편한 멍에를 목에 걸고, 제 어깨로 당신의 가벼운 짐을 지게 되었습니까? 사랑하올 그리스도님, 과연 당신의 멍에는 편하고 당신의 짐은 가벼워, 그 달콤함은 제가 내어버린 헛된 쾌락들이 주는 달콤함에 견줄 바가 아닙니다. 진실로, 그동안 잃을까봐 겁을 내던 즐거움을 버리는 것이 저에게 진짜 즐거움이 되었습니다. 오, 주님. 당신이 그것들을 저에게서 치워주셨고 그 빈 자리에, 세속의 온갖 쾌락보다 더 달콤한 쾌락을 가지고서, 당신 자신이 들어오셨습니다.

당신의 즐거움은 그 어느 빛보다 분명하지만 그 어느 비밀보다 신비스럽고, 가장 높은 명예보다 더 높지만 우리의 교만을 부추기지 않습니다.

그런즉 이제 저의 마음은 세속의 명예와 부에 더 이상 매달리지 않습니다. 정신적인 오물에도 더럽혀지지 않고 그 어떤 추한 탐욕도 일어나지 않습니다. 어린아이처럼 당신 앞에서 더듬거리지만 그래도 제 혀는 거침없이 나의 빛, 나의 행운, 나의 구원, 나의 주인, 나의 하느님이신 당신께 말을 합니다.

오, 하느님. 저를 지으셨고, 제가 당신을 잊었을 때에도 저를 잊지 않으신 당신을 부릅니다. 저로 하여금, 저보다 더 저를 잘 아시는 당신을 알게 해주십시오. 당신은 제 영혼을 살아 있게 하는 힘이시니, 제 영혼 안에 들어오십시오. 당신께 속하는 것이 저의 유일한 희망이니, 당신께 속할 만한 사람으로 만들어주십시오. 저로 하여금 당신을 사모하게 하시고, 당신의 신부될 준비를 갖추게 하셨으니, 제 가슴에 들어오십시오.

제가 당신을 멀리 떠나 있을 때, 당신은 저를 설득하여 당신 음성에 귀 기울이고 마침내 당신께로 돌아오게 하셨습니다. 그때 비로소 저는 당신의 도움을 청했거니와, 당신은 저를 당신께로 부르시지 않은 적이 한순간도 없었나이다. 제가 받아 마땅한 벌을 내리는 대신 당신은 저의 모든 죄를 없애주셨습니다.

저는 아무것도 아니었어요. 당신은 저 같은 존재 필요치 않은 분이십니다. 지금 제가 당신을 섬긴다 하나, 지주의 땅을 일구는 소작인의 수고만큼도 가치가 없는 것입니다. 제가 이 일을 하지 않아도 당신은 거둘 만큼 거두실 테니까요. 저는 다만 당신이 주시는 것으로 당신을 섬기고 예배할 따름입니다. 저에게 힘이 있다면 모두 당신이 주신 것이요, 당신 없으면 저는 아무것도 아닙니다.

기독교인 어머니와 이교도 아버지 사이에서 태어난 아우구스티누스는, 기독교의 단순성을 경멸하여 철학적 변증을 통해서 내면의 평화를 추구하는 일에 젊은 시절을 바쳤다. 강렬한 성욕에 이끌려 정부 몸에서 사생아를 보기도 했다. 그의 《참회록》에는 기독교인으로 개종하는 과정이 생생하고 고뇌에 찬 언어로 기록되어 있는데, 많은 부분이 하느님을 향해 분출되는 자신의 느낌과 생각들로 채워져 있다. 북아프리카 히포 교구의 주교였던 그는 개신교 종교개혁 지도자들에게 깊은 영향을 미친 방대한 저술을 남긴 신학자이기도 하다.

아스텍
Aztec, 15세기

전능하신 주님, 당신의 제국에 우리가 삽니다. 당신은 밤처럼, 공기처럼, 보이지도 않고 만져지지도 않습니다.

바야흐로 대지가 흔들립니다. 원수들에 격분하여 전사들이 발을 구릅니다. 땅은 목구멍을 열고 전쟁터에서 흐르는 피를 받아 마실 준비가 되어 있습니다. 다가오는 살생에 겁을 먹고 들짐승들조차 달아납니다.

주님, 누가 죽을지 누가 살아남을지, 누가 패배하여 무너질지 누가 승리하여 일어설지, 그것은 당신만이 아십니다. 전쟁터에서 쓰러지는 자들로 하여금 명예롭게 죽어서 당신께로 올라가 영웅들과 더불어 살게 해주십시오. 그리하여 당신의 영원한 영광을 함께 나누고 당신의 영원한 즐거움을 누리게 하여주십시오.

전능하신 주님, 당신 날개 아래 우리가 깃들고 보호를 받습니다. 당신은 밤처럼, 공기처럼, 보이지도 않고 만져지지도 않습니다.

제가 이렇게 길 잃고 넘어진 몸으로 당신 앞에 나아와 더듬거려 말합니다. 저의 잘못된 행동이 당신의 진노를 사서 저에게 화를 내시는 것 같아 크게 두렵습니다. 그러지 않고서야, 제 집안에 이토록 무서운 질병이 떨어질 이유가 없으니까요. 제 자식들이 당하는 고통은 틀림없이 제가 저지른 사악한 행동의 결과입니다.

주님, 무엇을 하시든지 제 몸에 대고 하십시오. 제가 앓아야 할 병은 저에게 주세요. 어떤 고통도 달게 받겠습니다. 저의 행동으로 말미암은 벌은 제가 받게 해주세요. 부디 제 자식들은 건강하고 행복하게 회복시켜주시고, 그래서 당신의 바른 길을 따라 똑바로 걷게 해주십시오. 저를 죽이시고 자식들은 살려주십시오.

캔터베리의 안셀무스
Anselm of Canterbury, 1033~1109

주님, 당신의 사랑을 애타게 갈구합니다.

당신이 이루신 좋은 일들을 생각할 때, 제 가슴은

당신을 껴안고 싶은 욕망으로 불타오릅니다.

제 목이 당신에 마르고,

제 배가 당신에 고픕니다.

당신을 그리워하여

당신 향해 한숨짓고

당신 사랑을 시새웁니다.

무슨 말을 당신께 드려야 할까요?

당신 위해 무엇을 할 수 있을까요?

어디서 당신을 찾아야 합니까?

당신 사랑에 제 몸이 병들었습니다.

제 가슴의 기쁨은 티끌이 되었고

행복한 웃음은 재가 되었지요.

당신을 원합니다.

당신을 희망합니다.

과부처럼 제 영혼이 당신을 여의었습니다.

저에게 돌아와주십시오.

제 눈물을 닦아주십시오.

당신이 오실 때까지 계속 울겠어요.

주님, 어서 오십시오.

주님 오시면 제가 위로를 받겠습니다.

당신 얼굴을 저에게 보여주세요.

제가 구원받을 것입니다.

제 방에 들어오세요.

제가 만족할 것입니다.

당신의 아름다움을 드러내셔요.

저의 기쁨이 온전해질 것입니다.

살아가는 일이 두렵네요, 주님.

저의 인생이 온통 죄로 가득 찬 불모지 같습니다.

제가 무슨 열매를 맺는다면

그것은 거짓 아니면 부패요,

제가 하는 어떤 일도

당신을 기쁘시게 해드리지 못하는 것 같습니다.

저는 꺾이고 잘려서 불에 태워져야 할

열매 맺지 못하는 나무요,

제 몸에 맺히는 것이라고는

날카롭고 쓰라린 죄의 가시들뿐입니다.

그 가시들이 저를 찔러서

회개하게 해준다면 그나마 다행이련만.

제 속에서 제 양심이 불에 탑니다.

차마 제 모습을 당신께 보여드리지 못하겠는데

그런데 저에게는 숨을 곳이 없네요.

무슨 일이 저에게 일어날까요?

누가 당신의 진노에서 저를 지켜줄까요?

어디에서 안전한 곳을 찾을 수 있겠습니까?

주님, 심판관이신 당신 앞에서 제가 떨고 있습니다.

그러나, 저를 구해주실 분 또한 당신입니다.

당신이 두렵지만, 당신을 믿습니다.

당신한테서 달아나고 싶지만, 당신한테로 달아납니다.

예수님, 예수님, 당신 사랑으로 저를 대해주십시오.
예수님, 예수님, 당신께 저지른 저의 죄를 용서하시고
긍휼히 여기는 마음만으로 저를 보아주십시오.
더없이 친절하신 주님,
당신께 속한 모든 것으로 제 속을 채워주시고
당신께 낯선 모든 것을 저에게서 거두어주십시오.

✳

주님, 앞으로 나아가 이 성사(聖事)에 참여하기에는
제가 너무 자격미달임을 잘 알고 있습니다.
하지만, 죄인들을 위하여, 그들을 죄에서 구원하기 위하여,
목숨을 내어놓게 만든 당신의 자비를, 저는 믿습니다.
그래서 죄인 주제에 감히
당신의 선물을 받고자 하는 것입니다.
오, 주님, 입술과 가슴으로 당신을 모시고
믿음과 사랑으로 당신을 알아,
이 성사 덕분에, 당신처럼 죄에 대하여 죽고
당신처럼 온전한 생명으로 부활하게 하소서.
그리하여 당신 거룩한 몸의
한 지체가 되기에 부족함이 없고
당신 살아 있는 성전의 모퉁잇돌 되어

당신의 영원하신 사랑 안에서
영원토록 기쁨을 누리게 하소서.

좋으신 주님,
친구들을 위하여 기도하고 싶은데
그런데 제 죄가 뒤에서 저를 잡아당깁니다.
자신이 이토록 당신의 은총을 입어야 하는 처지에
어떻게 감히 남들에게 은총을 베풀어달라고 청할 수 있겠습니까?
저를 위한 중재(仲裁)를 간절히 구합니다.
그러면서도 겁 없이, 남들을 위한 중재를 하려 합니다.
당신이 저에게 친구들을 위하여 기도할 것을 명하시고
사랑 또한 그렇게 하라고 부추기기 때문입니다.
당신 때문에 저를 사랑하는 사람들과
당신 안에서 제가 사랑하는 사람들을 위하여
이렇게 기도합니다. 자비롭고 좋으신 하느님,
만약 제 기도가 응답하실 만한 것이 못된다면
모든 사랑의 근원이신 당신 때문에라도
저들을 사랑해주십시오.
저들로 하여금 마음을 다하여 당신을 사랑하게 하시어
당신을 기쁘시게 해드릴 말과 행동만 하게 하소서.

아주 작은 불에도 사랑이 타버리는 저의 기도는
참으로 보잘것없는 차가운 물건입니다.
하오나 주님, 당신의 자비는 끝이 없으시니
저의 기도를 말미암아서가 아니라
당신 사랑의 무한한 따뜻함을 말미암아
저들에게 은총을 베풀어주십시오.

전능하고 온유하신 주 예수 그리스도님,
제 친구들을 위하여 당신 사랑을 구했듯이
제 원수들을 위하여 같은 것을 구하나이다.
당신 홀로 전능하십니다, 주님.
당신 홀로 자비로우십니다.
당신이 저로 하여금 원수들에게 바라도록 하신
그것을 저들에게 주십시오.
그리고 같은 것을 저에게 돌려주십시오.
만일 제가 그들에게 바라는 것이
저의 나약함이나 무지나 탐욕 때문에
당신의 완벽한 사랑을 벗어난 것이라면
좋으신 주님, 그것을 저들에게 주지 마십시오.
그리고 같은 것을 저에게 돌려주지 마십시오.

참 빛이신 주님, 당신 빛으로 저들을 밝혀주십시오.

옹근 진리이신 주님, 저들의 잘못을 바로잡아주십시오.

몸으로 된 말씀이신 주님, 저들 영혼에 생명을 주십시오.

온유하신 예수님,

저로 하여금 저들에게 걸림돌이 되지 않게 하시고

투척기의 돌도 되지 않게 하소서.

저의 죄가 해칠 상대는

저 하나만으로도 충분합니다.

죄의 노예인 제가 동료 노예들을 위하여

당신의 자비를 빕니다.

저들로 하여금, 당신과 화해하게 하시고

당신을 통하여 저하고도 화해하게 해주십시오.

　주님, 우리 믿음에 이해를 주시는 분은 당신이오니, 저로 하여금, 우리가 당신을 어떤 분으로 믿으면, 당신이 그런 분이심을 알게 해주십시오.

　우리가 서 있는 자리는 화가의 자리와 같습니다. 화가가 처음 무엇을 그리고자 할 때, 그는 먼저 그것을 자신의 머릿속에서 봅니다. 그러나 아직 그것을 그리지 않았기에 그것을 이해하지 못한 상태입니다. 그런데 일단 그림을 그리고 나면 비로소 그것을 이해하고 소유하게 되지요. 마찬가지로, 아무리 어리석은 사람이라도 그보다 더 큰 것이 있을 수 없는 어떤 무엇이 있음을, 비록 그것을 이해하진 못해도, 믿을 수 있습니다. 그리고 그 믿음이 이해를 초래합니다.

그런즉, 주님, 그보다 더 큰 것이 있을 수 없는 바로 그 무엇이 당신입니다. 누구든지 이를 참으로 이해하는 자는, 당신의 실존을 믿는 것이 당신의 실재를 증명하는 까닭에, 당신이 존재하지 않을 수 없음을 이해할 것입니다.

좋으신 주님, 저에게 믿음을 선물로 주셔서 고맙습니다. 그 믿음이 저에게 이해의 빛을 가져다주니까요. 지금 제가 당신을 이해할 수 있는 것은 먼저 당신의 존재를 제가 믿었기 때문입니다.

롬바르디아 귀족의 아들로 태어난 안셀무스는 아버지가 마련해주고자 한 정치적 출세의 길을 거절하고 노르망디 베크에 있는 수도원으로 들어갔다. 동료 수도자들과 평신도들이 따스한 품성의 소유자인 그의 조언을 듣고자 모여들었다. 그는 모든 문제의 근본이 기도를 게을리 하거나 기도를 드리지 않는 데 있음을 알았다. 그래서 사람들이 개인적으로 사용할 수 있는 명상록을 쓰기 시작했는데, 거기서 하느님 앞에 인간의 좋은 감정과 나쁜 감정을 있는 그대로 드러내었다. 특히 믿음과 이해의 관계를 다룬 그의 명상들은 신학자들에 의하여, 하느님의 실존에 대한 '존재론적 증명'의 모범으로 활용되어왔다. 그의 주장에 따르면, 하느님이 존재하는 이유는, 우리가 그분보다 더 큰 존재를 생각할 수 없기 때문이다.

1093년, 영국 왕 윌리엄 1세가 그를 잉글랜드로 불러 캔터베리 대주교로 임명했다.

존 베일리
John Baillie, 1886~1960

제 영혼의 영원한 아버님, 오늘 저의 첫 생각이 당신에 대한 생각이게 하시고, 저의 첫 충동이 당신을 예배하려는 충동이게 하시고, 저의 첫 발언이 당신 이름을 부르는 것이게 하시고, 저의 첫 행동이 당신께 무릎 꿇어 기도하는 것이게 하소서.

당신의 완벽한 지혜와 완벽한 선하심,
그것으로 인류를 사랑하시는 당신의 사랑,
그것으로 저를 사랑하시는 당신의 사랑,
제 인생에 주어진 크고 신비스런 기회들,
제 가슴에 거하시는 당신의 성령,
그 성령의 일곱 가지 선물로 인하여
오, 주님, 당신을 찬양하고 예배합니다.

저로 하여금 이 기도를 바치는 것으로 예배가 끝났다고 생각하여, 온종일 당신을 잊고 살지 않게 하소서. 오히려 이 고요한 시간에서 빛이 나와 저의 하루를 밝혀주고, 기쁨과 능력이 저를 떠나지 않게 하소서.

순진하게 생각하고,

적절하고 진실하게 말하고,

믿음직하게 부지런히 일하고,

겸손히 자신을 평가하고,

존중과 관용으로 남을 대하고,

지난날의 신성한 추억들을 고이 간직하고,

제 운명이 영원토록 당신의 자식임을 잊지 않게

저를 지켜주십시오.

오랜 세월 제 선조들의 피난처가 되신 하느님, 오늘 저에게도 필요한 때마다 피난처가 되어주소서. 온갖 어둠과 의혹을 헤쳐 나가도록 저를 이끌어주시고, 제 영혼의 평안을 위협하는 모든 것들로부터 저를 지켜주소서. 시험을 당할 때에 저의 힘이 되어주시고, 당신의 평화로 제 마음을 기쁘게 하소서.

무한하신 당신 품에서 온갖 지혜와 성스러움의 보물을 꺼내시는 주님, 당신과의 긴밀한 사귐을 통하여 그리스도인의 참된 성품이 더욱더 제 영혼 깊숙이 자리 잡게 하소서.

범사에 감사하여 어떤 일에도 불평하지 않고,

당신의 때를 기다리다가 부르시면 지체 없이 응하고,

고통 가운데서나 위험에 처했을 때 담대하게 처신하고,

그리스도의 병사답게 곤경을 견뎌내고,

옳은 일에 편들기를 겁내지 않고,

유혹에 빠지지 않도록 삼가 조심하고,

몸 단련하는 데 게으르지 아니하고,

모든 일에 단순 솔직하고,

남한테서 바라는 바를 남에게 해주고,

자기 경험만으로 성급한 판단을 내리지 않고,

입 다물어 함부로 말하지 않고,

자기에게 잘못한 이들을 모두 용서하고,

자기보다 약한 이들을 부드럽게 대하고,

언제나 당신의 뜻을 따르려는 마음에 흔들림 없는,

그리스도인의 성품을 고루 갖추게 저를 도와주소서.

오, 하느님. 지금 저에게 고요한 마음을 주시어 편히 쉬게 하소서. 잠이 저를 덮을 때까지 제 생각 안에 머무르시고, 별 것 아닌 일로 너무 근심하지 않게 하소서. 나쁜 꿈에 시달리지 않게 하시고, 내일 아침 가벼운 몸으로 일어나 또 다른 하루를 준비하게 하소서.

존 베일리는 북미에서 활동한 스코틀랜드 출신의 신학자·저술가로서 세계교회협의회(WCC) 회장으로 봉사하는 동안 그리스도교 여러 종파 간의 친밀한 관계를 위해 많은 노력을 기울였다. 1936년에 출간된 《개인 기도일기A Diary of Private Prayer》에 실려 있는 아침기도와 저녁기도가 널리 알려졌다.

알렉산드리아의 클레멘스
Clement of Alexandria, 150~215

주님, 당신의 어린아이들에게 친절을 베풀어주십시오. 저들의 나약함
과 어리석음을 참고 기다려주는 부드러운 교사가 되어주십시오. 당신의
말씀을 따라 살 수 있도록 저들에게 분별력과 힘을 주시고, 그리하여 커
가면서 당신을 닮게 하소서.

우리 모두 당신한테서 오는 평화를 누리며 살게 하시고, 당신의 도성
을 향하여 죄의 바다를 항해할 때 파도에 휩쓸리지 않게 하시며, 성령을
힘입어 끝까지 견디게 하소서. 밤낮으로 우리가 당신을 찬양하고 당신께
감사드리는 것은, 모든 것이 당신께 속해 있고 모든 복이 당신한테서 나
오는 것임을 우리에게 보여주셨기 때문입니다. 지혜의 본질이요 진리의
근원이신 당신께 영원토록 영광이 있으소서.

길들여지지 않은 망아지에 굴레를 씌우고,
새들에게 날개를 달아주고,
배들을 제 항로로 나아가게 하시는 주님.
우리의 거친 마음을 길들여주시고,
우리 영혼을 당신께로 들어 올리시며,

당신 사랑의 안전한 항구로 우리를 인도하소서.

성자들의 임금님,

지혜의 왕자,

기쁨의 근원,

인류의 구세주,

모든 생명의 양육자,

우리 욕망의 보증인,

당신은 확실한 손으로 우리를 천국에 데려가십니다.

사람 낚는 어부,

당신은 복음의 향기로운 미끼를 던지시고

우리를 죄의 바다에서 낚아 올리십니다.

사람 치는 목자,

당신은 달콤하고 부드러운 음성으로 우리를 부르시고

영원한 목장으로 우리를 초대하십니다.

자비의 샘,

진리의 빛,

한없는 믿음,

끝없는 사랑,

정의를 선포하는 이,

사람들의 지도자,

당신 발자국들이 하늘가는 길을 우리에게 보여줍니다.

사람들의 어머니,

당신 가슴에서 순결한 영의 젖이 흘러내려

믿는 자들의 목마름을 적셔줍니다.

사람들의 신랑,

당신의 아름다움이 우리를 부추겨

당신을 찬양하게 하고

끝없이 이어지는 찬송으로

우리 음성을 높이 들어 올립니다.

알렉산드리아의 클레멘스는 그리스 철학과 성서에 정통한 학자로서 그리스도교를 공부하고자 하는 이교도 젊은이들을 위하여 알렉산드리아에 학교를 세우고 운영하였다. 그리스도를 가리켜 '거룩한 교사'라 불렀고, 자신의 〈그리스도 송(頌)〉을 학교 교가로 삼았다.

히폴리투스

Hippolytus, 190~236

오, 하느님, 이 말세에 우리를 구원하고 가르치고자 보내주신 당신 아드님 예수 그리스도를 통하여 감사드리나이다. 그분은 당신과 분리될 수 없는 당신의 말씀이며, 당신은 그분을 통해 만물을 지으셨고 언제나 그분을 기뻐하시나이다.

당신은 그분을 하늘에서 처녀 자궁으로 내려 보내셨습니다. 그분은 거기에서 살과 뼈를 받으셨고, 당신은 우리에게 성령과 처녀 몸에서 태어난 아드님을 선물하셨습니다. 그분은 당신이 그분에게 원하신 일을 그대로 하셨거니와, 고통당할 때에는 손을 내밀어 고통 가운데서 당신을 믿는 자들을 해방하셨고, 죽을 때에는 죽음을 죽이셨고, 우리를 옥죄고 있던 악마의 사슬을 끊어버리고 그를 받쳐주던 지옥을 부수셨으며, 다시 살아나실 때에는 의로운 이들에게 빛을 비추셨고 인류에게 주는 새 언약을 밝히셨나이다.

그런즉, 우리가 그분의 죽음과 부활을 회상하며, 우리를 당신 앞에 세우시고 당신을 섬기게 해주심에 감사하는 마음으로 당신께 바치는 빵과 포도주에 성령을 내려 보내시어, 이 성찬에 참여하는 모든 자들로 하여금 당신의 진리 안에서 하나 되게 하소서.

전능하신 하느님, 우리 주 예수 그리스도의 아버님, 우리가 이 성스런 신비를 받아 모실 때 그것이 우리에게 축복이 되게 하소서. 그리스도의 몸과 피가 우리를 정죄(定罪)하는 대신, 그것을 받아 모시는 자들 모두를 고결하게 만들어줄 수 있도록 도우소서.

영원하신 하느님, 당신께는 눈에 보이지 않는 것이 눈에 보이는 것처럼 분명하고, 사람들은 당신 앞에 머리 숙여 저들의 굳은 마음과 다스려지지 않는 몸을 당신께 굴복시킵니다. 저들에게 당신의 영광스런 거처에서 복을 내려주시고 저들의 기도에 귀 기울여 주소서. 당신의 강한 손으로 붙잡아 저들을 곧추 세워주시고 저들의 사악한 열정들을 다스려주소서. 저들의 몸과 마음을 지키시어 당신의 복음을 믿는 믿음과 당신의 위엄에 대한 경외로 충만케 하소서.

예수님, 당신은 우리를 끝없는 재난에서 지켜주셨습니다.
당신 손을 우리 위에 날개처럼 펼치셨고,
우리를 사랑하신 그 이유 하나로
당신 피를 땅에 쏟으셨습니다.
우리가 받아 마땅한 진노를 돌려놓으셨고

우리를 다시 하느님과 화해시켜주셨습니다.

하늘에는 당신의 영이 있고
낙원에는 당신의 혼이 있지만
땅은 당신의 피로 젖었습니다.
부활절은 해마다 왔다가 가지만,
우리는 항상 성령의 오심을 기리고
일 년 내내 성령은 신비한 춤을 이끄십니다.
하늘에서 온 힘이 당신을 죽음에서 일으키셨고
그래서 우리 모두 당신을 뵐 수 있게 되었습니다.
모든 살아 있는 것들이 부활절에 당신을 에워쌉니다.
기쁨과 영예와 축하와 즐거움이 거기에 있습니다.

죽음의 어둠은 사라지고
모든 곳에서 생명이 되살아납니다.
하늘 문이 활짝 열리고
부활하신 예수 안에서 하느님이 당신 모습 우리에게 보여주시어
우리가 천신들처럼 그분께로 나아갑니다.
지옥문은 산산이 부서지고
부활하신 예수 안에서 죽은 자들이 모두 다시 살아나
영생의 기쁜 소식을 확인합니다.
이제 당신의 약속이 모두 이루어졌습니다.

바야흐로 땅은 노래하며 춤추고

부활절은 우리의 결혼 잔치입니다.

사랑하는 예수님, 부활절에 당신은 우리를 당신의 신부로 삼으시고

당신의 성령과 하나 됨을 선포하십니다.

거대한 결혼식장은 예복을 갖추어 입은 하객들로 가득 차 있습니다.

예복을 입지 못해서 쫓겨나는 사람은 아무도 없습니다.

당신의 신부 된 우리 손에는

향기로운 기름 가득 찬 등불이 밝게 빛납니다.

우리 영혼 안에 있는 빛은 결코 꺼지지 않을 것이며

은총의 불꽃이 우리 모두 안에서 타오릅니다.

우리를 다스리시는 그리스도님.

당신의 강한 손을 온 교회 위에,

당신을 믿는 사람들 위에 뻗어주소서.

저들을 지켜주시고 보호하시며

저들을 위하여 싸워주시고

저들을 적대하는 보이지 않는 권세들을 꺾어주소서.

우리 위에 승리의 깃발을 휘날리시어

우리로 하여금 승전의 노래를 부르게 하소서.

영원토록 우리를 다스리소서.

3세기에 만들어진, 성찬식을 위한 히폴리투스의 기도들이 20세기 예배학 전문가들에게 광범위한 영향을 미쳤다. 로마 가톨릭 미사와 영국 성공회 성찬식 모두 《사도전승*Apostolic Tradition*》이라 불리는 그의 전례를 근거로 삼았다. 한때 로마에서 사제로 교회를 섬겼으나 대박해 기간에 사르디니아로 추방당해 그곳에서 죽었다.

제노바의 카테리나

Catherine of Genoa, 1447~1510

주님, 왜 당신은 그토록 어두운 영혼을 일깨우셨습니까? 왜 당신은 끊임없이 당신한테서 도망치려는 영혼을 사로잡으셨나요? 왜 당신은 그토록 불결한 영혼을 깨끗하게 만드셨습니까?

제가 전에 가던 길을 계속 갔을 경우 제 속에 쌓여 있었을 공포를 생각하면 몸이 떨립니다. 실은 지금도 제가 마땅히 갈 곳은 지옥뿐이라는 느낌이에요. 오, 하느님, 당신 앞에 서기에는 너무나도 더럽고 추한 몸인지라, 당신한테서 숨고 싶습니다. 하지만 숨으려고 할 때마다 제 곁에 계시는 당신을 보게 되네요. 당신 아니 계신 곳이 없기 때문입니다. 눈물은 저에게 위안과 평화를 가져다주지 못합니다. 뉘우침 또한 저에게 용서받았다는 느낌을 가져다주지 못하는군요. 사랑하올 하느님, 이 죄악의 짐에서 벗어날 수 있도록 제가 받아야 할 벌을 저에게 주십시오.

❀

　주님, 저 자신을 당신께 선물로 드립니다. 이 몸으로 무얼 해야 할는지 모르겠어요. 그러니 이렇게 거래합시다. 저를 당신 손에 온전히 맡길 테니 당신의 아름다움으로 제 추함을 덮으시고 제멋대로 날뛰는 제 성질을 당신 사랑으로 길들여 주십시오. 제 안에 있는 모든 진실한 것들을 파멸시키는 제 가슴 속 거짓 열정의 불길을 꺼뜨려주시고, 저로 하여금 언제나 당신 섬기는 일로 바쁘게 해주십시오.

　주님, 무슨 특별한 징조를 저에게 주시지 않아도 됩니다. 뜨거운 감정으로 당신 사랑에 응답하고 싶은 마음도 없어요. 이전의 거짓 열정에 휩쓸려 다시 한번 추락하는 위험보다는 차라리 아무 감정도 일어나지 않는 쪽을 택하겠습니다. 당신 향한 제 사랑으로 하여금, 어떤 감정의 옷도 걸치지 않은 벌거숭이가 되게 해주십시오.

❀

　주님, 저로 하여금 저에게 닥치는 모든 아픔과 괴로움을 환영하게 해주십시오. 그것들 모두 당신이 주시는 것이니까요. 삼십육 년 전, 당신이 일깨워주신 뒤로 저는 영육 간에 고통 받기를 갈망해왔습니다. 저 스스로 고통을 바랐기에 모든 고통이 달콤하고 즐겁게 느껴졌어요. 그것들 모두 당신한테서 나오는 것임을 알았기 때문이지요. 그런데 지금은 조금

의심스럽군요. 이렇게 머리에서 발끝까지 온몸이 아프다보니 과연 이 마지막 고통을 제가 견뎌낼 수 있을는지, 망설이는 자신을 보게 됩니다. 물론 제 고통을 당신이 주관하시고, 하늘나라에 받아들여질 준비가 되었을 때 안심과 휴식을 얻으리라는 건 알고 있습니다. 그래서 이토록 아파하면서도 저는, 내가 지금 괴로움을 겪고 있다고 말할 수가 없는 겁니다. 저로 하여금 모든 것을 견딜 수 있게 해주시고, 제 가슴을 말 못할 기쁨으로 채워주십시오.

> 카테리나는 제노바 귀족 가문에서 태어나 열여섯 살 때 강제 결혼을 했다. 십 년 뒤, 남편과 함께 회심을 경험하고 도시 빈민가로 들어가 낡고 허름한 병원에서 환자들을 간호하는 데 헌신하였다. 얼마 안 되어 여자 병동을 책임지게 되었는데, 병실을 깨끗하게 청소하고 환자와 직원들이 더불어 즐겁게 살 수 있도록 환경을 조성하여 세상에 널리 알려지게 되었다. 그녀의 기도들에는 불안한 영혼들의 믿음과 고뇌가 뒤섞여 있다.

밀라노의 암브로시우스
Ambrose of Milan, 339~397

예수님, 저로 하여금 당신 발을 닦아드리게 해주십시오. 제 안에서 걸으시느라고 당신 발이 더럽혀졌기 때문입니다. 당신 발에 묻은 얼룩들 닦아내는 일을 저에게 맡겨주세요. 저의 옳지 못한 행동들이 당신 발에 얼룩을 묻혔으니까요. 하지만, 당신 발 닦아드릴 깨끗한 물을 어디서 길어 와야 하나요? 저에게 물이 없다면, 그렇다면 눈물이 있지요. 저로 하여금 제 눈물로 당신 발을 닦아드리게 해주세요. 아울러 저 자신도 닦게 해주십시오.

예수님, 당신은 법정의 시끄러운 말다툼과 관공서의 번잡한 업무에서 저를 불러내어 사제로 삼으셨습니다. 그 무렵 저는 당신을 생각하지 않고 자신의 이익만을 추구했지요. 그런데 당신은 당신과 당신의 교회를 섬기는 자로 저를 다시 빚어 만들 결심을 하셨습니다. 당신은 제 죄를 용서하셨고, 지금의 저를 만드셨습니다. 당신이 부르실 때 저는 길 잃은 영혼이었지요. 그때처럼 길 잃은 사제가 되지 않도록 저를 도와주십시오.

사제로서 제가 전에 빠져 있던 죄의 깊은 수렁을 언제나 기억하고, 그로써 아직 죄에 머물러 있는 이들을 동정하며, 당신께로 저들을 건져 올릴 수 있게 해주십시오. 그들을 나무라는 대신 그들과 함께 울고 슬퍼하게 해주세요. 경멸하는 눈으로 내려다보는 대신 그들을 위하여 울게 해주시고 그래서 그들이 저를 통해 당신의 자비를 깨닫게 해주십시오.

누구나 자기를 위해서 바라는 것 이상을 남을 위해서 바랄 수는 없는 일입니다, 주님. 그런즉 제가 죽는 날, 살아 있는 동안 가깝게 지내던 이들과 헤어지지 않게 해주십시오. 제가 있는 곳에 그들도 있게 되기를 바랍니다. 이곳 땅에서는 그들을 자주 볼 수 없지만, 하늘에서는 영원히 그들과 함께 있는 즐거움을 누리게 해주십시오. 지극히 높으신 하느님, 제가 많이 사랑한 이 아이들에게 속히 부활을 허락해주십시오.

주님은 비천한 자들을 굽어보시고 그들을 지켜주십니다. 당신을 믿어 의지하는 모든 사람을 보호해주십시오. 믿음 속에서 죽어가는 사람에게 안식을 주시고 그 영혼을 왔던 곳으로 돌려보내주십시오. 죽음의 가시가 저들을 찌르지 못하게 해주세요. 그 대신, 저들로 하여금 죽음이란 죄의 죽음이요 따라서 영생의 시작임을 깨닫게 해주십시오.

예수님, 우리를 보시는 당신 눈길이 우리를 선잠에서 일깨워 두 발로 서게 합니다. 당신 밝은 빛 앞에서 죄는 벌벌 떨다가 넘어지고, 회개하는 눈물 속으로 죄의식은 녹아버립니다. 우리의 둔한 마음 위에 빛을 비추시고 잠자고 있는 생각들을 깨워주십시오. 우리로 하여금 죄를 등지고서 회개하는 기도로 당신께 돌아가는 것이 잠에서 깨어나 맨 처음 하는 행동이 되게 하여주십시오.

예수님, 우리를 내려다보시는 당신 눈길이 우리를 편안한 잠으로 감싸주고, 우리에게 순결하고 거룩한 꿈을 보장해줍니다. 당신 밝은 빛 앞에서 죄는 벌벌 떨다가 넘어지고, 회개하는 눈물 속으로 죄의식은 녹아버립니다. 주님, 우리의 지친 마음에 평화를 주시고 고단한 사지(四肢)에 안식을 주십시오. 우리로 하여금 죄를 등지고서 당신의 자비를 구하는 기도가 잠들기 전 마지막으로 하는 생각이 되게 하여주십시오.

주 예수님, 당신은 저를 당신의 성찬이 차려진 식탁에 초대하셨습니다만, 저는 토굴에 던져지는 것이 마땅한 몸입니다. 다만, 당신의 자비와 선하심에 용기를 얻어 두렵고 떨리는 심정으로 당신 초대를 받아들일 따름입니다.

제 몸과 마음은 너무나도 많은 범죄로 더럽혀졌습니다. 제 혀와 가슴은 제멋대로 날뛰며 남들에겐 상처를 입혔고 자신에게는 부끄러움을 안겼습니다. 제 영혼은 그릇된 행실의 상처에서 피를 흘리고 제 몸은 사탄의 안방처럼 되었습니다. 심판관이신 당신 앞에 선다면 저는 영원한 형벌을 받아 마땅합니다.

하지만 저는 지금 심판관이 아니라 구원자이신 당신 앞에 나옵니다.

당신의 정의가 아니라 자비를 의지합니다. 저처럼 가련한 피조물을 내려다보실 때, 긍휼과 용서가 당신 눈에 그득하기를 바라나이다. 그리고 제가 당신 식탁에 앉을 때에는 제 안의 거룩한 영을 새롭게 하시어 감히 당신 음식을 함께 나눌 자격을 갖추게 해주십시오.

바르고 정직한 행정관으로 사람들의 존경을 받던 암브로시우스는 그리스도교로 개종한 지 얼마 안 되어 대중의 추앙을 받아 밀라노 주교로 선출되었다. 훌륭한 설교자이자 찬송 작가로 이름을 떨친 그는 짧은 기도문이 포함된 설교와 노래를 많이 남겼다.

아르주나
Arjuna, 8세기

지극히 높으신 하느님, 당신의 빛은 해보다 밝고, 당신의 순결은 산 위 눈보다 희며, 제가 가는 곳마다 당신이 계십니다.

지혜로운 사람들 모두가 당신을 찬양합니다. 저 또한, 당신의 가르침이 모두 진실인 줄 알기에 당신 말씀을 그대로 믿습니다. 하늘의 천사들도 지옥의 악마들도 당신 지혜의 온전함을 알 수 없으니, 그것이 모든 이해를 초월해 있기 때문입니다.

오직 당신 영만이 당신을 압니다. 오직 당신만이 당신의 참 당신을 압니다. 당신은 모든 존재의 근원이요, 모든 힘의 힘이며, 창조된 모든 것의 통치자십니다. 그러기에 당신이 누구인지를 오직 당신만이 아십니다.

자비를 베푸시어, 평화와 기쁨을 찾기 위해서 제가 알아야 할 것을 가르쳐주십시오. 제가 살고 있는 이 세상을 위해서 필요한 진실들을 말해주십시오.

제가 어떻게 당신을 명상해야 하는지, 저에게 필요한 지혜를 어떻게 당신한테서 배울 수 있는지, 그 방법을 일러주십시오. 당신 말씀이 저에게 생명을 주는지라, 저는 결코 당신 말씀 듣기에 고단하지 않습니다.

❋

오, 하느님. 제가 만물 안에서 당신을 봅니다. 무한 자체가 당신의 창조물입니다. 헤아릴 수 없이 많은 식물들의 피어나는 생명, 수도 없이 많은 새들의 끝없는 노래, 동물들과 벌레들의 지칠 줄 모르는 움직임, 둘러보면 보이는 데마다 당신의 흔적들입니다. 어디에서도 당신이 지으신 것들의 처음과 나중을 볼 수가 없습니다.

온 우주에 스며들어 있는 무한 아름다움을 봅니다. 당신은 우주의 왕이요, 그 아름다움은 당신의 면류관이며 홀(笏)입니다. 경외하는 마음으로 당신께 절합니다.

당신은 모든 썩지 않고 사라지지 않는 지식의 총합이요, 모든 움직임 뒤에 있는 힘이십니다. 당신이 모든 것을 설계하셨고 그것들을 돌아가게 하십니다.

해는 낮에 당신 눈이요, 달은 밤에 당신 눈입니다. 바람은 당신 숨결이요 기름진 황토는 당신 심장입니다.

당신 힘으로 모든 것이 창조되고 당신 힘으로 모든 것이 소멸됩니다. 생사가 당신 손에 달렸습니다. 당신 능력을 생각할 때 놀라움으로 몸이 떨립니다.

강물이 바다로 흘러가듯, 골짜기 따라 길이 흐르듯, 우리는 삶을 통해 죽음으로 흐르고 우리 운명은 당신 뜻에 따라 정해져 있습니다.

주님, 당신을 저에게 보여주십시오. 당신의 미움 아닌 사랑이 세상을 움직이고 있음을 보여주십시오. 당신의 분노 아닌 자비가 제 인생을 인도하고 있음을 보여주십시오. 당신이 하시는 일의 신비를 모두 알게 해달라는 것은 아닙니다. 다만, 당신의 선하심을 확인하고 싶을 따름입니다.

고대 북인도 왕 파두의 아들로 태어나 위대한 전사가 된 아르주나는 아버지 군대를 이끌고 많은 전쟁에서 승리했다. 인도의 대서사시 《마하바라타》의 주인공들 가운데 하나로, 여기 수록된 기도문들은 신의 화신인 크리슈나와 나눈 대화에서 뽑은 것들이다. 큰 전쟁을 앞두고 이루어진 크리슈나와 아르주나의 대화 내용이 《바가바드기타》를 이루고 있다.

카를 바르트
Karl Barth, 1886~1968

오, 우리 왕이요 구원자이신 주님! 우리로 하여금 이 성탄절 축제를 빗나간 생각들로 치르지 말고 당신 말씀과 약속과 명령을 받아들이는 열린 마음으로 치르게 해주십시오. 우리의 불평과 의심, 잘못과 실수, 고집과 반항은 오늘 같은 기쁜 날에도 스스로를 곤란하게 만들 것입니다. 하지만 오늘 당신의 탄생을 기뻐하면서, 우리를 있는 그대로 받아주시기를 간절히 바랍니다. 또한 우리로 하여금, 당신의 능력을 힘입어, 당신이 몸소 그러셨듯이, 세상의 가난하고 비천한 이들 가운데 자신을 세우도록 도와주십시오.

당신 앞에서, 괴롭고 어지럽고 몸과 마음에 병들어 있고 생필품조차 없는 형제와 자매들을 기억합니다.

당신 안에서 천주교와 개신교가 해방의 복음을 함께 기쁨으로 선포하게 되기를, 그리하여 세상의 소금 노릇을 제대로 하게 되기를 바랍니다.

우리로 하여금 착한 성탄절을 보내게 도와주십시오. 반짝이는 성탄 장식 불빛 너머로 밝아오는 당신의 영원한 빛을 바라보게 해주십시오.

오, 주님, 우리 아버님! 우리가 오늘 설날을 맞아 혼자 있고 싶지 않아서, 여럿이 당신과 함께 있고 싶어서, 지금 여기 이렇게 모였습니다. 지난 해에 저지른 잘못들을 생각하면 가슴이 답답하고 침울합니다. 그리고 우리 귀는 신문과 방송들에서 새해를 예고한다며 만들어내는 이런저런 소리들로 멍해져 있습니다. 그런 소리 말고요, 당신의 음성, 당신의 말씀, 당신의 약속, 당신의 안내를 우리는 듣고 싶습니다. 당신이 우리 가운데 계시면서, 우리가 원하든 원하지 않든 상관없이, 우리에게 필요한 것을 주고 싶어 하신다는 사실을 잘 압니다. 오늘 밤 우리가 바라는 것은 한 가지밖에 없어요. 우리의 흩어진 마음들을 수습하시어, 우리를 괴롭히는 온갖 어지럽고 사악한 생각들을 제하여주시고, 그리하여 우리에게 베푸시는 당신의 무한 자비와 은총에만 마음을 모을 수 있도록 해주십시오.

당신은 작년 한 해 동안 우리에게 넘치는 은혜를 내려주셨습니다. 새해에도 그러시고 내년에도 그러시겠지요. 당신께 바치는 감사로 이 밤, 우리를 가득 채워주십시오.

오, 주 하느님, 우리 아버님. 당신은 꺼질 수 없는 빛이요, 지금 우리에게 모든 어둠을 몰아낼 빛을 주십니다. 당신은 차갑게 식을 수 없는 사랑이시요, 우리 가슴에 따뜻함을 주시어 만날 때마다 서로 사랑할 수 있게 해주십니다. 당신은 죽음을 꺾는 생명이시요, 우리에게 영생으로 가는 길을 열어주십니다.

우리 가운데 아무도 위대한 그리스도인은 없습니다. 모두가 평범한 보통사람들이에요. 그러나 당신의 은혜는 우리 모두에게 조금도 모자라지 않습니다. 우리가 우리 안에서 만들어낼 수 있는 작은 기쁨과 감사들을 불러일으켜, 우리가 조정할 수 있는 수줍은 믿음으로, 우리가 거절할 수 없는 조심스런 복종으로, 마침내 당신 아드님의 죽음과 부활을 통해서 우리에게 주고자 마련하신 온전한 삶으로까지, 차츰차츰 자라게 해주십시오.

우리 가운데 누구도 부활절의 놀라운 영광에 무심하거나 냉정한 상태로 머물러 있지 않게 하시고, 부활하신 우리 주님의 빛이 어두운 우리 가슴 구석구석을 비추게 해주십시오.

카를 바르트는 20세기 가장 영향력 있는 개신교 신학자로서 예수 그리스도 안에서 계시된 하느님의 초월성은 인간의 이성으로 파악될 수 없다고 주장했다. 평생을 학문과 나치스운동 반대에 바쳤다. 향기롭고 달콤한 말년을 고향인 스위스 바젤에서 보내며 통렬한 설교를 잇달아 했는데, 설교마다 기도로 마감된다.

장 칼뱅
Jean Calvin, 1509~1564

간밤에 잠든 저를 지켜주시고 오늘 새날을 맞게 하시는 아버지요 보호자이신 하느님, 이 하루를 온전히 당신 섬기는 데만 쓰게 하소서. 당신 뜻을 따르는 일이 아니면 아무리 사소한 일이라도 생각하거나 말하거나 행하지 말게 하시고, 저의 모든 행위가 당신 영광을 기리고 형제들 구원 하는 일에만 집중되게 하소서. 당신이 기뻐하시지 않을 만한 일은 시도 조차 하지 말게 하시고, 오직 당신의 은총과 선하심 안에서만 행복을 추구하게 하소서. 또한 이 세상에 살면서 필요한 물건을 사기 위하여 노동을 할 때에도, 당신의 모든 자녀에게 약속하신 하늘나라의 삶으로 끊임 없이 제 마음을 끌어올리게 하소서.

아버지요 구원자이신 우리 하느님, 사는 데 필요한 것들을 채우기 위하여 일할 것을 명령하셨으니 우리 노동을 축성하시어, 그것이 우리 육신뿐만 아니라 영혼도 먹여 살리게 하소서. 당신 빛으로 안내받고 당신 손에서 힘을 얻지 못하면 아무리 애써서 일해도 모두 허사임을 일깨워주소서. 당신이 저희 각자에게 선물로 주신 특별한 임무에 충실하되 다른 사람들이 하는 일을 샘내거나 넘보는 일은 없게 하소서.

가난한 이들에게 필요한 것을 채워주려는 착한 마음을 주시되, 도움을 받는 이들 위에 우쭐거리며 올라서려는 마음일랑 한 오라기도 품지 않게 하소서. 그리고 혹시 우리를 더욱 심한 가난으로 데려가시려거든 마음으로 저항하거나 후회하지 않게 하시고, 오히려 겸손하고 감사한 마음으로 남들의 후원을 받아들이게 하소서. 무엇보다도, 우리가 받는 모든 일상속의 은혜가 영원한 은혜와 연결되어서 영과 육으로 당신의 영광을 바라보며 살게 하소서.

모든 지혜와 배움의 원천이신 주님, 주님은 정직하고 성결하게 살아가기 위하여 필요한 기술들을 배워 익히는 데 저의 젊은 날들을 쓰도록 허락하셨습니다. 제 머리를 깨우쳐주시어, 필요한 지식을 얻게 하소서. 배운 것들을 제대로 활용할 수 있도록 건강한 기억력을 저에게 주소서. 제 마음을 다스리시어, 언제 어디서나 배우는 일에 열심을 내고 부지런하게 하소서. 그리고 당신의 진리와 분별과 신중함의 영으로 저를 이끄시어, 제가 배운 바 모든 것이 어떻게 세상을 위한 당신의 거룩한 계획과 부합되는지를 깨달아 알게 하소서.

모든 좋은 것들을 주시는 주님, 지금 우리 앞에 있는 먹을 것과 마실 것을 인하여 감사하는 마음으로 우리를 채우소서. 음식을 먹되 허겁지겁 배만 채우지 말고, 침착하고 검소하게 먹어서 당신 섬기는 데 필요한 기운을 얻는 것으로 그치게 하소서. 육신을 지탱하기 위한 밥을 먹는 즐거움이 우리 영혼을 살게 하는 진리의 밥을 먹는 기쁨에 견주어 아무것도 아니게 하소서.

하느님 우리 아버지, 끊임없이 내리시는 은총에 감사드립니다. 살아가는 데 필요한 먹을 것과 마실 것을 받으면서 당신이 우리 육신을 얼마나 빈틈없이 돌봐주시는지 보게 됩니다. 또한, 당신 아드님의 생명과 가르침을 받으면서 당신이 우리 영혼을 얼마나 사랑하시는지도 보게 됩니다. 방금 우리가 맛있게 먹은 식사로, 당신의 거룩한 말씀을 먹는 모든 사람에게 약속하신 영원한 기쁨을 상기(想起)하게 하소서.

오, 주님, 밤에 휴식을 우리에게 주시는 하느님. 잠자는 동안 제 영혼이 당신께 깨어 있으며 당신 사랑에 붙잡혀 있기를 기도합니다. 마음의 근심을 내려놓고 쉴 때에도, 도무지 쉴 줄 모르는 당신의 보살핌을 잊지 않게 하소서. 그래서 제 양심이 평안을 누리고, 내일 다시 일어날 때, 몸과 마음과 영혼이 새 기운으로 충만하게 하소서.

칼뱅은 제네바에서 종교개혁운동을 주도했으며, 자신이 해석한 성서적 원리에 따라 종교계와 정치계를 통치했다. 그의 영향력은 네덜란드와 스코틀랜드로 급속히 확산되었고 잉글랜드의 청교도들은 그의 가르침을 대폭 수용하였다. 현실에서 실천되지 않는 신앙은 가치가 없다는 그의 확신이, 제네바 평민들을 위해 만든 《매일기도문》에 그대로 반영되어 있다.

베르나르 드 클레르보

Bernard de Clairvaux, 1090~1153

주님, 당신의 선하심을 우리에게 나타내시어, 당신의 형상으로 만들어진 우리로 하여금, 그대로 본받게 하소서. 우리 힘만으로는 당신의 위엄과 능력과 놀라운 일들을 모방할 수가 없습니다. 아니, 모방하려는 것 자체가 무리입니다. 하지만, 당신의 은총이 저 하늘에서 구름을 뚫고 이 땅에 내려와 닿습니다. 당신은 어린 아기로 오셔서 가장 큰 선물인 영생을 우리에게 주십니다. 당신 그 작은 손으로 우리를 어루만져주시고, 당신 그 작은 팔로 우리를 안아주시고, 당신 그 보드랍고 달콤한 울음으로 우리 가슴을 찢어주십시오.

아름다운 주님, 저로 하여금 천사들이 돌봐주는 당신께로 빨리 달려가게 해주십시오. 어디로 가시든지 따라가겠습니다. 불길을 뚫고 가신다 해도 망설이지 않겠어요. 당신이 저와 함께 하시면 악마도 겁나지 않습니다. 당신은 저를 위하여 슬퍼하시고, 그렇게 제 슬픔을 몸소 지고 가십니다. 당신은 죽음에서 생명으로 가는 문을 통과하셨고, 그렇게 해서 뒤따르는 자들이 모두 통과하도록 그 문을 넓히셨습니다. 이제 그 무엇도, 그 누구도, 저를 당신 사랑에서 떼어놓지 못합니다.

당신은 우리에게 사람이 자기 벗들을 위하여 목숨을 내어놓으면 그보다 큰 사랑이 없다고 가르치셨습니다, 주님. 하지만, 당신은 벗들이 아니라 원수들을 위해서 목숨을 내어놓으셨으니, 당신의 사랑은 그보다 더 크십니다. 당신은 우리가 아직 원수 사이였을 때 당신의 죽음으로 우리를 당신께 화해시키셨지요. 이보다 큰 사랑, 이보다 클 수 있는 사랑이 어디 있겠습니까? 당신은 불의한 자들을 위하여 불의한 고통을 받으셨습니다. 죄 많은 자들을 위하여 죄인들 손에 죽으셨고, 억눌리는 자들을 해방하고자 억누르는 자에게 종이 되셨습니다.

주님, 당신은 새 삶으로 건너가셨고 이제 우리에게도 건너오라고 하십니다. 지난 며칠 동안 우리는 당신의 수난을 슬퍼하였고 당신의 죽음에 울었습니다. 우리 자신을 회개와 기도, 절제와 금욕에 넘겨주었지요. 이 부활절 아침, 당신은 우리가 죄에 대하여 죽었다고 말씀하십니다. 그런데, 정말 그렇다면 어떻게 우리가 땅 위에 남아 있는 것입니까? 여기 세상에 있으면서 어떻게 당신의 다시 살아나신 삶으로 건너갈 수 있는 건가요? 과연 우리가 예전의 게으르고 이기적이고 괜히 여기저기 참견하는 버릇을 청산할 수 있겠습니까? 툭하면 성질부리고 고집 세우던 지난날의 모든 패륜에서 과연 벗어날 수 있을까요? 비나니, 당신과 함께 건너갈 때 결코 뒤돌아보지 않게 해주십시오. 그 대신, 우리로 하여금, 당신처럼, 이 땅에 하늘나라를 세우게 해주십시오.

✾

당신의 솔기 없는 예복을 완성하고자, 우리 신앙을 완성시키고자, 당신은 사도들이 보는 앞에서 공중을 뚫고 하늘에 오르셨습니다. 그렇게, 당신이 만유의 주님이시요 모든 창조의 완성이심을 보여주셨지요. 그래서 바로 그 순간부터 모든 사람과 모든 살아 있는 것들이 당신 이름 앞에 몸을 굽히게 되었습니다. 그리고 믿음의 눈으로 우리는 모든 피조물이 당신의 위대하심 찬양하는 것을 볼 수 있게 되었습니다.

✾

오, 주님. 이 모든 예배의식과 장엄한 형식들이 저에게 무슨 소용입니까? 저는 십자가에 달리신 당신을 뵙지 못했습니다. 당신의 고통을 나누거나, 당신을 좇아 무덤까지 가거나, 제 눈물로 당신 상처를 씻어드린 일도 없습니다. 땅에서 당신은 한번도 저를 만나주지 않으셨고, 하늘로 오르실 때에도 저에게 잘 있으라고 말씀하지 않으셨지요. 저는 당신의 첫 번째 강림을 뵙지 못했고 그래서 제 영혼은 비통하고 슬픕니다. 그러나 당신이 가셨을 때와 똑같은 방식으로, 왕 중 왕으로, 돌아오실 것이라는 천사들의 말이 저에게 위안을 줍니다. 처음 베들레헴으로 오셨을 때 당신은 가난하고 비천한 몸이셨습니다. 다시 오실 때에는 당신의 옹근 영광과 권능이 모두 드러나겠지요.

예수님, 당신을 생각만 해도 이렇게 달콤합니다. 당신은 제 가슴을 기쁨으로 가득 채우십니다. 당신 사랑이 꿀보다 더 답니다. 당신보다 더 달콤한 것을 묘사할 수 없고, 어떤 말로도 당신 사랑의 기쁨을 표현할 수 없습니다. 몸소 당신 사랑을 맛본 사람만이 그것을 알 수 있겠지요. 사랑 안에서 당신은 저의 기도를, 비록 그 바라는 것들이 어린애처럼 유치하고, 그 언어가 뒤죽박죽이고, 생각하는 바가 어리석어도, 모두 귀담아 들으십니다. 그리고 언제나 쓴 비참만을 안겨줄 뿐인 저의 잘못된 욕망들에 따라서가 아니라, 저에게 달콤한 기쁨을 가져다주는 저의 진짜 필요에 따라서, 응답해주십니다. 고맙습니다, 예수님. 당신 자신을 저에게 주셔서 고맙습니다.

시토 수도회 중심인물이기도 한 베르나르는 엄격한 금욕주의자로서 십자군을 수호하면서 이교도를 척결하는 데 열심이었다. 하지만 그의 과격한 행위들 뒤에는 그리스도교 주요 축제들에 사용된 조용하고 신비스런 설교와 기도들이 있었다.

에드워드 벤슨

Edward Benson, 1829~1896

제가 한 어떤 일이 아니라,
영원 전부터 예수 그리스도를 통해
우리에게 베푸신 은총과
당신의 섭리에 따라서
거룩한 부르심으로 저를 부르신 아버님,
하느님의 사람인 저로 하여금
모든 속세의 탐욕을 비우고
의와 경건과 믿음, 사랑, 인내를 좇아
믿음의 선한 싸움을 싸우고
참된 삶을 살아가게 하소서.
믿음과 사랑의 넘치는 은혜를 베푸시는 주님,
저로 하여금 모든 것을 깨닫게 하소서.
특히 저에게 주교 직분을 맡기시어
하느님의 교회를 보살피게 하셨으니
저에게 내리신 선물을 잊지 말고
주교관 직원들의 도움을 받아
제대로 잘 활용하게 하소서.
오, 하느님, 당신께서는 우리에게

두려움이 아니라 사랑과 힘과

훈련의 영을 주셨나이다.

저로 하여금 건방지게 우쭐거리거나

악마의 유혹에 걸려 넘어지지 않게 하시고

오히려 흠 없고 온후하고 침착하고

질서 바르게 처신하며

나그네들을 사랑하고

착한 사람들을 아끼고

잘 참고 부드럽고 담대하여

사람들을 제대로 가르칠 수 있게 하소서.

남들과 겨루기 좋아하고

돈을 좋아하는 자가 되지 않게 해주시고

제 집안을 잘 다스리게 하소서.

오, 살아 활동하시는 하느님의 말씀님,

영과 혼을 쪼개고

살과 뼈를 발라내기까지

이 몸을 속속들이 통찰하시어,

겉으로만 바르고 의젓해보이는

육신의 근사한 쇼를 할 마음조차 먹지 못하도록,

제 마음속 생각과 의도를 드러내주소서.

저로 하여금 십자가 말고는,

세상을 향하여 십자가에 달리는 것 말고는,

다른 아무것으로도 영광을 삼지 말게 하시고

실은 아무것도 아니면서 뭔가 된 줄로 생각하여

자기 자신을 속이지 않게 하소서.

저에게 맡겨진 일을 제대로 하게 하시고

어리석은 사람들이 모르고 하는 짓에 대하여는

침묵하되, 제대로 살아가는 이들에게는

선한 도움의 손길을 펼치게 하소서.

제 영혼이 착한 일에 피곤하거나

지치지 않게 하시며,

온순한 지혜로 잘 살아가는

그것이 곧 저의 일임을 사람들에게 보여주고,

위로부터 내리시는 순결한 지혜를

헤아려 알아볼 수 있게 하소서.

그리하여 변덕스럽지 않고 속이지 않고,

평화롭게, 다정하게, 다루기 쉽게

자비와 선한 열매들로 가득 찬 사람이 되게 하소서.

평화를 이루기 위해서 일하는 가운데

평화를 씨 뿌려 정의를 거두게 하시고

사람들에게 서로 사랑하면서 착하게 살라고

격려하되, 사람을 즐겁게 하려고 말하거나

한 입으로 두 말 하거나

여기서는 이랬다 저기서는 저랬다 하거나

뜻했든 뜻하지 않았든,

알고서 그랬든 모르고서 그랬든,

함부로 혀를 굴려 오염된 말을 하지 않게 하소서.

바르고 건전한 교리로 사람들을 양육하고

독서와 옛 어른들의 훈계에 마음을 모아

저 자신을 경건으로 단련하게 하시며,

사람들 사이에서

그리스도 예수와 그분의 십자가 말고는

아무것도 아는 게 없는 사람이 되게 하여주소서.

벤슨은 위엄 있고 어떤 점에서 위압적이기까지 한 캔터베리 대주교였다. 하지만 그가 죽고 나서 3년 뒤에 미망인이 편집하여 출판한 개인 기도문들에는 사목자로서의 겸손하고 자기 비판적인 모습이 돋보인다.

엘리자베스 카테츠

Elizabeth Catez, 1880~1906

오, 공경하올 아버님, 저 자신을 온전히 잊어서 당신만을 생각하고, 그리하여 이미 영원 속에 들어와 있는 것처럼 평화로울 수 있도록 저를 도와주소서. 변함없으신 하느님, 그 무엇도 저의 평화를 어지럽히거나, 저로 하여금 당신을 떠나도록 만들지 못하게 하시고, 매순간이 저를 데리고 당신의 깊은 신비로 들어가게 하소서. 제 영혼을 당신의 하늘, 당신의 거처, 당신의 침상으로 만드소서. 저로 하여금 그곳에 당신을 혼자 두고 떠나지 않게 하시며 온전히 당신과 함께 있고, 온전히 당신을 믿고, 온전히 당신을 지켜보고, 온전히 당신을 공경하고, 온전히 당신께 복종하도록 도와주소서.

오, 사랑으로 십자가를 지신 그리스도님, 당신 품에 안기는 신부가 되고 싶습니다. 눈부신 영광으로 당신을 덮어드리고 싶습니다. 당신 위해 죽기까지 당신을 사랑하고 싶습니다. 하오나 저는 너무 미약합니다. 그러니 저를 당신으로 옷 입혀주시고, 저를 사로잡아주시고, 저를 소유하시고, 저를 당신으로 대체하시어 제 인생을 당신의 인생으로 삼으소서. 저의 모든 행동이 당신 영의 움직임이게 하소서. 저에게 회복하는 이로, 구원하는 이로 오소서. 영원한 말씀님, 날마다 당신 말씀 듣고 당신한테 배우는 일로 그날 하루를 보내고 싶습니다. 그런 다음, 밤마다 당신을 응시하고 당신의 따스한 볕을 쬐고 싶습니다.

오, 모든 것을 불태우는 사랑의 성령님, 저에게 오시어 영원한 말씀의 또 다른 화육(化肉)으로 다시 만들어주소서. 그리하여 저의 인간됨이 그리스도의 인간됨으로 바뀌어 아버지의 신비를 세상에 드러내게 하소서. 그렇게 저를 그리스도의 사람으로 바꿔주시면 그분의 아버님이 저의 아버님으로 되시겠지요.

오, 저의 모든 것이신 삼위일체님, 당신은 그 안에서 제가 저를 잃어버릴 수 있는 광대함이요, 거기에 제가 굴복할 수 있는 전능이요, 그 안에 저를 묻을 수 있는 거룩한 바닥이요, 영원토록 제가 바라볼 수 있는 한없이 아름다운 빛이십니다.

엘리자베스 카테츠는 십대 소녀였을 때 수녀로 살고 싶어 했다. 그래서 스물한 살에 프랑스 디종 부근 카르멜 수녀원으로 들어갔다. 그녀는 그리스도께 자기를 모두 바치는 한 수녀의 헌신이 세상에 사랑을 내뿜어, 어둠 속에서 외로이 살아가는 사람들에게 빛을 비춘다고 믿었다.

리처드 챌로너
Richard Challoner, 1691~1781

오, 나의 하느님. 제가 당신을 믿습니다, 저의 믿음을 강하게 해주십시오. 제 모든 희망들이 당신께 있습니다, 그것들을 보증해주십시오. 제 마음을 다하여 당신을 사랑합니다, 날마다 더욱더 당신을 사랑하도록 가르쳐주십시오. 당신의 뜻을 거역해서 죄송합니다, 제 슬픔을 키워주십시오.

저의 처음 시작인 당신을 공경합니다. 저의 마지막 끝인 당신을 흠모합니다. 저에게 한결같이 은혜를 베푸시는 당신께 감사드립니다. 저의 최고 보호자이신 당신을 부릅니다.

오, 나의 하느님. 당신 지혜로 저를 지휘하시고, 당신 정의로 저를 제어하시며, 당신 자비로 저를 위로하시고, 당신 힘으로 저를 지켜주십시오.

저의 생각과 말과 행동과 괴로움을 모두 당신께 바쳐서 이제부터는 당신을 생각하고 당신을 말하고 당신의 영광만을 위하여 행동하고 그리고 당신이 허락하시는 모든 괴로움을 기꺼이 받아들일 수 있기를 간절히 바랍니다.

주님, 제가 하는 모든 일에서 당신 뜻을 당신 방법으로 이루십시오. 그것이 바로 당신의 뜻이니까요.

제 이해력을 밝게 해주시고, 제 뜻을 눌러주시고, 제 몸을 순화(純化)시켜주시고, 제 영을 성화(聖化)시켜주십시오.

오, 나의 하느님. 저에게 힘을 주시어, 공격하는 자들을 사해주고, 유혹하는 자들을 물리치고, 제 욕정을 굴복시키고, 제 신분에 어울리는 덕목들을 갖추게 해주십시오.

당신의 선하심을 사모하는 마음, 자신의 허물들을 미워하는 마음, 이웃을 사랑하는 마음, 세상을 경멸하는 마음으로 제 가슴을 채워주십시오.

윗사람들에게 순종하기, 아랫사람들 보살피기, 벗들에게 신의를 지키기, 원수들에게 너그럽기를 언제나 잊지 않고 기억하게 해주십시오.

금욕으로 감각을, 관대함으로 탐욕을, 온유로 분노를, 헌신으로 미지 근함을 극복하게 도와주십시오.

오, 나의 하느님. 하는 일에 신중하고, 위험한 상황에서 담대하고, 괴로움을 겪을 때 잘 견디고, 번창할 때 겸손한 사람으로 저를 만들어주십시오.

기도할 때에는 간곡하게 기도하고, 밥 먹을 때에는 절제하면서 조금 먹고, 맡은 일은 부지런히 성실하게 하고, 결심한 것은 한결같이 지켜나가는 사람이 되게 해주십시오. 양심은 언제나 바르고 순수하며, 겉모습은 유순하고, 대화는 정직하고 간결하게 할 수 있도록 저를 도와주십시오.

저를 붙들어주시어, 자신의 본성을 극복하고자 끊임없이 애쓰고, 받은 바 은혜에 어울리는 처신을 하고, 당신의 명령을 잘 지키고, 자신의 구원을 위해서 일하게 하여주십시오.

오, 나의 하느님. 저에게 아무것도 아닌 이 세상과 끝없이 거대한 하늘나라, 짧은 시간과 시작도 마침도 없는 영원을 아울러 보여주십시오.

저로 하여금, 죽음을 준비하고, 당신의 심판을 두려워하고, 지옥을 피하고, 마침내 하늘나라로 들어가게 하여주십시오.

챌로너는 개신교 아버지와 천주교 어머니 사이에 태어나 두에(Douai)에서 교수로 재직 중 신부수업을 받았다. 1730년 일 때문에 런던으로 갔는데, 천주교회가 전체적으로 수상하게 여겨지는 시대 상황이었지만 대중으로부터 정신적 지도자로 명망을 얻었다. 1741년에는 주교로 선출되었고 마침내 잉글랜드 천주교회 수장이 되었다. 그는 사제들과 평신도가 모두 깊은 차원의 영성생활에 들어가기를 원했고, 그런 목적으로 많은 책과 소책자를 만들었다. 그중에서도 살레의 프란체스코의 가르침에 바탕을 둔 영적 교훈과 기도문들을 모아 편집한 《영혼의 정원 *The Garden of the Soul*》
이 가장 널리 읽혔다.

카르타고의 키프리아누스

Cyprian of Carthage, 200년경~258

주님, 우리가 목소리를 합하여 정직한 마음으로 당신께 기도합니다.
당신께 아무 관심조차 없는 비천한 자들과 당신 앞에 똑바로 서 있는 성
인들 사이에 처하여, 한숨과 눈물로 호소합니다.

우리에게 곧 오시어 어둠에서 밝음으로, 억압에서 자유로, 슬픔에서
기쁨으로, 다툼에서 평화로 이끌어주소서. 우리 삶에 일어나는 비바람과
폭풍우를 물리치고 부드러운 고요 속으로 들어가게 하소서.

아버지가 자식들을 보살피듯이 우리를 보살펴주소서.

오, 하느님. 교회의 적들이, 당신의 명예를 더럽히고자, 잔인한 행위로
끊임없이 당신을 자극하고 있음을 우리는 압니다. 제발 비나니, 저들의

거친 마음을 온유하게 길들여 주십시오. 저들의 격정을 억제하시고 저들의 영혼에 평안을 가져다주십시오. 저들로 하여금 자기네 죄로 말미암아 생긴 구름으로 어두워진 마음을 돌이켜, 당신의 용서의 밝은 빛을 향하게 하소서. 지금 저들은 당신을 충실하게 따른다는 이유 하나로 우리의 피에 목말라 있는데, 오히려 우리의 사랑과 기도에 목마르게 하소서.

주님, 무서운 박해의 때를 맞아, 당신이 우리 기도를 절박하게 들으시고 응답해주실 줄 우리는 믿습니다. 온 마음으로 기도합니다. 복음을 끝까지 지키며, 죽는 순간까지 당신 이름을 부를 수 있도록, 우리에게 용기를 주십시오. 그러면 우리가 온전한 영으로 세상의 올가미를 벗어나겠고, 세상의 어둠 위로 솟아올라 당신의 영광스런 빛으로 들어가겠습니다.

여기서 우리가 사랑과 평화로 하나 되어 함께 모든 박해를 견뎌냈듯이, 하늘 왕국에서 함께 기뻐하게 하소서.

키프리아누스는 부유한 이교도 집안에 태어나 정치인으로 화려한 경력을 쌓다가 돌연 그리스도교로 개종하였다. 이태 뒤 카르타고의 주교로 선출되었고, 공중예배에 사용할 기도문들을 만들었다. 무서운 박해가 계속되던 시기에 교회를 섬기다가 결국 순교했다.

요크의 앨퀸
Alcuin of York, 735~804

주 예수 그리스도님, 당신의 자비로 우리 식탁을 넓혀주시고, 우리에게 베푸신 좋은 것들을 당신의 부드러운 손으로 축성해주십시오. 우리에게 있는 모든 것이 넉넉한 당신 가슴에서 오는 줄 우리는 압니다. 모든 좋은 것이 당신께로부터 오기 때문이지요. 그래서 우리는 음식을 먹을 때마다 당신께 감사드리지 않을 수 없습니다. 이 모든 것을 당신께로부터 받았으니 우리 또한 너그러운 손으로 빵을 떼어 가난한 이들과 나누게 해주십시오. 우리가 가난한 이에게 무엇을 주면 곧 당신께 드리는 것이라고 주님은 말씀하셨습니다.

오, 무용(武勇)의 주군(主君), 우리의 전사(戰士), 우리의 평화이신 영광의 임금님. 당신 부하들인 우리를 통하여 세상에서 승리를 취하소서. 당신 없이 우리는 아무 일도 못합니다. 당신의 자비가 우리를 앞서고 우리를 뒤따르며 처음부터 나중까지 언제나 우리 곁에 있기를 소원합니다. 우리가 하는 일에서 당신 뜻을 이루소서. 당신은 우리의 구원이요 영광이며 기쁨입니다.

빛의 샘, 빛의 근원이여
우리 기도를 들으소서.
우리한테서 죄의 그늘을 치워주시고
친절한 빛이여, 우리를 찾아주소서.

성스러움 가운데서 우리를 지으시고
우리 죄를 심판하시고
우리를 죄에서 구원하신
당신 힘으로, 우리를 붙들어주소서.

하루의 수고가 끝이 나고
이제 안전한 집에서 쉬게 되었습니다.
이 집을 당신 집으로 삼으시고
당신 은총으로 우리를 지켜주소서.

해는 대지 아래로 떨어졌고
어둠이 이곳을 덮었습니다.
창조되지 않은 당신 빛으로
우리의 어둡고 고단한 영혼을 비추소서.

당신 부드러운 빛을 흐릿한 우리 마음에 부으시어
우리 머리를 거룩한 생각들로 가득 채우시고,
당신 환한 빛을 차가운 우리 가슴에 부으시어
우리 중심에 성스런 사랑을 점화하소서.

우리가 잠자는 동안
공포와 탐욕과 불안에서 지켜주시고
만일 잠들지 못하거든
우리 눈으로 당신의 하늘 성체를 뵙게 하소서.

　그리스도님, 어찌하여 이 땅에 전쟁과 학살을 허용하십니까? 무고한
사람들이 잔혹하게 박해당하는 것은 무슨 감추어진 심판입니까? 모르
겠습니다. 다만 저에게 확실한 것은 당신 백성이 하늘에서 평화를 얻으
리라는 것과 그곳에서는 아무도 전쟁을 일으키지 않으리라는 것뿐입니
다. 황금이 불로 순화(純化)되듯이 육신의 시련으로 영혼이 맑아져서, 저
밤하늘 별들을 넘어, 당신의 하늘나라에 받아들여질 준비를 갖추게 하
소서.

사랑하올 하느님, 이곳 땅에서 당신은 끊임없이 우리를 변화시키십니다. 때로 우리는 당신을 피하여 거친 광야로 도망가고 싶어 합니다만, 땅의 죽어가는 것들 말고 하늘의 영원한 것들을 사랑하는 법을 배우게 해주십시오. 시간이 흐르면 모든 것이 바뀌는 줄 알고 있습니다. 당신의 은총으로 우리 안에서 일어나는 모든 변화가 우리를, 모든 시간이 끝나는 곳인 당신의 하늘나라에 합당한 자로 되게 하기를 기도합니다.

요크 대성당 학교에서 배우기도 하고 가르치기도 한 앨퀸은 샤를마뉴의 종교자문이 되었다가 뒤에 투르(Tours) 대성당 대사제로 발탁되었다. 거기서 많은 시와 기도문을 작성했는데, 여러 세기 동안 공중예배에서 애용되어 왔다.

리처드 백스터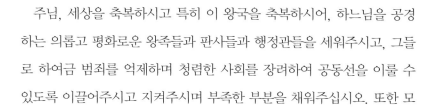
Richard Baxter, 1615~1691

주님, 세상을 축복하시고 특히 이 왕국을 축복하시어, 하느님을 공경하는 의롭고 평화로운 왕족들과 판사들과 행정관들을 세워주시고, 그들로 하여금 범죄를 억제하며 청렴한 사회를 장려하여 공동선을 이룰 수 있도록 이끌어주시고 지켜주시며 부족한 부분을 채워주십시오. 또한 모든 교회를 축복하시어 하느님과 백성의 영혼을 뜨겁게 사랑하는 능력 있고 경건하고 성실한 목사들이 일할 수 있게 해주십시오. 모든 나라와 교회를 포악한 군주들과 거짓말쟁이들과 악의를 품은 적들로부터 구원해주십시오. 그리고 지배를 받는 자들도 사랑과 평화 안에서 제대로 복종하며 살게 해주십시오. 가정마다 축복하시어 경건한 가장들이 자녀와 하인들을 조심스럽게 가르치고 그들을 범죄와 유혹에서 지켜내게 해주십시오.

✼

지극히 자비로우신 하느님, 우리에게 그리스도를 주시고 아울러, 살아가는 데 필요한 모든 것을 주신 하느님, 이 식탁에 차려진 음식을 당신의 풍성한 선물로 고맙게 받습니다. 우리가 당신을 활기차게 섬길 수 있도록, 이것들을 축성하시어 우리의 여린 몸에 영양소가 되고 힘이 되게 해주십시오.

엄격한 청교도였던 백스터는 키더민스터에서 20년간 목사로 일했다. 지치지 않고 사람들에게 헌신한 결과, 깊고 난해한 설교에도 불구하고 많은 회중이 그에게 모여들었다. 크롬웰을 존경했지만 영국 왕 찰스 1세를 처형하는 데 공개적으로 반대했다. 왕권은 하늘이 내리는 것이라고 믿었기 때문이다. 그러면서 찰스 2세 때, 감독들이 너무 많은 재물과 권력을 소유하는 데 반대하여 감독직을 거절했다. 그가 쓴 소책자 《거룩한 생활을 위한 지침Instruction for a Holy Life》에는 청교도 정신이 짙게 배어 있는 기도문들이 들어 있다.

아버지, 당신 아들 예수를 통하여
우리에게 알려주신
당신 종 다윗의 거룩한 포도나무를 인하여
감사드리나이다.

세세토록 영광이 당신께.

아버지, 당신 아들 예수를 통하여
우리에게 주신
생명과 지식을 인하여
감사드리나이다.

세세토록 영광이 당신께.

한때 여러 산들 위에 흩어졌던
이 빵의 성분들이
한데 모여 하나를 이루듯이,
땅 끝에서 모여온 이 사람들로 하여금

거룩한 교회를 이루어
당신 나라로 하나 되게 하소서.

거룩하신 아버지,
우리 가슴에 새겨주신 당신의
거룩한 이름을 인하여 감사드리나이다.
또한, 당신 아들 예수 그리스도를 통하여
우리에게 보내신 지식과 믿음과
영원불멸을 인하여 감사드리나이다.

세세토록 영광이 당신께.

지극히 높으신 주님, 당신은
당신 이름의 영광을 위하여 만물을 지으셨나이다.
사람들을 즐겁게 하고
당신께 감사드리도록 하기 위하여
먹을 것과 마실 것을 주셨나이다.
또한 우리에게는 영의 양식을 주시어
영생의 약속을 베푸셨나이다.
다른 무엇보다도

당신 사랑의 능력을 인하여 감사드리나이다.

세세토록 영광이 당신께.

주님, 당신 교회를 악에서 구하시고
온전히 당신을 사랑하게 가르치소서.
당신이 몸소 거룩하게 만드신 교회들입니다.
동서남북 사방에서 부는 바람으로부터
그것들을 일으켜 세우시고
당신이 예비하신 하늘나라로 끌어들이소서.

세세토록 영광이 당신께.

▌ 원문은 시리아어로 추정된다. 여기 소개하는 성찬식 기도문은 지금도 사용되고 있다.

엑서터 서(書)
The Exeter Book, 950년경

　오, 뭇 나라의 임금님. 당신은 창조된 세계의 영광스러운 머릿돌이요, 그 건물의 벽돌들을 굳게 결속시키고 있는 회반죽이십니다. 사방 각처에서 사람들은 당신의 걸작에 놀라움을 금치 못합니다. 하지만 이제 그 건물이 인간의 탐욕과 두려움으로 파멸되고 있나이다. 사람들에게 당신을 드러내시고, 세상의 통치자로 당신을 세우시어 당신 사랑의 힘을 보여주소서.

　오, 정의롭고 틀림없으신 임금님, 당신은 죄의 감옥을 열고, 우리로 하여금 사랑의 빛나는 자유 속으로 들어가게 하실 수 있나이다. 지금 우리는 어둠 속에 앉아, 우리가 저지른 잘못들을 슬퍼하고 있습니다. 태양이 그립고, 당신 진리의 따스함과 밝음이 그립습니다. 이 감옥을 여시고, 우리를 당신 나라로 인도하소서. 거기가 우리의 진짜 집입니다.

　지극히 높으신 하늘 임금님, 어서 오소서. 살과 뼈를 입고 오시어 지친 우리에게 생기를 주소서. 쓰고 짠 눈물로 볼을 적시며 울고 있는 우리에게 평안을 주시고, 절망의 어둠에서 길 잃은 우리를 찾아내소서. 우리를 잊지 마시고 우리에게 자비를 베푸소서. 당신의 영원한 기쁨을 우리에게 심어주시어, 당신 손으로 빚으신 우리로 하여금 당신 영광을 찬양하게 하소서.

오, 주님. 저를 괴롭게 하고자 당신이 보내신 모든 일들을 참고 견디며, 그것들로 이루고자 하시는 당신의 목적이 무엇인지를 알게 하소서. 제 가슴을 무겁게 하는 저의 사악한 행위들을 당신은 아십니다. 그런데도 당신은 자비를 베푸시어 모든 책망을 젖혀두시고 저를 당신 것으로 받아들이십니다. 지상의 덧없는 삶이 가져다주는 위험과 혼동에서 저를 지켜주시고, 그 모든 것들을 헤치고 하늘나라 영생을 얻으려 애쓰도록 붙들어주소서. 저에게 그토록 많은 은총을 베푸시는데도 자신의 죄를 뉘우쳐 고치는 일에 너무 더디다는 사실을 스스로 알고 있습니다. 저의 약한 믿음과 가냘픈 희망을 당신께 고정하시어 저로 하여금 든든한 바탕 위에 서게 하소서. 당신의 지혜로 저의 생각들을 끌어올리시고, 다음 세상을 받아들일 준비가 되거든 지체 없이 곧장 이 세상에서 데려가주십시오.

　주님, 제 곁에 서시어 죄의 질풍이 휘몰아칠 때 똑바로 서도록 붙잡아주소서. 사악한 폭풍의 어둔 밤이 저를 덮을 때 제 발걸음을 인도하소서. 제가 넘어간 유혹들로 말미암아 제 영혼은 망가졌고, 제가 저지른 잘못들의 무게로 부서졌으며, 제가 한몫 거든 악행에 대한 기억으로 제 마음은 더럽혀졌나이다. 여태껏 살아오는 동안 당신은 끊임없이 너그러운 자비를 베푸셨건만, 저는 벌 받아 마땅한 짓만 하였습니다.

　푸른 나무들은 사방으로 가지를 벋고 향기를 뿜는데, 저는 온갖 범죄에 둘러싸인 채 제 속에 있는 죄의 독으로 시들어갑니다. 아, 주님. 당신만이 저를 고칠 수 있나이다. 치료에 필요하다면 이 모든 시련과 고통을 감수하겠나이다. 이곳 땅에서도 친구들의 사랑과 낯선 이들의 후의(厚意)를 즐길 수 있지만, 그것들은 어둠 속에 잠깐 빛나는 번갯불에 지나지 않습니다. 제가 지금 겪고 있는 이 고통이 저를 참회로 이끌고, 그래서 당신의 용서를 받아, 하늘나라 영원한 기쁨을 누릴 자격을 갖추게 하소서.

10세기 중반쯤 누군가 신앙시집을 엮었다. 그것이 한 세기쯤 뒤에 엑서터의 주교였던 레오프릭(Leofric) 손에 들어갔고, 그는 그것을 성당에 비치했다. 우리는 그 시집을 통하여 앵글로-색슨 계의 독특한 영성을 들여다볼 수 있다. 거기에는 그리스도께 바치는 두 편의 기도문이 있는데, 하나는 강림절에 연관된 것이 분명하고, 다른 하나는 사순절에 연관된 것으로 보인다.

존 녹스
John Knox, 1513~1572

우리에게 무엇을 주시든, 그것에 담겨 있는 당신의 깊은 뜻을 기꺼이 받아들임으로써 당신 왕국을 넓히고 키우도록 우리를 도우소서. 오, 아버님. 그것 없이는 당신을 섬길 수 없는 그것이 우리에게 부족하지 않도록 채워주소서. 하오나 우리 손으로 만든 물건들에도 축복하시어 그것들이 남에게 짐이 되지 않고 도움이 되게 하소서. 오, 주님. 우리를 대적하는 이들에게 자비를 베푸소서. 그리고 당신이 예수 그리스도 안에서 우리를 용서하심으로 우리에게 갚을 빚이 많음을 알아, 당신과 이웃을 더 많이 사랑하게 하소서. 우리에게 아버지가 되시고 대장이 되시며 모든 시험에서 우리를 지키는 이가 되어주소서. 당신의 자비로운 손으로 우리를 잡으시어, 온갖 불편함에서 벗어나게 하시고 거룩하신 당신 이름에 영광을 돌리며 우리 생을 마치게 하소서.

오, 주님. 성령으로 우리에게 힘을 주시어, 신분이나 생업에 속임수를 쓰지 않고 성실하게 일하며, 자신의 탐욕을 채우지 않고 무슨 일을 하든지 오직 당신의 지시를 따르게 하소서. 당신을 거스르는 일이 아니라면 우리의 사업이 잘 되게 해주시고, 당신이 우리에게 주신 능력으로 궁핍한 이들을 기꺼이 돕게 하소서. 모든 좋은 것이 당신한테서 온다는 것을 유념하여, 어떤 명분과 이유로든 우리를 남보다 낮은 자리에 두되 그들 위에 올라서려 하지 않게 하소서. 혹시 우리를 극심한 가난으로 단련하는 것이 당신의 계획이라면, 어떤 궁핍에서도 당신이 지켜주시리라는 것을 알아, 불신의 유혹에 넘어가는 일이 없도록 도와주소서.

오, 모든 좋은 것의 원천이신 하늘 아버지, 우리에게 자비를 베푸시어 이 식탁에 차려진 당신의 선물들을 축성하소서. 이것들을 당신의 거룩하신 뜻에 따라서 곱게 소화하고, 이 세상 온갖 좋은 것들을 내시고 베푸시는 분이 당신이심을 새삼 기억하게 하소서. 그리고, 무엇보다도, 이것으로 그치지 말고 영의 음식인 당신 말씀을 취하여 그것으로 우리의 영혼을 먹여 기르게 하소서.

녹스는 제네바의 칼뱅 밑에서 종교개혁을 돕다가 고향인 스코틀랜드로 돌아와 같은 개신교 원리를 그곳 현실에 적용하면서, 스코틀랜드 종교개혁운동을 이끌었다. 개인적인 성결과 열정적인 설교로 많은 대중에 감명을 주었다. 날마다 하루 일과를 하느님께 바치는 기도로 시작할 것을 가르쳤다.

 ## 새뮤얼 존슨
Samuel Johnson, 1709~1784

오, 여태껏 저를 후원해주신 하느님, 제가 지금 하고 있는 이 일을 잘 감당할 수 있게 하소서. 그래서 일을 모두 마치고 저에게 주신 재능을 잘 썼는지 알아볼 마지막 날에 부끄러운 일을 당하지 않게 하소서.

전능하신 하느님, 하늘에 계신 아버지. 당신의 도움 없이는 모든 노력이 쓸모없고, 당신의 빛 없이는 무엇을 본다는 게 허사입니다. 저의 연구에 생기를 불어넣으시고 저의 탐색에 방향을 잡아주시어, 마땅한 근면과 바른 분별로 저 자신과 다른 사람의 거룩한 신앙을 이룰 수 있게 하소서. 오, 주님. 저한테서 거룩하신 영을 거두지 마시고 악한 생각이 제 머리를 점령하지 못하게 하시며, 저로 하여금 무지한 상태에서 머뭇거리지 말게 하소서. 다만 저를 깨우쳐주시고 붙잡아주소서.

오, 하느님. 저로 하여금 먹고 마시고 잠자는 일을 포함하여 육체의 쾌락을 엄정히 절제함으로써 당신이 저에게 주신 일을 제대로 감당하게 하소서. 제 생각의 자유와 마음의 평정을 지켜주시어 이 짧고 덧없는 생애를 사는 동안 당신을 섬기게 하시고, 죽는 날에는 당신이 주시는 영원한 행복을 누리게 하소서. 오, 주님. 저한테서 거룩하신 영을 거두지 마시고 저를 근거도 없는 불안에 넘겨주지 마소서. 다만 저에게 자비를 베푸소서.

오, 주님, 하늘에 계신 우리 아버지, 전능하시고 지극히 자비로우신 하느님. 당신은 인간의 생사를 손에 잡으시고, 그것을 주기도 하시고 가져가기도 하시며, 바닥으로 던지기도 하시고 위로 끌어올리기도 하시며, 당신의 쓸모없는 종에게 자비를 베푸시고, 저에게서 분노를 거두시며, 떨고 있는 제 영혼에 평안을 주십니다. 저로 하여금 거룩하신 영의 도움을 받아, 제 죽은 아내와 함께 살면서 누렸던 당신의 축복을 감사함으로 기억하게 하소서. 아내가 남겨놓은 교훈과 실례(實例)들을 참고하여, 당신 눈에 합당한 것들이 있으면 받아들이고 혹시 당신을 거역한 것들이 있으면 피할 수 있게 하소서. 오, 자비로우신 주님. 저의 모든 죄를 용서하시고, 제가 아내에게 약속한 그 일을 시작하여 완성하게 하시며, 아내가 당신께 간청하였던 결심을 지켜나가게 하소서. 그리고 저를 지금 이 슬픔에서 헤어나게 하시고, 바른 소망, 진실한 믿음, 거룩한 위안으로 충만하여 공연한 슬픔이나 소란스런 망상 따위의 방해를 받지 않고서, 당신이 저에게 주신 임무를 끝까지 잘 감당할 수 있게 하소서. 그리하여 저의 모든 생각과 말과 행실로 당신의 거룩하신 이름에 영광을 돌리게 하소서.

✳

전능하신 하느님, 오늘 저의 결심과 반성을 성결하게 하시고, 제 슬픔을 무익한 것이 되지 않게 하시며, 제 결심이 허사로 돌아가지 않게 하소서. 제 슬픔이 참된 회개를 낳고 그래서 당신이 데려가신 제 아내처럼 저도 죽게 될 그날에 당신을 기쁘시게 해드리고 당신 계신 곳에서 영원한 행복을 누리게 하소서.

베르나르트 해링

Bernard Häring, 1912 ~ ?

사랑하올 나의 주님. 제 겸손의 부족 때문에 스스로 지게 된 무거운 멍에와 여러 가지 근심걱정에 짓눌린 몸으로 당신께 나옵니다. 그것은 제가 마땅히 져야 할 짐입니다만, 죄 많은 세상에서 오만과 방자로 쌓아올린 무거운 멍에이기도 합니다. 저와 제 짐이 이토록 가련하게 묶여 있습니다. 저 자신과 세상에 이중으로 노예가 된 저의 신세를 생각하면 신음과 한숨이 절로 나옵니다. "무거운 짐 진 자들은 모두 내게 오라"는 당신의 초대가 저에게 얼마나 큰 위안이 되는지요! 예, 그 말씀에 용기를 내어 지금 이렇게 왔습니다.

오만하고 방자한 인간에게서 참혹한 굴욕을 당하며 스스로 지셨던 당신의 무거운 짐을 생각할수록 저는 고마운 마음으로 놀라지 않을 수 없습니다. 신적인 영광과 인간적인 겸허 안에서, 당신은, 닫힌 마음과 고압적인 횡포에 익숙한 인간들과 너무나도 다른 분이십니다. 당신은 온전한 타자(他者)시요, 사람들이 만들어낸 신들과 전혀 다른, 유일하고 참된 하느님이십니다. 인류의 터무니없는 교만으로 말미암아 온갖 비참한 일들이 꼬리를 물고 벌어지는 눈물의 골짜기로 당신은 들어오십니다. 죄만 빼고 다른 모든 점에서 "우리−가운데−하나"로 되신 하느님의 아드님으로, 온전히 거룩하시며 온전히 겸손하신 분으로, 경이로운 치료제를 가지고 오십니다.

허영과 오만으로 추악한 우리에게 당신은 오십니다. 겸손의 왕도(王道)로 오시며, 그것이 당신과 아버지께로 가는 길이요 이웃 사람들과 그들의 구원으로 가는 길임을 보여주십니다.

거룩하신 주인님의 겸손한 가슴이여, 당신의 학교에 저를 맡깁니다. 날마다 당신에게서 겸손의 왕도를 배우고 싶습니다. 우리를 가르치는 것은 우리 자신의 사랑입니다.

주님, 우리 가슴을 개조하여 당신 가슴을 비치는 거울로 삼으시고, 많은 사람을 치료하는 샘물이 되게 하소서. 주님, 우리를 겸손하게 만드소서.

오, 사랑으로 충만하신 하늘 가슴이여, 당신이 제 가슴을 사로잡으셨습니다. 당신은 지극히 자비롭고 매혹적인 사랑으로 제 가슴을 넓히셨고 풍성하게 하셨고 생동하게 하셨습니다. 당신께 저 자신을 온전히 맡겨드립니다.

세상은 저를 성공과 성취와 다른 헛된 승리들에 대한 꿈으로 유혹하려 합니다. 그런 유혹들에 맞서 담대하게 싸우도록 저를 도와주십시오. 저에게 지혜를 주시어, 오직 한 가지, 제 마음과 제 행동과 저를 둘러싼 세계에서 당신의 사랑이 승리하는, 그것만 생각하게 하소서.

저 자신의 나약함을 아프게 경험하는 것은 참으로 좋은 일입니다. 그렇게 해서, 오로지 당신만을 의지해야겠다는 마음이 더욱 굳어지니까요. 제가 만일 제 힘으로 할 수 있는 일이 아무것도 없음을 온전히 깨닫고 그 사실을 받아들인다면, 그래서 세상을 구원하는 사랑을 온 마음으로 갈망하고 그것을 위해 기도한다면, 그러면 저도 우리 안에서 이루시는 당신 사랑의 승리를 영원히 기리는 자들의 장엄한 행렬에 틀림없이 참여하게 되겠지요.

세상을 구원하시는 주님, 사람은 사랑이 필요합니다. 모든 사람 가슴이 당초에 사랑의 거처로 만들어졌습니다. 우리에게는 생명수를 솟구치는 샘물이신 당신의 사랑에 대한 증거가 필요합니다. 주님, 우리로 하여금 '세상의 빛'으로서, 우리 안에 당신의 사랑에 대한 믿음과 그 최후 승리에 대한 신뢰를 더욱 키울 수 있도록 도와주십시오.

독일 검은숲(Schwarzwald) 지방 출신으로 로마 가톨릭의 지도적 신학자였던 해링은 제2차 바티칸 공의회 기간에 교황의 자문역할을 맡기도 했다. 그의 엄격한 신학이론에는, 하느님과 인간 사이의 친밀한 관계를 통해서만 궁극의 진리를 알 수 있다는 확신이 깔려 있다.

제인 그레이
Jane Grey, 1537~1554

오, 자비로우신 하느님, 저의 비참한 형편을 살펴주소서. 당신은 누구보다도 잘 아실 것입니다. 겸손하게 간청하오니, 저에게 강한 방어벽이 되어주소서. 제 힘으로 감당하기 어려운 시련은 주지 마시고, 오히려 이 혹독한 곤경에서 저를 건져주시든지 아니면 당신의 무거운 손과 날카로운 징계를 견뎌낼 수 있는 은총을 주소서. 이스라엘 백성을 사 백 년 동안 짓눌러온 파라오의 손아귀에서 건져낸 것은 당신의 오른손이었습니다. 이제 그토록 인자하신 아버지의 손으로 이 불쌍하고 슬픈 소녀, 당신 아드님 그리스도가 십자가에 흘리신 피로 사신 소녀를, 비참한 감옥과 사슬에서 풀어주소서. 얼마나 오래 부재(不在)하시렵니까? 영원토록? 오, 주님, 당신의 자비를 망각하셨습니까? 무슨 일로 불쾌해서 친절과 사랑의 문을 걸어 잠그셨나요? 더 이상 누구의 간청도 들어주지 않기로 하셨습니까? 당신의 자비는 영원히 사라졌고, 당신의 약속은 끝장나고 말았나요? 어찌하여 이토록 오래 지체하시는 겁니까? 당신의 자비에 대하여 저는 절망해야 하는 건가요? 오, 저한테서 이토록 멀리 계시는 하느님, 저는 그리스도 예수 안에서 창조된 당신의 작품입니다. 그러니 당신이 정하신 때에 저를 구해주실 수 있고 구해주시리라는 것을 믿어 의심치 않는 가운데, 당신의 느린 걸음을 참고 기다리면서 이 모든 일을 견뎌낼 수 있도록 은총을 베푸소서. 저에게 좋은 것이 무엇인지를 저보다 당신이 더욱 잘 아십니다. 그러니, 저에게 일어나는 모든 일에서 당신의 뜻을 이루시고, 당신 방식대로 저를 괴롭히소서. 다만, 이런 모든 일이 일어나는 동안 당신의 무기로 저를 무장시키시어, 허리는 진실의 띠로 묶고, 가슴은 의(義)의 흉패로 가리고, 발은 평화의 복음으로 마련한 구두를 신고, 무엇보다도 믿음의 방패로 사악한 자들의 온갖 맹렬한 창끝을 막아내며, 구원의 투구를 쓰고, 당신의 거룩한 말씀인 성령의 칼을 차고, 두 발로 굳게 서서, 생각해낼 수 있는 모든 방법으로 항상 기도하며 저 자신을 온전히 당신 뜻에 내어 맡기게 하소서. 그리하여 당신의 즐거움 안에 머물며, 당신이 저에게 주신 이 모든 시련들 가운데서, 그것들이 결국은 저에게 유익한 것이 될 수밖에 없음을 깨달아 위안을 얻게 하소서.

영민하면서 경건했던 그레이는 로마 가톨릭 신자인 사촌언니 매리가 왕위에 오르는 것을 막기 위한 방편으로 열여섯 어린 나이에 여왕으로 선포되었다. 그녀는 왕이 되는 것을 좋아하지 않은 군주였고, 결국 아흐레 만에 매리의 동맹군에 의해 왕위를 빼앗기고 런던탑에 감금되었다가 거기서 목 잘려 죽었다. 죽기 직전 남긴 기도문에 그녀의 격렬한 감정이 그대로 담겨 있다.

겔라시우스 성례문
The Gelasian Sacramentary, 500년경

우리 마음을 흔들어, 당신 아드님 받아 모실 준비를 갖추게 하소서. 그분이 오셔서 문을 두드리실 때, 우리로 하여금 죄에 묻혀 잠자고 있는 모습을 보여드리지 않게 하시고 의(義)에 깨어 있다가 그분 사랑 안에서 기뻐하게 하소서. 우리 마음과 생각을 정결하게 하시어, 영생에 대한 그분의 약속을 받아들일 준비를 갖추게 하소서.

주님, 우리는 예수가 태어나실 때 당신이 보여주신 기적에 놀라지 않을 수 없습니다. 그를 낳으신 여인은 처녀셨고, 처녀 몸에서 태어나신 분은 당신의 아드님이셨지요.

하늘이 노래하고, 천사들이 기뻐하고, 현자들이 찾아오고, 왕이 두려워하고, 어린 젖먹이들이 순교의 영광을 입은 것은 조금도 이상한 일이 아닙니다. 그분은 우리에게 영의 양식으로 오셨지만 어머니가 그분을 먹이셨고, 하늘에서 내려온 빵이셨지만 여물처럼 구유에 뉘셨습니다.

그때 황소는 제 주인을 알아보았고 나귀도 제 주인을 알아보았으며, 유대인들은 자기네 메시아를 알아보았고, 이방인들은 자기네 구원자를 알아보았습니다.

오, 주님. 우리 육신이 금식 기간 동안 먹지 못해서 약해진 만큼 우리 영혼은 더욱 강해지게 하소서. 우리로 하여금 더욱 용감하게 악과 맞서 싸우고 더욱 열렬하게 의(義)를 위해 노력하는 법을 배우게 하소서. 그리하여, 이 땅의 열매들을 끊어버림으로써 당신 영의 열매들을 더욱 풍성히 맺게 하소서.

오, 하느님. 우리 영혼이 걸머진 죄의 무거운 짐이 우리 주 예수 그리스도의 피로 영원히 해체되기를 기도합니다. 그리고 우리 영혼이 이 치명적인 무게에서 해방되어 그분과 함께 영원한 생명으로 오르게 하소서.

우리가 오래 바라던 그 순간이 왔습니다. 당신 부활의 능력을 선포하는 것 말고 우리에게 무슨 다른 할 일이 있겠습니까! 지금은 당신이 지옥 문을 닫고 하늘의 승리 깃발을 높이 들어 세우는 밤입니다. 지금은 당신이 우리를 별들 사이에 줄 세우시는 밤입니다.

당신을 낳으실 때 당신 어머니 마리아는 당신의 아름다움에 압도당하셨지요. 지금은 우리가 당신의 능력에 압도당하고 있습니다. 당신 옆구리에서 흘러내린 피는 우리 죄를 씻었고, 무덤에서 일어난 당신 몸은 우리에게 영생을 약속하셨습니다. 당신의 사랑 안에서 우리에게 부어주신 당신의 축복은 영원무궁합니다.

오, 하느님. 우리와 더불어 지상의 삶을 나누셨던 당신 아드님 예수 그리스도께서 천상의 삶을 준비하고자 하늘에 오르신 것을 감사드립니다. 우리가 땅에서 믿음으로 그분을 알았듯이, 하늘에서 우리 눈으로 그분을 뵙게 하소서.

오, 주님. 당신 성령의 불길로 우리 영혼에 믿음, 소망, 사랑의 불을 붙여주소서. 그리고 당신 성령의 바람으로 우리 마음에 영감을 불어넣으시어 당신의 복음을 다른 사람들에게 그들이 알아들을 수 있는 말로 전하게 하소서.

가장 오래된 서방교회 기도서로서 일부는 492년 교황 자리에 오른 겔라시우스가 지은 것이고, 나머지 대부분이 갈리아와 브리튼(Britain)에서 수집된 것들이다.

살레의 프란체스코
Francis of Sales, 1567~1622

오, 크고 좋으신 창조주님. 무(無)에서 지금 여기 있는 저를 만들어내신 당신께 많은 빚을 졌습니다. 제가 어떻게 해야 당신 이름을 기리고, 헤아릴 수 없는 당신 은총에 감사할 수 있겠습니까?

그런데도 저는 당신을 사랑으로 섬기는 가운데 저 자신을 당신께 일치시키는 대신, 당신한테서 자신을 잘라내었고 당신의 영예를 깎아내렸습니다.

오, 나의 하느님. 제 마음을 다하여 당신이 지으신 저를 있는 그대로 바칩니다. 저 자신을 당신께 드리고 당신만을 바라봅니다.

나의 하느님, 당신을 생각하지 않았을 때 저는 무엇을 생각하고 있었던가요? 당신을 잊고 있었을 때 무엇을 기억하고 있었습니까? 당신께 가 있지 않았을 때 제 마음은 어디에 가 있었던가요? 진실이 저의 양식이었어야 했는데 오히려 제 욕망의 노예가 되어 허망과 거짓을 게걸스럽게 삼켰습니다.

나의 하느님, 나의 구주님. 이제부터는 오직 당신만 생각하겠고, 당신이 기뻐하시지 않을 일들은 더 이상 생각하지 않겠습니다. 당신의 위대하심과, 당신이 저에게 베풀어주신 자비만 기억하겠어요. 제 가슴은 당신 안에서만 기쁨을 찾을 것이며, 당신만을 사랑의 대상으로 모실 것입니다. 이제부터는 저의 지난날들을 점령했던 허망한 바보짓들을 혐오하고, 과거에 사랑했던 헛된 물건들을 모두 버리겠습니다.

오, 하느님. 저의 결심들을 받아주시고, 저를 위해 십자가에서 피를 쏟으신 당신 아드님의 은총 가운데, 이 모든 결심을 실천할 수 있도록 저에게 복을 내려주십시오.

❋

언제고 제 영혼이 이 몸을 떠나겠지요. 그게 언제일까요? 겨울입니까? 아니면 여름입니까? 도시? 아니면 시골? 낮에? 아니면 밤에? 갑자기? 아니면 천천히? 병으로? 아니면 사고로? 제 죄를 고백할 기회는 가지게 될까요? 죽어가는 저를 도와줄 사제는 있을까요? 이 모든 것에 대하여 저는 아무것도 모릅니다. 다만 한 가지 분명한 것은, 제가 죽을 것이라는 사실, 그것도 제가 바라는 것보다 더 빨리 죽을 것이라는 사실입니다.

사랑하올 하느님, 그 중요한 날에 저를 당신 품으로 안아주십시오. 그날이 저에게 행복한 날이 될 수만 있다면, 다른 모든 날들이 슬픈 날이어도 좋습니다. 그날을 생각하면 두려워서 몸이 떨립니다만, 그래도 당신 홀로 저를 구하실 수 있음을 알고 있습니다.

제 마음을 하늘나라에 대한 당신의 약속에 고정시켜주십시오. 오, 주님. 제 발걸음을 이끌어, 영생을 향해서 곧장 걸어가게 해주십시오. 그리로 가지 못하게 등 뒤에서 잡아당기는 것들을 모두 떨쳐버리고, 전심전력을 기울여 앞에 있는 푯대를 향하게 하소서.

주님, 주님은 부족함이 없는지라 제가 따로 드려야 할 아무것도 없습니다. 하오나, 만일 당신께 필요한 것이 있다면 그것이 제 목숨만큼 값진 것이라 해도, 그것을 당신께 바치기 위해서 저와 온 세상의 끝을 보아야 한다고 해도, 저는 그것을 바치겠습니다. 사랑하올 주님, 주님이 더욱 성숙해야 할 리는 없겠습니다만, 만약에 그래야 한다면 그것을 위하여 제가 할 수 있는 모든 일을 다 하겠습니다. 그것이 제가 살아 있는 유일한 이유요 목적이니까요.

좋으신 예수님, 당신과 온전히 하나 되는 은총을 입을 수만 있다면 얼마나 좋겠습니까! 세상에서 제가 겪는 온갖 다양한 일들 가운데서, 유일하게 제가 갈망하는 일은 당신과 하나 되는 것입니다. 당신은 저의 영혼에 필요한 모든 것입니다. 제 영혼의 친구여, 저의 초라한 영혼을 당신의 온전하심에 일치시켜주십시오. 당신은 저의 모든 것인데 저는 언제 당신의 것이 될까요? 사랑하는 주 예수님, 제 심장의 자석(磁石)이 되시어, 저를 당신의 성스런 심장에 영원히 밀착시켜 하나로 만드소서.

당신을 위하여 저를 지으셨으니 저를 당신과 하나로 만들어주십시오. 때가 되거든 이 가냘픈 목숨의 물거품을 터뜨려 영원한 선(善)의 바다에 흡수시켜주소서.

주님, 제가 이 음식을 먹는 것은 배가 고파서도 아니고, 맛을 즐기기 위해서도 아닙니다. 제가 이것을 먹는 이유는, 먹지 않으면 살 수 없도록 당신께서 저를 만드셨기 때문입니다.

도움이 필요한 친구에게 갈 때에도 저는, 당신이 사람을 서로 돕고 위로하고 격려하도록 지으셨음을 생각합니다. 이것이 당신께서 바라시는 일이기에, 당신이 저에게 선물로 주신 우정을 가지고 도움이 필요한 친구를 찾아갑니다.

어떤 일에 두려움을 느낄 때에도 저는, 위험을 적절하게 피할 수 있도록 당신께서 그것을 두려워하게 만드신다고 생각합니다. 당신 뜻을 좇아서 앞으로도 두려운 것을 두려워하겠습니다. 만일 그 두려움이 너무 커서 견딜 수 없을 지경이 되면, 당신께 달려가 엄마 품에 안기는 아이처럼 당신 팔에 안기겠습니다.

그런즉 주님, 이제부터 옳은 일을 하도록 애써보겠습니다. 제가 할 수 있는 일을 다 한 다음, 그래서 무슨 일이 어떻게 벌어지든, 그 모두가 당신의 뜻인 줄로 알겠습니다.

주님, 우리 자신과 우리에게 있는 모든 것을 당신께 제물로 바치는 일을 얼마나 더 뒤로 미루어야 할까요? 우리가 이토록 집요하게 붙잡고 있는 자유의지란 놈을 얼마나 더 오래 움켜잡고 있어야 합니까? 당신을 찢었던 가시와 창에 찔리도록 우리 의지를 당신 십자가 위에 내거는 일에 얼마나 더 망설여야 하는 겁니까?

우리 의지를 당신의 온전하시고 사랑하시는 뜻의 불로 삼켜주십시오. 우리 의지를 영원토록 당신께 바치는 번제물로 태워주십시오.

사랑 아니면 죽음! 죽음 그리고 사랑! 그 외의 모든 사랑들에 대한 죽음! 주, 예수님. 제가 영원한 죽음을 면하고자 당신의 사랑만을 위하여 삽니다. 제 영혼을 죄에서 해방하신 당신의 완벽하신 사랑 안에서 살아갑니다. 저의 모든 것을 당신께 드립니다. 영원토록 살아계시고 다스리소서.

프란체스코는 제네바의 주교로서 로마 가톨릭 교회의 반-종교개혁운동을 이끈 지도자들 가운데 하나였다. 평신도의 영성수련을 갱신하는 데 특별한 관심을 가지고, 그들을 위하여 《경건생활 지침서 An Introduction to the Devout Life》를 썼는데 그 안에는 인간의 상황에 대한 일련의 명상들과, 하느님과 사람의 관계를 밝히는 기도문들이 들어 있다.

프레더릭 맥너트

Frederick MacNutt, 1873~1949

주님, 저에게 보이지 않는 것을 시도하고 실험하는 믿음을 주시고, 그 믿음이 진리이신 당신한테서 오는 것임을 보증하시어, 의심이 저를 사로잡거나 어둠이 저를 덮지 못하게 하소서. 저에게 희망을 주시어 당신의 분명한 약속을 따라 가되 길을 잃거나 곁길로 빠지는 일이 없게 하소서. 저에게 사랑을 주시어 당신이 당신을 저에게 주신 것처럼 저도 저를 당신께 드리게 하소서. 오, 주 하느님. 당신만이 제가 동경하는 모든 것이며, 인간의 모든 생각과 갈망 너머에서 내리는 축복이기 때문입니다.

내가 세상을 이겼으니 기운을 내라고, 누구든지 내 안에 있으면 평안을 얻으리라고 말씀하신 주 예수 그리스도님. 당신 말씀을 들을 귀와 받아들일 믿음을 우리에게 주시어, 오늘의 극심한 긴장과 혼란 가운데서도 침착하고 든든한 마음으로 당신 안에 계속 머물게 하소서.

당신을 찾는 자들을 땅의 허상(虛像)을 통해서 하늘의 실재에 대한 깨달음으로 이끄시는 우리 주 하느님. 당신의 선하심으로 우리를 붙잡으시고 당신 오른손으로 우리를 인도하시어, 있다가 사라질 헛된 것들에 대한 망상을 뿌리치고 영원한 실재의 빛 속으로 머뭇거림 없이 걸어가게 하소서.

오, 위로하시는 성령, 예수의 영이시여. 우리에게 오시어 우리 안에 머무르소서. 우리의 생명은 우리 것이 아니라 당신 것입니다. 우리를 가르쳐 알게 하시고, 우리를 청결케 하시며, 우리 내면을 순수하게 하소서. 당신한테서 떨어져나가지 않도록 끝까지 참고 견딜 힘을 우리에게 주소서. 진작부터 우리 안에 계신 주님, 새삼 우리에게 들어오시어 당신의 것인 우리를 다시 새롭게 하소서. 그리고 마침내 우리에게 닥칠 죽음으로부터, 당신과 하나 됨으로써 얻게 되는 우리의 영원한 생명을 창조하소서.

맥너트는 제1차 세계대전에 군목으로 복무하면서 기도문들을 수집하는 한편 스스로 많은 기도문을 지었다. 그가 죽은 뒤에 그것들을 한데 엮은 《기도 수첩 *Prayer Manual*》이 발간되었다.

윌리엄 로드
William Laud, 1573~1645

은혜로우신 아버님, 당신의 교회를 위하여 간구합니다. 온전한 평화와 결부된 온전한 진리로 교회를 채우시고, 더러워진 부분이 있으면 깨끗이 씻어주소서. 잘못된 것은 고쳐주시고, 사람을 미혹시키는 신앙이 있으면 바로잡아주시며, 어긋난 부분은 개조하시고, 옳은 것은 격려하여 더욱 든든하게 하시며, 모자란 것들은 채워주시고, 찢어지고 갈라진 부분은 당신의 거룩하신 일치로 꿰매주소서.

주님, 여기 우리가 있나이다. 당신 보시기에 가장 좋은 일을 우리와 함께 이루시되, 당신을 바라고 기다리는 참을성과 회개하는 마음을 우리에게 주소서. 주님, 우리가 살아 있는 동안 당신만을 섬기게 하시고, 죽을 때에는 우리 영혼이 당신을 모실 준비를 두루 갖추게 하소서.

오, 주님. 겸손히 무릎 꿇고 빕니다. 우리에게 슬기롭고, 깨어 있고, 참을성 있고, 이해하고, 경건하고, 용감한 가슴을 주소서. 당신 섬기려는 결의로 가득 차 있고 모든 유혹에 당당히 맞서는 영혼을 우리에게 주소서.

❄

주님, 잠자리에서 겁내지 말게 하시고 달콤하게 잠들어 내일 다시 당신을 섬길 수 있게 하소서.

❄

오, 주님. 우리로 하여금 당신 두려워하는 마음으로 살다가 당신 은총 가운데 죽고, 당신 평화 안에서 쉬다가 당신 능력으로 살아나 당신 영광 안에서 다스리게 하소서.

청교도운동을 적극 반대한 로드는, 영국 성공회에 다채롭고 장엄한 중세풍 예배의식을 회복하고자 노력했다. 찰스 1세 때 캔터베리 대주교로 있으면서 자신의 이념을 실현코자 모든 방법을 동원했다. 그러나 왕과 국회가 세력 다툼을 하던 시민전쟁 와중에, 의회파 세력이 그를 감옥에 가두었다가 처형시켰다.

피터 마셜

Peter Marshall, 1902~1949

아버지, 때로 당신은 우리한테서 아주 멀리 떨어져 계신 듯합니다. 숨어 계시는 하느님 같고, 당신을 찾는 모든 자를 피하기로 결심하신 것 같기도 합니다.

하지만, 우리가 당신을 찾는 것보다 당신이 우리에게 발견되기를 더욱 바라신다는 것, 알고 있습니다. 당신은 약속하셨지요. "너희가 마음을 다하여 나를 찾으면 반드시 나를 찾게 되리라." 또한 당신은 언제나 우리와 함께 계시겠다고 분명히 말씀하시지 않았습니까?

우리가 날마다 여러 사물과 가까이 있듯이 그렇게 당신이 우리 가까이 계심을 알아차릴 수 있도록, 주변에서 들리는 소리를 귀로 듣듯이 그렇게 당신 음성을 알아듣도록, 지금 곧 도와주십시오.

우리가 당신을 우리 가슴의 은밀한 장소, 이 순간의 고요함 속에서 뵙겠습니다. 당신이 우리 곁에 가까이 계시며, 우리를 사랑하시고, 우리가 하는 모든 일에 관심하시며, 우리에게 일어나는 모든 일에 간여하심을 알아차리겠습니다.

우리와 동행하시며 모든 일에 함께 하시는 당신을 알게 하소서. 간혹 버림받은 느낌이 들 때에도, 모든 사람의 마음을 위로하시는 성령의 임재를 깨닫고 기꺼이 우리 자신을 굴복시키게 하소서.

우리가 올라가서 당신께 닿기 전에 당신이 먼저 내려오시어 우리한테

닿고 계심을 몸으로 알게 하소서.

당신이 필요합니다. 주님, 지금 저에게 당신이 필요합니다. 전에는 일하는 데 꼭 필요하다고 생각되었던 것들이 없어도 일할 수 있다는 사실을 이제 알았어요. 하지만 주님, 당신 없이는 살 수도 없고 담담하게 죽을 수도 없습니다.

슬픔이 닥칠 때, 어둠의 그늘이 제 인생의 문지방을 넘어 들어올 때, 그럴 때마다 저는 당신이 필요했고, 당신은 한번도 저를 놓치지 않으셨습니다. 질병이 찐득찐득한 손을 우리 가족 위에 얹을 때 저는 당신을 향해 울부짖었고, 당신은 그것을 들어주셨지요. 갈림길 앞에서 어느 쪽으로 들어서야 할는지 알 수 없어 막막할 때 저는 당신이 필요했고, 당신은 저에게 더 좋은 길을 가리켜주셨습니다. 해가 제 위를 밝게 비추고 있는 오늘 같은 날에도 저에겐 당신이 필요하고 내일도 역시 당신이 필요할 것입니다.

이렇게 당신의 필요성을 한결같이 느껴서, 그래서 언제 어디서나 당신을 곁에 모시고 살 수 있음을 감사드립니다. 당신께 잡힌 제 손을 놓지 말고 지혜로운 당신 음성에 항상 귀를 열어놓도록 도와주십시오.

저에게 말씀하시어 듣게 해주시고, 시련을 당할 때 용기를 주시며, 어려운 일을 당할 때 힘을 주시고, 중대한 임무 앞에서 결단력을 주십시오. 저에게 쉽고 편한 길을 열어달라고 청하지는 않겠습니다. 다만, 모든 필요를 채워주시는 당신의 은총에 힘입어 아무리 어려운 길이라도, 아무리 절박한 시간이라도, 아무리 하늘이 어두워도, 그것들을 능히 극복할 수 있게 해주십시오.

주님, 우리에게 기도를 가르쳐주십시오. 우리 가운데는 기도하는 법에 익숙하지 못한 사람들이 있습니다. 생각으로 당신 가까이 다가갈 때, 우리 영은 당신의 영을 갈망하여 당신이 곁에 계심을 느끼고자 간절해집니다. 우리 가슴 깊은 곳에 숨겨져 있는 감정들을 어떻게 표현할 것인지, 그 방법을 우리는 모릅니다.

지금 이 순간 우리에게는 누구에게 감명을 줄 근사한 문장이 없고 당신께 바칠 다듬어지고 세련된 구절이 없습니다. 그렇다고 해서 판에 박힌 기도문을 욀 수도 없고 낡은 영화 필름 감듯이 똑같은 기도를 되풀이할 수도 없는 일입니다. 아버지, 말을 적게 할수록 기도를 잘하고 있는 것임을 우리는 압니다. 오랫동안 붙잡고 있던 것들을 놓아버릴 때, 그때 우리가 당신께로 더욱 가까이 나아간다는 사실도 알고 있어요.

어린아이들처럼 당신께 청구서나 나열하는 그런 기도를 드리고 싶지는 않습니다. 오히려, 우리에게 꼭 필요한 것만 아껴서 주시기를 기도합니다. 우리 소원을 들어달라고 전능하신 하느님께 졸라대는 그런 식의 기도는 더 드리고 싶지 않아요. 그보다는, 우리의 지평을 넓히고 우리에게서 이루어지기를 바라시는 당신의 뜻을 찾아 모험을 떠날 수 있도록 비전과 용기를 우리에게 주십시오.

　지금도 우리 기도를 들어주시는 당신께 감사드립니다. 기도의 은사를 주셔서 고맙고, 당신 자신을 주셔서 고맙습니다.

　주님, 용서해주십시오. 어른이 되면서 우리 믿음은 의심으로 시들어졌고 근심으로 말랐으며 궤변으로 더럽혀졌습니다. 우리를 다시 어린아이처럼 되게 하시어, 당장 무슨 일이 벌어질는지 모르면서도 당신을 믿고 의지하는 단순한 믿음을 지니게 해주십시오.

　우리 각자에게 어린아이 같은 믿음을 주시어, 모든 이기주의와 위선을 내려놓고, 겉으로는 있는 것 같지만 실은 없는 허망한 것들에 속지 않고, 우리가 하느님의 뜻을 생각으로 알 수 없음을 알아서 기꺼이 겸허한 자리로 내려가는 마음의 단순함을 되찾게 하소서.

　그때 우리는, 어린양을 가슴에 안고 아이들에 둘러싸인 예수님 모습이 그려져 있는 그림책 속의 예수님을 고사리 손으로 가리키며 당신께 저들의 사랑을 속삭이는 어린아이로 돌아가, 사랑스럽고 믿음직하고 흠 없고 상냥하고 감사할 줄 하는 아이의 심정을 느낄 수 있겠지요.

　어린아이처럼 당신 앞에 무릎을 꿇을 때 우리는 당신이 드러내신 영광을 발견하고, 그것이 우리 마음을 사로잡아 당신의 평화로 이끌어가는 것을 놀라운 눈으로 보게 될 것입니다. 그리하여 우리 아이들과 함께 하느님 나라에 들어가 그것을 알고 느끼고 기뻐할 것입니다. 어린아이로

이 땅에 오셨던 당신 이름으로 기도드립니다.

피터 마셜은 스코틀랜드에서 태어나 미국으로 이민을 가서 장로교 목사가 되었다. 1947년, 미국 상원 소속 목사로 임명되면서 이름이 널리 알려졌다. 그의 기도문에는 이른바 아메리카정신에 부합되는 단순함이 깃들어 있다.

에릭 밀너-화이트
Eric Milner-White, 1884~1963

전능하시고 영원하신 아버지.
당신은 당신 안에서 정의와 자비를,
당신 아드님 안에서 하느님과 사람을,
당신 성령 안에서 권능과 평화를 짝지우십니다.

오, 당신에 대한 두려움과 사랑을
당신의 뜻에 대한 앎과 실천을,
뉘우치는 마음과 감사하는 마음을,
현재와 영원을, 제 안에서 짝지어주십시오!

주님, 당신은 몸소 제 영혼의 배필이 되시어
불멸의 은총과 죽게 되어 있는 출생을,
저의 행복과 당신의 영광을,
저의 약함과 당신의 강하심을,
당신의 뜻과 저의 순종을,
당신의 십자가와 저의 면류관을 짝지어주십니다
오! 당신의 결혼 예복으로 저를 입혀주십시오.
주님께 맺어진 사람은 그분과 하나인 영입니다.

나의 주인님, 제 말을 들어주시고
저의 약혼에 축배를 들어주십시오.
제 몸으로 당신을 예배합니다.
제 머리로, 제 가슴으로,
제가 가진 모든 세상 재물로, 당신이 저에게 주신 하늘의 선물들로
당신을 예배하고 숭배합니다.

주님, 당신이 하나로 맺어주신 것들 가운데
누구도, 무엇도, 떨어져나가지 말게 하소서.

오, 내 하느님,

은근하게, 부드럽게, 저항할 수 없게,
점차적으로, 저를 통제하소서.
그리하여 빈둥거리거나 불순종하거나
옆으로 미끄러지거나 한 자리에 가만히 서 있거나
주저앉는 일 없이
밝은 빛 아래 착실한 걸음으로
순례의 길을 가게 하소서.

오, 하느님,
당신 임재의 맥박으로,
저에 대하여 모르시는 것 없는 밝음으로,
당신의 거룩하심과
당신 아드님의 모습을 사모하는
영혼의 박차로, 저를 통제하소서.
그리하여, 제 가슴의 가락으로 노래하며
앞으로, 위로, 나아가게 하소서.

그런 다음, 오, 내 하느님.
통제를 장악으로 바꾸시어
저의 진정한 뜻을 스스로 부인함으로써
길에서 벗어나거나 넘어지는 일이 없게 하시고,
세상에 순례의 발목을 잡혀

순례자의 영광을 잃는 일이 없게 하소서.

오, 주님. 당신의 팔로
저를 잡으시고 들어 올리시어
본향 집에 안착하게 하소서.
당신의 도시 예루살렘으로 저를 데려가시어
당신 백성의 왕자들과 복된 이들 곁에 앉게 하소서.
길은 끝이 났고, 평화는 끝이 없고,
완전하고 순결하고 영원한 거기에서
당신 홀로 모든 것의 모든 것입니다.

우리에게 일할 손을 주신 하느님,
사람들이 아니라 당신에게 하듯이
정직과 성실로 일하게 하소서.

우리에게 볼 눈을 주신 하느님,
그릇된 욕망들에서 시선을 돌려
당신이 만드신 작품들과
당신의 섭리와 당신 자신을 보게 하소서.

우리에게 들을 귀를 주신 하느님,
당신 말씀을 들려주소서.
당신 말씀이 진리입니다.

우리에게 생각할 머리를 주신 하느님,
언제 어디서나 오직 순수하고 사랑스럽고
선한 것들만 생각하고 궁리하게 하소서.

우리에게 말할 혀를 주신 하느님,
날마다 당신의 구원을 말하고
당신의 거룩하심을 기억하여 감사하게 하소서.

우리에게 사랑할 가슴을 주신 하느님,
있는 힘을 다하여 당신을 사랑하고,
당신을 위하여, 자기 자신보다 이웃을
더욱 사랑할 수 있는 은총을 베푸소서.

우리에게 불멸하는 영혼을 주신 하느님,
당신 아드님 우리 주 예수 그리스도의 형상과
당신의 영광스런 형상 안으로
더욱더 자라도록 우리를 도우시고 축복하소서.

오, 나의 하느님, 그리고 아버님,
저 해가 뭇 생명을 어루만지며
땅과 바다의 표면을 즐기고
저 달이 그것들 너머로
은빛 무늬를 드리우듯이
제 마음 안에서, 보이게 안 보이게
당신의 거룩하고 영원한 영광이
반영되게 하소서.
이 작고 검은 연못은
하늘의 초상(肖像)을 환영하고,
거기에 비쳐진 모든 것으로 인하여
사랑스러움으로 바뀝니다.

그렇게 저의 모든 것으로 하여금
당신 사랑에 반응하고,
당신 빛으로 생명에 약동하고,
어제도 오늘도 내일도
언제까지나 그분 안에서
당신이 기뻐하시고 당신을 보여주시는

당신 아드님, 주 예수 그리스도를 닮아
더욱더 빛나게 하소서.

에릭 밀너-화이트는 영국 성공회 사제들로 구성된 '착한 목자단'의 창설자로서, 요크 수석사제로 있을 때 찬송과 기도문을 지어 널리 알려졌다.

 라인홀트 니부어
Reinhold Niebuhr, 1892~1971

모든 사람으로 하여금 한 형제로 살면서 일하도록 정해놓으신 하느님. 겸손하게 비나니, 지금 서로 충돌하는 사람들에게 모든 경쟁심과 상대에게 쓴맛을 안기려는 마음을 거두시고 다만 정의와 평등을 추구하여 형제의 연합과 일치를 이루어나가게 하소서. 우리를 이 갈등의 밤에서 나와 정의의 낮으로 들어가게 하소서. 사람들 가운데서 정의와 사랑의 왕국을 세우는 일에 도구가 되고, 참을성 있게 사람들의 범죄와 이기주의를 다루며, 자기 자신의 부족을 겸허하게 인식하는 은총을 베푸시어, 우리로 하여금 한 사람과 그의 형제, 나라들과 백성들 사이의 관계를 지혜롭게 판단하고 그들의 차이점을 슬기롭게 조정하여 참된 나라들의 공동체를 세워나가게 하소서.

　세상 사람들을 자비의 눈으로 살펴주소서. 저토록 교만과 혼동으로 가득 차 있고, 저마다 자기가 의롭다면서 불의에 깊숙이 관여하고, 자신의 힘을 믿는다면서 서로를 향한 두려움에 갇혀 있습니다. 이 나라에 자비를 베푸소서. 우리 판단을 어지럽히는 허영심을 없애주시고, 지도자들과 백성들에게 겸손과 자애의 지혜를 주소서. 우리가 직면하는 온갖 적개심 또는 앙심이 우리 속에도 마찬가지로 있음을 바로 인식하여, 자신의 맹렬한 분노로 세상에 재앙을 보태는 일이 없게 하소서. 이 시대 당신의 교회에 은총을 베푸시어, 나라들 사이에서 구원하는 남은 자가 되어 모든 사람에게 저들이 받게 될 당신의 준엄한 심판과 우리 모두에게 함께 필요한 당신의 거룩한 자비를 상기시켜주게 하소서.

　오늘 이 세계의 유감스러운 혼란을 부디 살펴주십시오. 당신의 길에서 너무 멀리 벗어났고 열정에 눈이 멀어 스스로 만들어낸 재앙에 깊숙이 빠져든 이 세대를 자비의 눈으로 굽어보십시오. 독재의 희생자들로 하여금 용감하게 압제에 항거하며, 한순간의 공포를 겁내지 않고 맞서는 희망으로 자신의 존엄성을 지키게 해주십시오. 사악하고 잔인한 사람들을 위하여 기도합니다. 그들의 오만함이 우리 속의 죄가 잉태하여 열매를 맺으면 어떻게 될 것인지를 그대로 보여주고 있습니다. 교만한 자를 물리치시고 겸손한 자에게 은총을 베푸시는 하느님, 저 힘 있는 자들을 윗자리에서 끌어내려주십시오.

당신의 뜻을 내다보는 모든 사람을 위하여 기도합니다. 인간의 죄로 인한 혼동과 어지러운 배반을 무릅쓰고, 사람들 사이에서 이루어지는 정의로운 평화의 바탕을 겸손하고 단호하게 다지며, 사악한 폭력의 위협 앞에서 의롭고 바른 자세를 견지하게 하소서. 우리가 할 수 있는 일이 무엇인지를 알게 해주시고 동시에 우리 능력에 한계가 있음을 알아서, 인간의 성난 감정을 다스리고 인간의 진노를 돌이켜 당신을 찬양하게 하실 수 있는 분께 모든 것을 맡겨드리는 용기를 지니게 하소서.

이토록 조용히 평화롭게 살아가는 우리 자신을 위해 기도합니다. 지금 누리고 있는 이 행운이 우리가 무엇을 잘해서 상으로 받은 것이라는 생각을 하지 말게 하시고 다른 사람들의 슬픔과 고통을 대가로 하여 안락한 삶에 만족하는 일이 없도록 도와주십시오.

앨런 패튼
Alan Paton, 1903~1988

주님, 저를 당신께 드립니다. 써주십시오. 제가 보잘것없는 존재인 줄은 압니다만 그렇다고 해서 당신에게 쓰임받기를 거부하지는 말게 해주십시오. 다른 사람들의 결핍을 늘 기억하게 하시고, 그래서 당신의 쓰임을 받게 해주십시오.

제 눈과 마음을 열어주시어 오늘 하루 당신의 평화를 위해서 일하게 하소서.

인류를 지으신 하느님. 저는 당신과 당신의 피조물을 이해하거나 인간의 고통 또는 괴로움을 납득하고자 하지 않습니다. 그저 사람들의 고통과 괴로움을 조금이라도 덜어주고 싶을 따름이에요. 그리고, 그렇게 함으로써, 인류의 아버지시요 제 머리카락까지도 헤아리시는 당신을 좀더 분명하게 알 수 있게 되리라고 믿습니다.

오늘 하루 당신의 평화를 위해서 일하게 하소서.

❋

오, 하느님. 제 가슴에서 모든 미움을 없애주시고, 그것을 다른 사람들 가슴에서 없애는 방법도 가르쳐주십시오. 우리 눈을 열어주시고, 이 사회의 무엇이 사람들로 하여금 서로 미워하게 하고 그것을 극복하는 일을 이토록 어렵게 하는지, 보여주십시오. 그런 다음 우리로 하여금 그것을 바꾸는 일에 착수하도록 도와주십시오.

제 눈과 마음을 열어주시어 오늘 하루 당신의 평화를 위해서 일하게 하소서.

❋

저를 도와주세요. 오, 하느님. 좀더 사랑할 수 있도록 도와주세요. 버림받은 사람들, 미혼모들, 나라에 반역한 자들, 전과자들, 그런 이들을 사랑하는 일에 겁내지 않도록 도와주세요. 환멸을 느낀 사람들, 좌절한 사람들, 일찍 가족을 여읜 사람들의 믿음을 제 사랑으로 회복시킬 수 있도록, 제 사랑으로 당신의 사랑을 증명할 수 있도록, 도와주세요.

오늘 하루 당신의 평화를 위해서 일하게 하소서.

주님, 원수를 사랑하라고 하신 당신 명령의 의미를 저에게 가르쳐주시고, 제가 그렇게 할 수 있도록 도와주십시오. 저를, 배고픈 사람, 병든 사람, 갇힌 사람은 물론 원수들까지도 거절하지 않는 당신 사랑의 도구로 삼아주십시오. 하지만, 결과가 어찌 되든, 제가 옳다고 믿는 일을 위하여 굳게 서는 법도 가르쳐주십시오.

오늘 하루 당신의 평화를 위해서 일하되, 제가 그동안 원수라고 생각했던 사람들에게도 그럴 수 있도록 도와주십시오.

오, 주님. 사랑의 복음으로 살아가는 착한 아이들과 사랑의 복음으로 살지 못해 마약에 취해 있는 아이들 앞에서 스스로 겸손해지는 법을 우리에게 가르쳐주십시오. 이 세대의 아이들이 당면하고 있는 문제들 앞에서 스스로 겸손해지는 법을 가르쳐주십시오. 특히, 당황스럽고 비참한 일을 당하더라도, 부모들이 한결같은 사랑으로 자녀들을 지켜주게 되기를 기도합니다. 우리가 만들어낸 세상을 성찰하며, 우리가 정의라는 이름으로 죽이거나 상처 입힌 사람들 수백만 명 앞에서 스스로 겸손해지는 법을 가르쳐주십시오.

오늘 하루 우리를 당신 사랑의 도구로 삼으시어, 사랑에 굶주리는 모든 이들을 사랑하게 하시고, 우리가 그들을 도와줄 수 없더라도 사랑하는 법을 가르쳐주십시오.

블레즈 파스칼
Blaise Pascal, 1623~1662

"아브라함의 하느님, 이삭의 하느님, 야곱의 하느님,"
철학자들과 학자들의 하느님이 아닌.

확실함. 확실함. 감정. 기쁨. 평화.
예수 그리스도의 하느님.
"내 하느님 그리고 그대 하느님."
그대 하느님이 내 하느님이 되리라.

세상과 모든 것을 잊기, 하느님만 빼고.

그는 복음서가 가르친 방법들로만 발견될 수 있다.

인간 영혼의 위대함.

옳으신 아버지, 세계는 당신을 모르지만 나는 당신을 압니다.

기쁨, 기쁨, 기쁨, 기쁨의 눈물.

내가 나 자신을 그에게서 잘라냈다.

"그들이 나를 저버렸다, 생명수 샘을."

"나의 하느님, 나를 버리시렵니까?"

내가 그에게서 영원히 잘리지 않기를!

당신이 보내신 예수 그리스도, 유일하게 참되신 하느님,

당신을 아는 것,

"그것이 영원한 생명이다."

예수 그리스도.

예수 그리스도.

내가 나를 그에게서 잘라냈다. 그를 멀리 피하였고, 헐뜯었고,

그를 십자가에 못 박았다.

나로 하여금 그에게서 결코 잘리지 않도록!

우리는 복음서가 가르친 방법들로만 그분과 밀착된다.

달콤하고 옹근 자포자기.

예수 그리스도, 내 인생의 감독에게 전적으로 굴복하기.

지상에서 시련의 하루로 돌려받는 영원한 기쁨.

"나, 당신 말씀 잊지 않으리라."

✳

　주님, 당신은 모든 방식에서 선하고 온유하시며, 당신의 자비는 당신 백성의 행운뿐 아니라 불운까지도 당신 사랑의 통로로 삼으실 만큼 크십니다. 건강하던 제가 이렇게 병들었다고 해서 당신께 무슨 변화가 있을 리 없을 터인즉, 저로 하여금 이 상태에서 아버지이신 당신께로 돌아가게 하소서. 당신은 언제나 동일한 분이시요, 기쁠 때나 괴로울 때나 한결같이 저를 사랑하는 아버지십니다.

　당신은 저에게 건강을 주시어 당신을 섬길 수 있게 하셨습니다만, 저는 그 건강으로 당신 섬기는 일에 자주 실패하였습니다. 이제 저를 바로잡으려고 저에게 병을 보내셨군요. 건강할 때 저는 교만과 이기적 야망으로 가득 차 있었습니다. 이제 이 병으로 하여금 그 교만과 야망을 무찌르게 하소서. 세속의 쾌락을 더는 즐길 수 없게 하시고 오직 당신 안에서만 기뻐하며 제 병상의 고독한 침묵으로 당신을 찬양하게 하소서. 몸이 건강할 때에는 영의 일을 무시하고 살았습니다만, 이제 그 몸이 아파서 신음하는 동안 영의 달콤함을 맛보게 하소서.

　오, 하느님. 당신처럼, 생각만 해도 기쁜 대상을 사랑할 수 있는 마음, 그토록 아름다운 대상인 평화를 발견할 수 있는 마음은 얼마나 행복한 마음인지요! 영원하신 당신 안에서 찾아지는 행복은 얼마나 안전하고 든든한 행복인지요! 삶도 죽음도 그 행복을 그 대상한테서 떼어놓지 못합니다. 오, 하느님. 제 마음을 움직여 저의 모든 허물과, 엉뚱한 곳에서 행복을 찾아 헤매던 그 많은 시간들을 회개하게 하소서. 제 육신의 무질서로 하여금, 그것을 통해서 영이 질서를 찾아가는 방편이 되게 하소서. 지금 저는 물질세계에서 아무런 행복도 찾을 수 없습니다. 오직 당신 안에서만 행복을 찾게 하소서.

주님, 당신은 저를 있는 그대로 보실 수 있고, 틀림없이 제 안에서 기뻐하실 만한 아무것도 찾지 못하실 것입니다. 주님, 저는 제 안에서 저의 고통 말고 다른 아무것도 볼 수가 없습니다. 주님, 제가 견뎌야 하는 이 아픔과 저를 짓누르는 이 질병을 굽어보십시오. 복되신 구주님, 당신의 손이 만드신 이 상처들을 굽어보십시오. 당신은 당신의 고통을, 비록 그것이 죽음 안에서 끝나기는 했지만, 사랑하셨습니다. 당신은 사람을 구하기 위하여, 그 어떤 사람보다 큰 고통을 겪어야 하는 사람이 되셨습니다. 당신 몸으로, 사람 몸이 겪을 수 있는 온갖 고통을 껴안으셨습니다. 제 몸을 애정으로 굽어보시고 제 아픔을 사랑으로 굽어보십시오. 저의 슬픔으로 하여금 제 병상을 찾아오시는 당신께 드리는 초대장이 되게 하소서.

주님, 제 몸에서 자기사랑이 먹고 자라는 자기연민을 뿌리 뽑아주십시오. 세상 쾌락을 잃은 것에 대하여 후회하지 않게 하시고, 그런 쾌락들이 결코 제 마음을 만족시키지 못했다는 사실을 기억하게 하소서. 십자가에서 당신 마음에 입혔던 옷으로 슬픔에 빠져 있는 제 마음을 입혀주십시오. 이제부터는 건강이나 생존을 구하지 말고, 당신 좋으실 대로 처분하시도록 저를 맡겨드리고 그것으로 족하게 하소서. 건강과 질병, 삶과 죽음이 제 눈에 똑같이 보이게 하소서. 당신을 저의 왕으로 기쁘게 모시되, 복을 주시든지 거두시든지 당신 뜻대로 하십시오. 저로 하여금 당신의 영원하신 섭리를 믿어 의지하게 하시고, 저에게 주시는 것들을 똑같이 존중하는 마음으로 받아들이게 하소서.

오, 나의 구주님. 제가 이렇게 조금이나마 당신의 고통을 나누고 있사오니, 당신의 고통이 인류를 위하여 획득한 영광으로 저를 채워주소서. 다시 살아나신 당신의 기쁨을 조금이나마 저도 맛보게 하소서.

파스칼은 살아서는 수학자요 과학자로 유명했지만 오늘에 이르러는 종교적 명상가로 기억되고 있다. 서른한 살 젊은 나이에 신경쇠약으로 고생하다가 황홀경에 들어 두 시간 가까이 기쁨의 절정을 경험한 뒤, 곧바로 펜을 들어 자신의 감정들을 받아 적은 '메모리얼'(기억하여 남기는 글)을 작성하여 심장 가까운 윗옷 안주머니에 넣어두었는데 그가 죽은 뒤에 발견되었다. 그 뒤로 남은 8년 동안 건강이 많이 나빴고 줄곧 병을 앓았지만, 질병이 그것을 통해서 사람 마음을 당신께로 가까이 끌어당기는 하느님의 축복임을 마침내 깨닫게 되었다.

완전한 지혜님, 만물로 하여금 당신을 경배하게 하소서.
당신은 한이 없으시고, 사람의 생각 너머에 계십니다.
당신은 흠이 없으시고, 티가 없으십니다.
당신은 때가 없으시고, 허공보다 크십니다.

달빛이 달에 의존하듯이
모든 지혜가 당신의 지혜에 의존합니다.
햇빛이 해에 의존하듯이
모든 덕이 당신의 덕에 의존합니다.

당신께 이끌림 받고자 하는 자마다
기쁨과 평안을 얻고,
당신 뵙기를 간절히 바라는 자마다
마음이 청결해집니다.

남들이 잘 되기를 바라는 자마다
그 하는 일에서 당신의 복을 받습니다.
당신은 영혼의 어머니처럼,

사랑을 낳고 덕을 기르십니다.

별들이 달을 돌며 춤추듯이
의로운 영들이 당신 보좌를 돌며 춤추고,
흰 구름이 해를 에워싸듯이
순결한 영들이 당신 보좌를 에워쌉니다.

뜨거운 햇볕이 내려 쬐면
이슬방울이 마르듯,
당신 사랑과 진실의 열기 아래
모든 거짓과 사악함이 마릅니다.

당신을 좋아하지 않는 자들도 있고
당신을 미워하는 눈으로 보는 자들도 있습니다.
그래도 당신은 그들을 저주하거나 파멸하지 않으시고
저들이 스스로를 희망 없는 비참으로 몰아갑니다.

당신의 밝음을 바라보지 않고,
당신의 영원한 음악을 듣지 않고,
당신의 부드러움을 느끼지 않는,
그것은 즐거움도 기쁨도 없는 삶입니다.

당신께 자기를 바친 사람들은
당신 권능의 노예들입니다.
하지만, 당신이 사랑으로 내리는 명에 복종하면서
그 영혼은 완벽한 자유를 누립니다.

당신에게 냉담하고 무관심한 자들은
스스로 완벽한 자유를 누리는 줄 알지만,
실상은 자기 욕망의 노예가 되어
육욕의 사슬에 꽁꽁 묶여 있습니다.

당신은 구원으로 가는 유일한 길,
당신 말고 다른 길이 없습니다.
당신은 세상을 구원하는 분,
당신 없는 세상은 실종된 세상입니다.

사람의 어떤 말도 당신을 설명 못하고
영혼만이 당신을 알 수 있습니다.
그 영혼들의 소리 없는 사랑이야말로
진정한 찬양의 합창입니다.

▍ 티베트와 중국의 불교에서는 '완전한 지혜'가 우주를 창조 보존하는 최고신으로 인식되어 왔다.

스미르나의 폴리캅
Polycarp of Smyrna, 69~155

전능하신 주 하느님, 우리는 당신의 사랑스런 아드님 예수 그리스도를 통하여 당신을 알게 되었고, 그분은 우리를 당신께로 이끌었습니다. 오늘 바로 이 시간 저를 순교자들 가운데 하나로 세우시어, 예수께서 마신 잔을 받아 마시고 그래서 그분과 함께 다시 살아나 영생을 누릴 만한 자로 생각해주시니, 고맙습니다.

오늘, 만족스럽고 환영할 만한 제물로 저를 받아주십시오. 당신은 저의 일생을, 이 순간을 위한 과정으로 삼으셨습니다. 이것이 저의 운명임을 진작 보여주셨고, 이제 당신 말씀대로, 저를 이 자리에 세우셨습니다. 이 일과 다른 모든 축복을 인하여 당신을 찬양하고 당신께 영광을 돌리나이다.

주 예수 그리스도님, 제 영혼을 받아주소서.

황송하게도 이 죄인을, 당신의 운명을 나눠 가질 만한 자로 생각해주시니 몸 둘 바를 모르겠습니다.

주님, 주님, 주님, 오시어 저를 도와주소서. 당신께로 돌아가 이 몸을 숨기나이다.

스미르나의 주교였던 폴리캅은 초대교회의 가장 유명한 순교자들 가운데 하나다. 그의 장엄한 순교 이야기가 그리스도교 세계에 널리 알려졌고, 죽어가면서 남긴 기도는 비슷한 운명으로 고통 받는 많은 사람들에게 깊은 감동을 주었다.

미셸 콰이스트
Michel Quoist, 1921~1997

벽돌공이 시멘트 반죽 위에 벽돌을 얹습니다.
줄 세워진 벽돌들 위에
흙칼로 시멘트를 한 층 펴 바릅니다.
그러고는 다시 그 위에 벽돌을 나란히 얹습니다.
그렇게 기초가 쌓아 올려지고

그 위에 건물이 크고 든든하게 세워져
사람들로 하여금 깃들게 합니다.

주님, 저 높은 빌딩 바닥 캄캄한 어둠 속에
묻혀 있는 벽돌을 생각합니다.
누구도 그 벽돌을 보지 않습니다만
그것은 지금도 제 임무를 감당하며
다른 벽돌들에게 없으면 안 되는 존재입니다.
주님, 제가 당신 빌딩의 지붕 꼭대기에 얹혀 있든
아니면 바닥 기초에 묻혀 있든,
제 자리를 착실히 지키기만 한다면,
그것이 무슨 상관이겠습니까?

광고들은 참 시끄럽습니다.
사방 벽에 달라붙어서
온갖 달콤한 말로 유혹하는 저들을
피할 수가 없네요.
강렬한 색채가 제 눈을 아프게 하는데도
저들의 밥맛없는 현존을
피하여 숨을 방법이 없습니다.

주님, 같은 방식으로 저는 너무나 자주
저 자신을 남에게 보여주려 합니다.
저로 하여금, 스스로에게는 더 겸손해지고
남들에게는 덜 방해물이 되게 해주십시오.
그리고 무엇보다도,
겉모양만 화려하게 꾸며
남들에게 저를 돋보이려 하지 않게 해주십시오.
사람들의 눈길을 끌어야 할 대상은
주님, 오직 당신뿐이기 때문입니다.

철사 줄이 구멍을 빙 둘러 손을 잡습니다.
구멍과 구멍이 옆구리를 단단하게 묶습니다.
그렇게 해서 구멍들이 줄지어 늘어선
철조망 울타리가 생겨납니다.

주님, 제 인생에도 구멍들이 많습니다.
제 이웃의 인생에도 구멍들이 많지요.
하지만 당신이 원하신다면
우리는 서로 손을 내밀어
구멍과 구멍의 옆구리를 단단하게 엮고는

당신의 낙원을 장식하는
아름다운 울타리가 될 것입니다.

방금 수화기를 놓았습니다.
그런데, 그가 왜 전화를 했지요?
모르겠네요.
아, 알았습니다!
제가 너무 많이 떠들었고
너무 안 들었군요.

용서해주십시오, 주님.
그건 대화가 아니라 독백이었어요.
제 생각만 늘어놓았지
그의 생각은 묻지도 않았습니다.
듣지를 않았으니, 아무것도 배운 게 없고
듣지를 않았으니, 도움도 주지 못했고
듣지를 않았으니, 우리는 서로 통화를 한 게 아닙니다.

용서해주십시오, 주님.
우리는 서로 전화를 했지만

통화는 못했고

지금은 선도 끊어졌습니다.

평범한 일상생활에서 소재를 찾는 미셸 콰이스트의 토속적이면서 재치 있는 명상은 자기가 너무 세속적이라고 생각하는 많은 종교인을 기도에 가까이 다가갈 수 있도록 도와주었다. 1947년에 신부가 되어 여러 해를 르아브르(Le Havre)에서 봉사했다.

제러미 테일러

Jeremy Taylor, 1613~1667

오, 전능하신 하느님. 무한하고 영원하신 당신은 모든 사람의 양심 안에 계십니다. 언제 어디서나 당신과 함께 걷고, 당신 위엄을 경외하고, 당신 지혜를 존중하여 심판장이신 주님의 눈에 거슬리는 짓을 감히 하지 않도록 가르쳐주십시오. 지금 여기 계시는 당신을 믿고 그 믿음으로 영원한 당신의 영광을 찬양하게 하소서.

몸과 마음의 건강으로 당신의 종인 제 아내(남편)를 축복하소서. 밤이나 낮이나 당신의 축수(祝手)를 그의 머리 위에 얹으시고, 필요한 것을 채워주시고, 시련을 당할 때마다 힘을 주시고, 슬퍼할 때에는 위로하시고, 상황이 어떻게 바뀌든 당신의 한결같은 종이 되게 하소서. 우리 두 사람으로 하여금 언제까지나 당신 은총 안에 머물면서 당신 얼굴과 영광의 빛을 따라 걷게 하소서.

　　✳

　건강한 몸, 착한 마음, 부드러운 기질, 바른 습관에 성령의 여러 은사들로 우리 아이들을 축복하소서. 저들의 몸과 마음과 영혼을 두루 성결케 하시고 주 예수께로 나아가는 데 나무랄 것이 없게 하소서.

　　❀

　오, 주님. 저를 위하여 기도하고 저에게 온갖 좋은 일을 해주는 친구들을 기억하소서. 저들을 잘 대해주시고, 저들이 저에게 베푼 친절함을 두 배로 되돌려 저들 가슴에 안겨주소서. 저들을 축복으로 보상하시고, 당신 은총으로 성결케 하시며, 영광스런 곳으로 데려가소서.

　　✳

오, 전능하신 하느님, 모든 피조물의 아버지. 당신은 은밀하고 불가사의한 방식으로 악에서 선을 이끌어내십니다. 위로부터 오는 지혜를 저에게 주시고, 사람들과 상황이 어떻게 바뀌든지 그 모든 변화에 만족하는 법을 가르쳐주소서. 일이 잘 풀릴 때 절제할 줄 알고, 일이 꼬일 때 침착하고 참아 견디고 단념할 줄도 알게 하소서. 먹구름 뚫고 푸른 하늘 바라보며, 어떤 처지에서든 지치지 않는 부지런함과 흔들리지 않는 각오로 저에게 주어진 임무를 감당하게 하소서.

모든 것을 풍족하게 채워주시는 하느님, 당신이 저에게 주신 것들을 적절하고 차분하게 사용하는 법을 가르쳐주십시오. 너무 많이 마시거나 너무 많이 먹어서 제 임무를 감당하지 못할 만큼 정신이 흐트러지고 몸이 망가지는 일이 없게 하시고, 말초신경을 자극하는 속된 쾌락에 빠져들지 않게 하소서. 저로 하여금 당신의 섭리 안에서 기꺼이, 적극적으로, 부지런히 당신을 섬기게 하시며, 이곳에 차려진 당신의 밥상을 제대로 받아먹고서, 장차 차려질 당신의 식탁에 앉을 수 있도록, 주님, 은총을 베푸소서.

주 예수님, 어서 오소서. 제 가슴이 당신을 간절히 사모하며, 손님으로

가 아닌 집안 식구로, 제 모든 능력의 주인으로, 당신을 환영합니다. 들어오시어 자리를 잡으시고 영원히 저와 함께 거하소서. 그리하여 저 또한 사랑으로 제 앞에 열려 있는 당신의 가슴 안에 들어가 거하게 하소서.

제러미 테일러는 준수한 용모와 우아한 설교로 영국 왕 찰스 1세의 눈에 들어 왕실 사제로 발탁되었으나, 사치스런 궁중생활과 화려하게 꾸며진 예배의식을 싫어했다. 왕이 크롬웰을 패퇴시켰을 때 웨일스로 몸을 피하여 그곳의 한 작은 시골집에서 여생을 보냈다. 말년에 이르러 사소한 사건이나 사물들에 현존하는 하느님에 대한 깊은 영적 깨달음을 담아 《거룩한 삶을 위한 규범과 실험들Rules and Exercises for Holy Living》을 저술하였다.

 리처드 롤
Richard Rolle, 1300~1349

나의 하느님, 나의 사랑님,
쓴 열매 위에 부어지는 달콤한 꿀처럼,
당신을 저에게 부어주십시오.
당신의 달콤함으로 제 영에 스머드시고
당신의 감미로운 사랑으로 제 마음의 상처를 씻어주십시오.
제 가난한 마음은 당신만을 갈망하고,

제 영혼은 당신을 그리워하고,

제 온몸이 당신께 목마릅니다.

그런데도 당신은 저에게 당신을 보여주려 아니 하십니다.

저를 멀리 피하시고, 외면하시고, 저를 지나치십니다.

억울하게 고통 받는 저를 웃기까지 하십니다.

당신의 연인으로 뽑으신 이들을 당신은

온갖 세속의 욕망들 위로 들어 올리십니다.

저들로 당신을 사랑할 수 있게 하시고,

저들에게 당신 찬양하는 노래를 가르쳐주시며,

당신의 달콤함을 맛보는 기쁨을 주십니다.

사랑하올 하느님, 저에게도 오십시오.

오셔서 저를 당신의 연인으로 삼아주십시오.

당신 사랑을 얻기 위해 모든 것을 버렸습니다.

제 가슴을 당신 안방으로 내어드립니다.

제 안에 당신을 모시도록

저를 당신의 알뜰한 신부로 삼아주십시오.

주 하느님, 저를 불쌍히 여겨주십시오.

유년기에는 당신을 몰랐습니다.

소년기에는 당신한테 흥미가 없었고,

청년기에는 헛된 쾌락을 좇았습니다.

하오나, 주님, 지금 저는 당신의 자비를 갈망합니다.

당신을 알고 싶고,

당신의 진리를 깨치고 싶고,

당신의 기쁨을 맛보고 싶습니다.

예수님, 당신과 함께 있을 때 저는 기쁨으로 타오릅니다.

사랑의 열기가 제 가슴 안에서 소용돌이칠 때

당신을 끌어안아 한 몸이 되고 싶습니다.

하지만, 내 사랑하는 임이여,

보이지도 않는 이상한 장벽이

당신과 저 사이를 가로막은 듯하여

제 사랑은 좌절되고 맙니다.

당신이 그 장벽을 무너뜨리고

저로 하여금 당신 품으로 달려가게 하실 때,

비로소 저는 당신을 분명히 볼 수 있고

저를 받아달라고 간청할 수 있습니다.

당신과 저를 갈라놓은 벽을 주먹으로 치면서,

저는 지금 옥에 갇혀 있습니다.

하지만 그 사이에도 당신 찬양하는 노래 부를 수 있고

기도로 당신께 말씀드릴 수 있습니다.
그러니 지금은, 언제고 당신과 온전히 하나 될
그날을 희망하며 이 축복을 즐기겠습니다.

제 영혼 안에서 달콤한 음악을 연주하는
내 사랑, 내 꿀, 내 하프여!
제 슬픔을 언제 거두어주시겠습니까?
끊임없이 당신을 갈망하는
제 영을 언제 소생시켜주시겠습니까?
당신의 아름다움은 저의 갈망을 타오르게 합니다만
당신과 저 사이의 먼 거리를 느낄 때
갈망은 식어버리고 제 몸은 우울해집니다.
언제고 저의 갈망이 채워지리라는
희망의 근거를 저에게 주시겠습니까?
언제고 제 기쁨이 온전해지리라는
확신을 저에게 심어주시겠습니까?

예수님, 제 기쁨이 당신 안에서 큽니다.

언제나 저는 당신을 찬양하고 싶습니다.

제가 넘어지고 무너졌을 때

당신은 허리 굽혀 저를 안으시고

달콤한 하늘 음악으로 제 영혼을 채워주셨지요.

지금도 당신은 제 안에 있는

죄의 역겨운 잡음을 잠재우시고,

당신의 영원한 사랑을

달콤한 영가(靈歌)로 노래하게 하십니다.

하지만 저의 노래들이

하늘에서 천사들을 황홀케 하는

당신의 완전한 노래들의

희미한 메아리에 지나지 아니함을 저는 압니다.

주 예수님,

당신의 연인인 제 안에

한없는 사랑,

묶이지 않는 갈망,

바람 따라 흐르는 동경을

불러일으키소서.

이성으로 사랑을 억제하지 말게 하시고

두려움으로 헌신을 가로막지 말게 하시며
예절로 열정을 조절하지 말게 하소서.

성주(城主)의 재물이
가난한 농부의 재물보다 훨씬 많듯이,
내 사랑, 당신의 달콤함은
이 땅의 어느 즐거움보다 달콤합니다.
이 세상 것들을 추구하는 자들은
당신 사랑의 기쁨을 몰라서들 그럽니다만,
당신의 달콤함을 조금이라도 맛본다면
저들도 곧장 당신의 연인이 될 것입니다.

달콤한 예수님,
제가 저를 당신께 묶은 이 매듭은
아무도 풀지 못합니다.
가을 낙엽을 쓸어가는 바람처럼,
당신의 영이 제 슬픔을 쓸어버립니다.
칭얼대는 아이를 잠들게 하는 자장가처럼,

당신의 사랑 노래가 제 영혼을 위로합니다.
싱거운 음식에 맛을 내는 소금처럼
당신의 달콤함이 저를 기쁨으로 가득 채웁니다.
어두운 밤에 빛을 비추는 등불처럼
당신의 빛이 인생의 어둔 밤을 뚫고 저를 인도합니다.

주님, 당신의 우애(友愛)가 저의 영광입니다.
처음 당신을 사랑하게 되었을 때,
주님, 당신의 손은 제 가슴을 부여잡았고
저는 당신 아닌 그 누구도, 그 무엇도,
원하지 않는 저를 보았습니다.
당신 안에서 그리고 당신을 통하여
그 어떤 아픔도, 모욕도, 견뎌낼 수 있었습니다.
당신의 부드러움은 저의 고집스런 교만을 녹였고
당신의 친절은 저의 슬픔을 삼켰지요.
당신 안에서 언제나 행복하리라는 것을 알기에
이렇게 당신을 믿고 저를 맡겨드립니다.

오소서, 주님, 오셔서 제 영혼을 위로해주소서.

제 안의 당신 사랑을 든든하게 세우시어

머뭇거리지 않게 하소서.

저에게 죽음의 순간이 닥칠 때

슬픔이나 두려움을 모두 거두어가시고,

이제 곧 당신 앞에 설 것을 생각하여

기쁨과 즐거움으로 넘치게 하소서.

제 마음은 당신 사랑으로 빛나고

제 가슴은 당신을 뵙고 싶은 욕망에 불타오릅니다.

천국에서만 참된 부(富)와 영광을

누릴 수 있으리라는 것을 알기에,

저는 지금 이 땅의 궁핍을 견디고

이 땅의 위엄을 가벼이 여길 수 있습니다.

리처드 롤은 가난한 집안에 태어난 몸으로 옥스퍼드에서 신부수업을 받을 수 있게 되었지만, 인간의 지성으로 하느님께 접근하는 방식이 싫어져서 중도에 그만두고 요크셔 황무지로 들어가 은수자의 삶을 살았다. 거기서 그는 '사랑하는 이'(lover)로 하느님을 경험하게 되었고, 그분의 따뜻함과 달콤함에 사로잡혔다. 그가 지은 기도문과 노래에는 본인의 영적 기쁨이 단순한 언어들로 싱싱하게 살아 있다. 황무지 은둔처에서 나와 전국을 유랑하며 만나는 사람들에게 노래도 불러주고, 그들을 위하여 기도도 해주었다. 교회 지도자들은 그를 수상하게 여겼지만, 보통사람들 사이에서는 많은 인기를 얻었다.

월터 라우센부시
Walter Rauschenbush, 1861~1918

    오, 하느님. 우리의 큰 집인 우주를 인하여, 그 드넓음과 풍요로움을 인하여, 그 위에 충만한 생명의 다양함을 인하여, 우리가 그것의 부분인 우주를 인하여, 당신께 감사드립니다. 높푸른 하늘과 감미로운 바람, 떠다니는 구름과 별자리들을 인하여 당신을 찬양합니다. 소금 바다와 흐르는 물, 언제나 한결같이 거기 있는 언덕과 나무들, 발에 밟히는 풀들을 인하여 당신을 찬양합니다. 밝아오는 아침 정경을 바라보고, 사랑의 기쁜 노래를 듣고, 봄 향기를 받는 우리의 감각을 인하여 당신께 감사드립니다. 이 모든 기쁨과 아름다움을 향해서 활짝 열린 가슴을 주시어, 우리 영혼으로 하여금 괜한 근심에 휘말리거나 버릇처럼 받아들인 감정으로 어두워져서, 길가의 가시덤불조차 하느님 영광이 타오르는 불꽃임을 보지 못하는 일이 없게 하소서.

    모든 살아 있는 것들, 우리의 작은 형제들을 향한 우정을 우리 속에 키워주십시오. 당신은 그들에게도 이 땅을 집으로 주셔서 우리와 함께 살도록 하셨습니다. 무자비한 교만으로 자연을 마구 짓밟아, 당신께 찬양의 노래를 불러드려야 할 이 땅으로 하여금 신음을 삼키게 만든 지난날을 생각하면 부끄럽고 죄송합니다. 저들이 사람들을 위해서 사는 게 아니라 자기 자신과 당신을 위해서 살아간다는 사실, 저들도 우리처럼 삶의 달콤함을 좋아하고 우리가 우리 자리에서 당신을 섬기는 것보다 저들이 저들 자리에서 당신을 더욱 잘 섬기고 있다는 사실을 깨닫게 하소서.

세상에서 쓸모가 다하여 다른 생명들한테 자리를 내어주게 될 때, 우리의 탐욕으로 약탈당하거나 무지로 망가진 유물을 남기지 않게 하시고, 우리가 쓰는 동안 더욱 깨끗해지고 더욱 달콤해지고 그 비옥함과 즐거움이 조금도 손상되지 않은 공동의 유산을 물려줄 수 있게 하소서. 그리하여 우리 육신은 그동안 저를 먹여 살린 위대한 어머니 품으로 평안히 돌아가고, 우리 영혼은 당신 안에서 온전한 생명의 원(圓)으로 돌게 하소서.

전능하신 하느님, 당신이 뽑아 세우신 예언자들과 순교자들을 인하여 당신을 찬양합니다. 저들은 하느님의 진리와 사람들의 자유를 위해서 생각과 기도와 고뇌를 바쳤습니다. 외로움과 사람들의 멸시 속에서, 궁핍과 좌절 속에서, 권력자들 편에 선 법에 의하여 정죄당하고 단두대 위에 눕혀질 때, 당신의 거룩한 뜻을 향한 충성심으로 저들을 붙잡아주신 당신께 찬양을 올립니다.

많은 사람들을 위하여 자기 목숨을 내어놓은 당신의 뽑힌 자들 대열에, 할 수 있거든 우리도 들어가게 해주십시오. 약속의 땅을 향하여, 또 다른 날의 행진으로 사람들을 이끌 선구자들을 우리에게 보내주십시오.

오, 주님. 우리 안에 있는 당신의 신비스런 불꽃을 인하여, 인간의 지성(知性)을 인하여, 당신을 찬양합니다. 태초에 당신은 그 불꽃을 일으키셨고 당신 영의 숨결로 끊임없이 타오르게 하셨습니다.

아직 알려지지 않은 당신의 법칙들을 찾아내고 당신 세계의 감추어진 힘들을 밝은 세계로 끌어 올릴 깊은 우물을 파낸 사람들의 천재와 예지가 우리를 즐겁게 합니다. 하지만 그들도 생명과 영감을 주시는 당신 안에 우리와 함께 뿌리 내린, 그래서 우리와 한 몸인 사람입니다. 그러니 저들에게 선택된 영혼들의 겸손함을 주시어, 자기네가 무슨 특별한 존재가 아니라 형제인 인간들을 돕는 존재로 뽑힌 것일 뿐이요, 자기에게 주어진 능력이 공동의 선(善)을 위해 쓰도록 인류의 광대한 저장고에서 잠시 꺼내온 것임을 알게 하소서.

온 세상에 가득 찬 영광이신 하느님, 우리를 놀라게 하는 온갖 아름다움을 지으시는 당신의 능력을 찬탄합니다. 우리 가운데 가장 못난 사람도 자신의 아이디어가 꼴을 갖추어 나타나는 것을 볼 때, 자기 손으로 만든 물건에서 나름대로 근사한 가치를 발견할 때, 창조하시는 당신의 기쁨을 조금이나마 맛볼 수 있습니다.

모양과 색깔과 소리의 거장(巨匠)들, 우리를 위하여 감성의 광활한 공간을 열고 좀더 고상한 열정의 풍요 속으로 안내하는 예술가들을 인하여 당신을 찬양합니다. 우리는 그들이 주는 선물을 즐기면서, 저들의 재능을 무너뜨리려고 기회를 엿보는 유혹들로부터 지켜주시기를 기도합니다. 저들 가슴에, 기쁨을 모른 채 살아가는 사람들을 위한 연민의 불꽃이 타오르게 하시고, 목마른 이들 입술에 아름다움의 잔을 기울여줄 수 있는 것 하나로 충분히 기뻐하며 살게 하소서. 저들로 하여금 사람들을 위한 하느님의 존경스런 해설자로서 모든 것에서 당신 얼굴을 뵙고 당신 음성을 들어, 우리가 미처 보지 못하고 지나친 자연의 아름다움과 우리의 이기심 때문에 볼 수 없었던 인간의 숭고함을 보여줄 수 있게 하소서.

> 침례교 목사이자 신학 교수였던 라우센부시는 미국에서 사회 경제적 정의를 그리스도의 중심 메시지로 삼는 사회복음운동을 이끌었다. 사회복음에 함축된 영적 의미들을 그의 저서 《하느님과 사람들을 위하여: 사회적 각성을 위한 기도 For God and People: Prayers for Social Awakening》에서 읽을 수 있다.

수우 족
Sioux

오, 하느님. 당신은 산과 계곡의 주인님이십니다. 산 위로 계곡 아래로 걸을 때, 저는 당신 발밑에 있습니다. 온갖 종류의 피조물로 당신은 저를 에워쌉니다. 공작새, 꿩, 멧돼지들이 저의 길을 가로지릅니다. 제 눈을 여시어 그것들의 아름다움을 보게 하시고, 그것들 모두가 당신 손으로 지으신 것임을 알게 하소서.

당신 힘 안에서, 당신 생각 안에서, 만물이 풍요롭습니다. 오, 나무들과 덩굴들을 다스리는 산과 계곡의 주인님, 오늘 밤 제가 당신 발밑에서 잠들겠습니다. 아이들을 지키는 아버지처럼 저를 지켜주시고, 아이들을 돌보는 어머니처럼 저를 돌봐주시는 당신의 사랑 안에 쉬겠습니다. 내일 아침 해가 뜰 때 제가 어디 있을지 그건 모르지만, 그래도 당신이 제 걸음을 인도하실 줄 알고 있습니다.

❋

오, 하느님. 당신은 산과 계곡의 주인님이십니다. 당신은 제 아버지시요 제 어머니십니다. 내리는 비로 곡식을 자라게 하시고 햇빛으로 그것을 익게 하십니다. 이제 당신의 자비 안에서 추수가 시작됩니다.

거두어들인 첫 열매를 당신께 드립니다. 그것이 수확물 전부에 견주어 아무것도 아님을 알고 있습니다. 당신이 추수를 허락하셨기에, 제가 드리는 것은 아주 작은 감사의 표시에 지나지 않습니다.

곡식 한 알이 익기까지 얼마나 많은 해와 달들이 있어야 했는지, 당신 홀로 아십니다. 수확물이 얼마나 되는지 그것도 당신 홀로 아십니다. 제가 너무 힘들게 너무 빨리 일을 하면 추수거리를 주신 당신을 잊을 터인즉, 더 천천히 더 차분하게 일하면서 옥수수 한 알 한 알이 값을 매길 수 없는 당신의 선물임을 기억하겠습니다.

> 최근, 아메리카 원주민의 영적 각성들이 녹색운동을 위한 영감의 원천으로 재발견되고 있다.

마더 테레사
Mother Teresa, 1910~1997

주님, 우리 눈을 열어주시어
형제자매들 안에서 당신을 보게 하소서.
주님, 우리 귀를 열어주시어
춥고 배고픈 이들, 짓눌려 겁먹은 이들의
울음소리를 듣게 하소서.
주님, 우리 가슴을 열어주시어
당신이 우리를 사랑하시듯이 우리도 서로 사랑하게 하소서.
우리 안에 당신의 영을 새롭게 하시어
주님, 우리를 자유롭게 하시고 하나 되게 하소서.

주님, 가난한 이들의 비참에 대한 저의 무관심과 무감각을 흔들어 깨우소서. 굶주리고 목마른 당신을 볼 때, 어떻게 하면 당신에게 먹을 것과 마실 것을 드릴 수 있으며, 당신을 제 집에, 그리고 제 중심에 모실 수 있는지 그 길을 보여주소서. 당신의 가장 작은 형제들 안에서 당신을 섬길 수 있는 길을 보여주소서.

오, 주님. 저에게 있는 자유와 기억과
깨달음과 의지를 모두 가져가시어
당신 것으로 삼으소서.
당신이 그것들을 저에게 주셨으니
오, 주님, 당신께 돌려드립니다.
모두가 당신 것입니다.
뜻대로 처분하소서. 저에게는
당신의 사랑과 자비를 주소서.
그것만으로 충분하니까요.

당신의 은혜로, 주님,
저를 보는 가난한 이들이 그리스도께 이끌려
그분을 자기네 가정과 생활 속으로 모시게 하시고,
병든 이들과 고통 받는 이들이 저에게서
참된 위로와 평안의 천사를 발견하게 하시며,
거리의 작은이들이 저에게서
모든 작은이들의 친구인 그분을 만나게 하소서.

여기 제가 있습니다, 주님.
제 몸과 마음과 영혼이 있습니다.
그것들에 당신 사랑을 베푸시어,
저로 하여금,
온 세계에 미칠 만큼 크게 하시고
당신과 하나 될 만큼 작게 하소서.

제 가슴이 누구에 대한 사랑으로 흘러넘칠 때, 한순간의 정직한 성찰로,

그 사랑이 다만 저 자신한테서 나오는 것임을 깨닫게 되면,

주님, 저를 저한테서 구해주소서.

제가 주어야 할 것을 모두 주었다고 생각될 때, 한순간의 정직한 성찰로,

베푸는 자가 저 자신임을 깨닫게 되면,

주님, 저를 저한테서 구해주소서.

제가 스스로 가난한 자임을 자부할 때, 한순간의 정직한 성찰로,

제가 교만과 질투의 부자임을 깨닫게 되면,

주님, 저를 저한테서 구해주소서.

그리고 주님, 하늘나라가 땅 나라들의 거짓에 뒤섞일 때에는

하느님 아닌 그 무엇으로도 만족하지 않게 하소서.

오, 사랑하는 병든 이여,

당신이 당신 몸으로 그리스도를 보여주는

친절을 베풀 때,

당신을 통해서 그리스도를 돌봐드리는 특혜를 나는 누립니다.

온유하신 주님,

저에게 주신 고귀한 사명과 많은 책임들을

감당하기에 적합한 자가 되게 하소서.

냉담하고
불친절하고
성급해서
저에게 주신 임무를 욕되게 하는 일이 없게 하소서.

오, 하느님.
당신이 예수이신 동안
저에게
오래 참으시어
제 허물을 몸소 지시고,
병든 사람 안에서
당신을 사랑하고 섬기려는
저의 첫 마음만을 살펴주소서.

주님,
제 믿음을 키워주시고,
이제부터 영원히
제 수고와 하는 일을 축복하소서.

마더 테레사는 알바니아인 식료품상 딸로 태어나 수녀가 되어 열일곱 살 때 인도로 건너갔다. 20여 년간 수녀원에서 운영하는 학교 교사로 일하다가, 1948년에 캘커타 빈민가에서 병자들과 죽어가는 사람들을 돌보기 시작했다. 그가 세운 '사랑의 선교회'는 현재 전 세계에 200여 지회를 두고 있다.

로제 슈츠
Roger Schutz, 1915~2005

주 그리스도님, 만일 우리에게 산을 옮길 만한 믿음이 있더라도
살아 있는 사랑이 없다면 그게 다 무엇이겠습니까?
당신은 우리를 사랑하십니다.
우리 가슴 안에 당신의 거룩하신 영이 없으면
우리는 아무것도 아닙니다.
당신은 우리를 사랑하십니다.
모든 것을 몸소 지시고,
사람들의 절망이나 고통을 원치 않으시는 하느님을 신뢰하는 길,
믿음으로 나아가는 길을 우리에게 열어주십니다.
부활하신 그리스도의 영,
자비의 영,
찬양의 영,
우리 각자를 향한 당신의 사랑은 결코 사라지지 않을 것입니다.

그리스도님, 당신은 처음부터 제 안에 계셨습니다.
언제나 거기 계셨습니다.

그런데 저는 당신을 찾지 않고 있었지요.

당신을 제 안에서 발견한 뒤에도,

자주 당신을 잊었습니다.

그래도 당신은 한결같이 저를 사랑하셨습니다.

제 몸 깊은 데서 불을 일으켜 저를 사로잡으셨고,

저는 당신을 제 인생의 모든 것으로 삼고자

당신을 위하여 불타올랐습니다.

저는 늘 당신을 불렀습니다.

그리스도님, 당신이 유일한 길이십니다.

저에게는 다른 길이 없습니다.

비록 우리 안에 상처가 많습니다만,

주 그리스도님, 무엇보다도 우리 안에는

당신의 신비스런 임재라는 기적이 있습니다.

그래서 우리는 더욱 가볍게

또는 아주 자유롭게 되어서

그리스도님, 당신과 함께

한 발견에서 다른 발견으로 나아갑니다.

1940년, 로제 슈츠는 프랑스 남동쪽 테제 마을에 집을 한 채 구하여 유대인들과 다른 난민들의 은신처로 삼았다. 1944년, 여섯 명의 젊은이가 모여 수도공동체를 이루었다. 설립자들 모두 개신교 신자였지만 신·구교를 망라하여 모든 그리스도인들이 초교파적으로 참여하게 되었고, 새로운 영성운동에 공동체의 초점이 모아졌다.

페르시아인 시몬
Simon the Persian, ? ~339

    주님, 순교의 면류관을 저에게 주십시오. 마음을 다하여 당신을 사랑했기에 제가 얼마나 그것을 사모했는지, 당신은 아십니다. 하늘에서 당신을 뵈올 때에 저는 기쁨으로 충만해지고 당신은 저에게 안식을 주시겠지요. 이제 저는 세상에 더 머물지 않을 것이고, 그러면 고통 받는 사람들, 파괴되는 교회들, 무너지는 제단들, 박해받는 사제들, 짓밟히는 약자들, 미지근한 신앙 때문에 당신을 등지는 사람, 체포와 죽음에 대한 공포로 떨고 있는 저의 양떼를 더 보지 않게 될 것입니다. 박해를 받아 저를 등지고 돌아서는 친구들도 더는 보지 않겠지요.

    하지만 저는 끝까지 믿음을 지키고 당신이 제 앞에 놓아두신 길을 따라 용감하게 걸어서 형제들에게 모범이 되고 싶습니다. 사제로서 저는 언제나 저의 양떼 앞에 서는 것을 좋아했습니다. 이제는 죽음의 자리에

392

앞장서겠습니다. 제 피를 뿌리는 첫 사람이 될 것입니다. 그때 주님은 형제들을 근심걱정 없는 곳, 박해하는 자도 박해받는 자도, 누르는 자도 눌리는 자도 없는 그곳으로 인도하는 일을 저에게 맡기시겠지요. 그 어떤 난폭한 왕도 잔인한 행정관도 저를 보지 못할 것입니다.

오늘, 제가 죽는 날, 당신이 저를 붙잡아주시기에, 제 앞에 놓여진 길을 비틀거리지 않고 걸어가겠습니다. 당신이 주시는 구원의 잔을 받아 마실 때 저의 나약한 근육은 다시 힘을 얻고 제 심장의 슬픔은 잊혀지겠지요.

당신은 제 눈에서 눈물을 씻어주시고 기쁨으로 저를 가득 채워주실 것입니다.

이 셀렌시아의 주교에 관하여는 그가 순교자로 죽었다는 사실 외에 별로 알려진 것이 없다. 그의 죽음을 지켜본 누군가가 자신의 운명을 기꺼이 받아들이는 그의 마지막 기도를 받아 적어 세상에 남겼다.

요한 세르기예프
John Sergieff, 1829~1908

주님, 저에게 단순하고, 친절하고, 열려 있고, 미쁘고, 사랑스럽고, 너그러운 마음을 주시어 당신이 계실 만한 곳으로 만드소서.

주님, 저는 당신의 배[船]입니다.
거룩한 당신 영의 선물들로 가득 채우소서.
당신 없으면 저는 아무 복도 없고
대신 온갖 죄로 가득 찹니다.

주님, 저는 당신의 배입니다.
온갖 좋은 화물로 가득 채우소서.
당신 없으면 저는 아무 기쁨도 없고
대신 헛된 쾌락으로 가득 찹니다.

주님, 저는 당신의 배입니다.
당신께 바치는 사랑으로 저를 채우소서.

성부님, 저로 하여금,
저에게 필요한 것, 당신 교회에 필요한 것, 당신 세계에 필요한 것이
있을 때마다 항상 당신께로 돌아가게 하소서.

성자님, 저로 하여금,
저에게서 표현된, 당신 교회에서 표현된, 당신 세계에서 표현된
당신의 사랑을 언제나 묵상하게 하소서.

성령님, 저로 하여금,
제 생각과 느낌 안에 있는, 당신 교회 안에 있는, 당신 세계 안에 있는
당신의 은총을 전달하는 통로가 되게 하소서.

삼위일체님, 저로 하여금,
집에서 사사로이 행하는, 당신 교회와 당신 세계에서 공공연히 행하는
저의 모든 행위로 항상 당신께 영광을 돌리게 하소서.

주 예수님, 당신은 얼마나 여러 번 저의 성품을 고쳐주셨던가요! 얼마나 여러 번 제 속에 타오르는 사악한 감정의 불길에서 저를 구해주셨던가요! 오, 주님. 실로 당신이 저에게 베푸신 자비는 헤아릴 수가 없습니다. 이제는 저도 당신께 조금이나마 성실할 수 있기를 바랍니다. 저로 하여금 교만하지 말고 겸손하게, 거칠지 말고 부드럽게, 게으르지 말고 부지런하게, 모질지 말고 자애롭게, 편협하지 말고 너그럽게, 제멋대로 하지 말고 순종하게 하소서.

주님, 저를 당신의 거룩하신 영의 포로가 되게 하시고, 당신 영의 충동들에 갇힌 몸이 되게 하소서. 제가 하는 행동들, 제가 하는 말들, 저의 은밀한 생각과 느낌들, 이 모두가 당신 영의 강제(强制)를 받게 하소서. 저는 당신의 영이 보여주시는 것만 보고, 당신의 영이 허락하시는 곳으로만 가기를 원합니다. 저는 즐겁게, 기쁘게 갇혀 있는 당신의 포로입니다!

주님, 아주 짧은 순간이라도 악령의 뜻에 따라 행하도록 저를 내버려두지 마소서. 반대로 언제 어디서나 오직 당신의 뜻을 따르게 하소서. 당신은, 당신의 권위에 모든 왕들이 복종하는 왕이십니다. 당신만이 존경과 순종을 받기에 합당한 분이십니다. 진심으로 당신을 신뢰하고, 확실하게 당신을 사랑합니다.

주님, 당신을 닮고자 하는 자들이 얼마나 많은 땀을 쏟아야 하는지는 당신만이 아십니다. 하늘로 오르는 길은 너무나도 가파르고 험하고 거칠어서 젖 먹던 힘까지 모두 내야 합니다. 이 길에 들어선 이상, 휴식을 즐길 짬도 없습니다. 그래도 우리는 모든 세속의 쾌락을 멀리 두고 떠난 것이 행복합니다. 그것들이 얼마나 허망하고 어리석은 것인지를 알기 때문이지요. 아직은 저 멀리 언뜻언뜻 보일 뿐이지만, 정상의 아름다움은 우리 가슴을 뛰게 하고 우리 영혼을 고무합니다. 영생의 산꼭대기에서 우리가 만나게 될 그 평화, 그 행복, 그 환희, 그 자유는 과연 얼마나 대단한 것일까요!

주님, 당신은 참으로 좋으신 분이요 우리에게 가까이 계신 분입니다. 너무나도 가까이 계셔서 언제든지 당신께 말씀을 드릴 수 있고, 당신의 위안을 받고, 당신을 통해 숨을 쉬고, 당신의 깨우침을 얻고, 당신 안에서 평화를 누리고, 당신이 주시는 영적 자양분을 받아먹을 수 있습니다. 저와 당신 사이의 교제가 탐욕, 교만, 질투, 악의, 거짓, 폭식(暴食) 따위로 더럽혀지지 않게 하시고, 저로 하여금 온전히 당신께 예속되게 하소서.

지극히 자애로우신 주님, 당신은 인류를 섬기고자 하늘에서 내려오시어, 성전에서 설교만 하지 않고, 사람들 사는 도시로 마을로 들어가셨습니다. 당신은 아무도 피하지 않으셨어요. 가장 악명 높은 죄인의 집에도 사람들을 만나러 당신은 가셨습니다. 당신은 모든 사람들과 섞여서 그들과 말씀을 나누셨지요. 저도 도시 장터나 시골 마을을 가리지 않고 찾아가서 거기 사는 사람들과 당신의 진리를 나눌 수 있게 해주십시오. 제 안에 누구를 경멸하는 마음이 있으면 흔적조차 없애주시고 그 대신, 당신 제자가 될 수 있고 그래서 제 형제가 될 수 있음을 굳게 믿어, 모든 사람을 존중하게 해주십시오. 저야말로 가장 고약한 죄인이기에 모든 사람이 저보다 쉽게 구원받을 수 있다는 점을 기억하게 하소서.

남부 러시아의 가난한 시골에서 태어난 요한 세르기예프는 성 페테스부르크 신학교에서 공부한 다음, 멀리 떨어진 오지 마을의 사제로 발령받았다. 거기서 남은 생애를 모두 보낸 그는 가난한 이들을 향한 관심과 지원으로 널리 알려졌다. 보통사람들이 드릴 수 있는 평범한 기도문을 많이 남겼다.

 시메온
Simeon, 949~1022

주님, 당신은 저를 가지시고 저는 당신을 가집니다.
당신은 당신의 믿음과 희망을 제 안에 두시고
저는 저의 믿음과 희망을 당신 안에 둡니다.

저의 생명, 저의 명예, 저의 행복, 저의 평화가

모두 당신께 달려 있습니다.

당신은 제 일생의 모든 순간에 저를 보실 수 있습니다.

저로 하여금 당신을 보게 하소서.

당신을 얼굴과 얼굴로 대면할 수 있는

아주 짧은 순간이라도 저에게 허락하소서.

그러면 제 모든 마음과 제 모든 사랑을 당신께 드릴 수 있을 것입니다.

제가 죽을 때까지 미루지 마시고

여기 땅에서라도 당신을 뵙게 해주십시오.

제 마음이 너무 미지근하고 너무 시큰둥해서

이런 은총을 요구할 자격이 저에게 없음을 압니다.

저로 하여금 그런 은전을 받을 만한 자격을 갖추게 하시고

제 마음은 당신 모실 준비를,

제 영혼은 당신 뵐 준비를 갖추게 하소서.

주님, 당신 얼굴 모습을 어떻게 묘사해야 할는지요!

당신의 아름다움을 어떻게 말해야 할는지요!

온 세상이 담지 못하는 당신을 어떤 말에 담을 수 있을는지요!

인류에게 부으시는 당신 사랑의 넘침을

누가 무슨 수로 표현할 수 있을는지요!

최근에 저는 촛불 하나 밝히고

편안하게 앉아서 성경을 읽고 있었습니다.

촛불 빛이 저를 감싸는 것 같았어요.

그 순간 문득, 그것이 당신이었음을 깨달았습니다.

주님, 당신이 저를 감싸 안고 계셨어요.

당신의 빛과 당신의 따스함이 방을 가득 채웠고

당신 팔이 저를 잡으셨습니다.

땅 위에 있는 제 방이 하늘의 방으로 되었고

제 집은 당신 저택의 일부가 되었지요.

저는 제 중심 바닥에서 울부짖는 자신의 목소리를 들었습니다.

"주님, 저에게 자비를 베푸소서.

한번도 진심으로 당신을 섬기지 못했습니다만,

저에게 자비를 베푸소서."

그렇게 울부짖으면서 저는 당신의 자비를 느꼈습니다.

당신은 저의 의사, 제 영혼을 치료하는 의사였어요.

그날 제 방을 찾아주셨던 당신의 방문을 회상하며

지금 저는 땅에 엎드려 당신을 경배합니다.

이 어둡고 죄 많은 땅에서, 당신 사랑의 빛이

깜박이는 촛불과 같음을 저는 압니다.

하오나, 제 영혼 안에는 당신의

거룩한 빛이 밝게 빛나고 있습니다.

당신을 저에게 보여주셔서 고맙습니다.

오, 주님. 제가 당신을 뵈었습니다.

오, 주님. 저에게 당신을 보여주십시오.

찰스 스펄전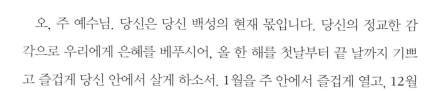

Charles H. Spurgeon, 1834~1892

오, 주 예수님. 당신은 당신 백성의 현재 몫입니다. 당신의 정교한 감 각으로 우리에게 은혜를 베푸시어, 올 한 해를 첫날부터 끝 날까지 기쁘 고 즐겁게 당신 안에서 살게 하소서. 1월을 주 안에서 즐겁게 열고, 12월 을 예수 안에서 기쁨으로 닫게 하소서.

※

　주님, 저를 받아주소서. 오직 당신 안에서 당신 향해 살기를 기도하며, 여기 제가 있나이다. 저로 하여금 쟁기와 제단 사이에 선 황소가 되어, 일하든지 아니면 희생제물로 바쳐지든지 둘 가운데 하나이게 하시고, "어느 쪽이든 준비완료"가 저의 표어이게 하소서.

※

　오, 예수님. 베들레헴 마구간에서 겟세마니 동산까지 일생을 통해 우리에게 보여주신 당신의 사랑을 기억합니다. 당신의 말과 행동이 모두 그대로 사랑이었기에, 요람에서 무덤까지 당신 발자취를 따르며, 죽음조차 고갈시키지 못했던 당신의 사랑, 당신의 부활로 눈부시게 빛나는 그 사랑 안에서, 우리는 기뻐합니다. 선택된 자들이 모두 안전하게 귀가할 때까지 당신을 편안하게 쉬시도록 내버려두지 않을, 사랑의 타오르는 불길을 우리는 기억합니다.

❁

　오, 주님. 주님이 우리에게 그토록 많은 복을 베푸셨거늘 어찌 당신의 선한 동기와 사업에 무관심하거나 감사하지 않을 수 있겠습니까? 오, 우리로 하여금 급히 처음 사랑으로 돌아가, 처음 하던 일을 하게 하소서.
의로우신 분의 아드님, 우리에게 생식(生殖)의 샘을 보내주소서.

주님, 당신께 영광 돌리도록 저를 도우소서. 저는 가난합니다, 만족함
으로 당신께 영광을 돌리도록 도와주소서. 저는 병들었습니다, 인내로
당신께 영예를 드리도록 도와주소서. 저에게 재능이 있습니다, 당신을
위해 그것을 씀으로 당신을 칭송토록 도와주소서. 저에게 시간이 있습니
다, 그것을 잘 써서 당신을 섬기도록 도와주소서. 저에게 느끼는 가슴이
있습니다, 그 가슴으로 당신 아닌 것들을 사랑하지 않도록, 당신 향한 사
랑 말고 다른 것으로 불타오르지 않도록 도와주소서. 저에게 생각하는
머리가 있습니다, 오직 당신을 위해서 당신의 것만을 생각하도록 도와주
소서. 당신은 이 세상에 뭔가를 위해서 저를 보내셨습니다, 주님. 그게
무엇인지 보여주시고, 한평생 그 일을 할 수 있도록 도와주소서.

당신께로 돌아가는 것은 유배생활을 마치고 집으로 돌아가는 것, 폭풍
이는 바다에서 뭍으로 상륙하는 것, 오랜 노동을 마치고 휴식하는 것, 제
욕망의 종점이자 제 바람의 정점(頂点)에 도달하는 것입니다. 하지만, 주
님, 돌멩이가 어떻게 일어서며 진흙덩이가 어떻게 무서운 함정에서 나올

수 있겠습니까? 오, 저를 끌어올리시고 저를 잡아당기소서. 당신의 은총은 그럴 수 있나이다. 성령을 보내시어 제 가슴에 사랑의 성스런 불길을 일으키게 하시고, 목숨을 거두게 될 그날까지 끊임없이 일어서고 일어서게 하소서.

✳

　주님, 제 겨울을 끝내고 봄을 시작하소서. 제 힘으로는, 아무리 간절하게 원해도, 제 영혼을 죽음과 어둠에서 끌어낼 수 없습니다만, 그러나 당신과 함께라면 모든 일이 가능합니다. 저에게는 천상의 감화, 당신 사랑의 분명한 광휘, 당신 은총의 빛살, 당신 얼굴의 환한 빛이 필요합니다. 그것들은 저에게 봄의 별(묘성[昴星], 음력 2월 6일에 그것이 달의 앞뒤에 뜨는 것으로 보아 그해의 흉작과 풍작을 알아본다)입니다. 저는 죄와 유혹으로 많은 고통을 겪고 있습니다. 그것들은 저의 무서운 오리온(겨울의 별)이지요. 주님, 저를 위하여, 제 안에서 놀라운 일들을 이루소서.

스펄전은 열일곱 살 때 뜨거운 회심을 경험하고, 고향인 케임브리지 해변 마을을 떠나 런던으로 가서 작은 침례교회 목사가 되었다. 열렬하면서도 유머러스한 설교로 대중의 인기를 얻어 십 년 만에 6천 명을 수용할 수 있는 영국 최대 교회당을 세울 수 있었다. 그는 회중에게 개인적인 기도에 힘쓸 것을 늘 강조했고, 이를 돕기 위하여 일 년 삼백육십오일 아침저녁으로 성경 말씀에 기초를 둔 명상록을 만들었는데 모두가 짧은 기도로 마감된다.

당신은 저를 끝이 없게 만드셨고, 그것이 당신의 즐거움입니다. 당신은 이 여린 그릇을 비우고 다시 비우면서, 신선한 생명으로 가득 채우십니다. 이 작은 갈대피리를 가지고 언덕과 골짜기를 넘으면서 당신은 영원히 새로운 가락을 그것에 불어넣으십니다. 불멸의 당신 손끝이 닿으면 제 작은 가슴은 기쁨의 한계를 잃고 형언 못할 탄성을 토해냅니다. 저의 이 작은 손으로만 통해서 한없는 선물들이 제게로 옵니다. 시절은 지나가고, 당신은 여전히 흘러넘치고, 채울 방은 여전히 남아 있습니다.

당신이 제게로 와서 노래하실 때 제 가슴은 우쭐거리며 터질 것만 같고, 당신 얼굴을 보는 눈에서는 눈물이 흐릅니다. 제 인생의 온갖 거슬림과 불화(不和)가 달콤한 조화 속으로 녹아들고, 바다를 건너는 기쁜 새처럼 연모(戀慕)는 날개 치며 퍼져갑니다. 제 노래로 당신이 즐거워하는 줄을 압니다. 당신 앞에 오직 노래하는 자로 제가 나가는 줄을 압니다. 제 노래의 멀리 퍼지는 날개 끝으로, 감히 가서 닿을 것을 생각조차 못할 당신 발을, 건드립니다. 노래하는 기쁨에 취하여 자기를 잊고 주인님이신 당신을 친구라고 부릅니다.

제가 당신을 나의 모두라고 이름 지어 부르는 그곳에 저를 조금이라도 남아 있게 하십시오. 제가 사방에서 당신을 느끼고, 모든 것에서 당신을 보고, 모든 순간에 당신을 사랑하는 그곳에 저의 뜻을 조금이라도 남아 있게 하십시오. 제가 결코 당신한테서 숨을 수 없는 그곳에 저를 조금이라도 남아 있게 하십시오. 제가 당신 뜻에 묶여 있고, 저의 삶으로 당신 목적을 이루고, 그리고 그것이 당신 사랑의 족쇄인 그곳에 저를 조금이라도 족쇄차고 남아 있게 하십시오.

주님, 이것이 제 기도입니다. 치십시오, 제 가슴 속 궁핍의 뿌리를 치십시오. 제 기쁨과 슬픔을 가볍게 견딜 만한 힘을 주십시오. 제 사랑으로 섬김의 열매를 거둘 힘을 주십시오. 가난한 이들을 외면하거나 무례한 권세 앞에 무릎 꿇지 않을 힘을 주십시오. 일상의 사소한 것들 위로 제 마음을 들어 올릴 힘을 주십시오. 사랑으로 제 힘을 당신 뜻에 굴복시킬 힘을 주십시오.

제가 당신을, 당신만을 원한다는 사실을, 제 마음으로 하여금 끝없이 되뇌게 하소서. 밤으로 낮으로 저를 어지럽히는 온갖 욕망이 거짓이요, 그 속은 텅 비어 있습니다. 밤이 어둠 속에 빛을 향한 탄원을 감추어놓듯이, 제 무의식의 깊은 바닥에, 나는 당신을, 오직 당신만을 원한다는 외침이 울리고 있습니다. 폭풍이 있는 힘을 다하여 평화를 치면서도 평화로이 잦아들기를 바라듯이, 당신 사랑을 거칠게 저항하면서도 여전히 저는 외칩니다, 당신을 원한다고, 당신만을 원한다고.

벵갈 태생 시인이자 신비사상가인 타고르는 서양 전통과 힌두 전통의 가장 좋은 점을 조화시키고자 노력했다. 자신이 영문으로 번역한 시집 《기탄잘리 *Gitanjali*》로 노벨문학상을 받았다.

아빌라의 테레사
Teresa of Ávila, 1515~1582

오, 주님. 저를 구원하기로 결정하신 것 같은데, 그렇다면 속히 구원해주십시오. 제 안에 머물기로 결심하신 것 같은데, 그렇다면 당신 머무실 방을 깨끗이 청소하시고 온갖 죄의 쓰레기들을 치워주십시오.

저는 자주 당신을 등졌습니다만, 오, 주님, 당신은 한번도 저를 버리지 않으셨지요. 제가 고집스럽게 다른 길을 바라볼 때에도, 당신은 사랑의 손길을 저에게 뻗으시고, 제가 완강하게 귀를 틀어막을 때에도 당신은 부드러운 음성으로 끊임없이 저를 부르십니다.

죄가 제 속에서 커질 때 저는 덕행에 흥미를 잃습니다. 하지만 그런 순간에도 주님, 저는 제가 당신을 저버리고 있으며 동시에 저 자신을 저버리고 있는 줄을 압니다. 당신만이 저에게 덕행에 대한 흥미를 되찾아주실 수 있습니다. 범죄를 부추기는 잘못된 친구들이 세상에 참 많습니다. 하오나 당신의 우정은 죄에 저항하고 죄를 이길 힘을 저에게 주십니다.

주님. 당신은 참으로 좋은 벗입니다! 끝없이 참아주며, 제가 당신께로 돌아가기를 언제까지나 기다려주십니다. 어쩌다가 제가 당신을 사랑할 때면 아주 많이 기뻐하시고, 제가 당신을 무시할 때에도 당신은 저를 등지지 않으십니다.

저로서는 당신의 인내가 이해되지 않습니다. 당신께 기도할 때조차, 세상에 대한 염려와 헛된 망상들로 제 마음은 가득 차 있지요. 그런데도 당신은 제가 아주 짧은 순간 정직한 기도를 드리면 그토록 행복해하시며 그 순간을 사랑의 씨앗으로 바꾸어주십니다.

오, 주님. 제가 이렇게 당신의 우애를 좋아하면서도, 언제 어디서나 한결같이 당신을 생각하지 못하는 이것은 대체 무슨 까닭입니까?

✳

오, 주 하느님! 슬픔의 눈물과 함께 넘치는 기쁨 없이는 당신께 말씀드릴 수가 없습니다. 당신은 끊임없이 제 안에 임재하기를 원하시고 그 때문에 제 영혼은 기쁨으로 충만합니다. 하오나 당신의 그 놀라운 사랑에도 불구하고 저는 여전히 당신을 거스르고 당신을 노엽게 해드리는 짓을 자주 하고 있습니다. 당신이 저에게 베푸신 것과 같은 축복을 받은 영혼이 이토록 고집을 부리고 딱딱해지는 것이 과연 가능한 일인가요? 예, 주님. 가능한 일인 게 분명합니다. 실제로 제가 너무나도 빈번하게 당신의 제안을 거절하고, 당신의 축복을 뿌리치고 있으니까요. 어쩌면 당신을 그토록 고약하게 대접해드리고도 살아남은 유일한 인간이 바로 저일 것입니다.

주님, 당신의 자비를 노래하게 가르쳐주십시오. 제 영혼으로 하여금 꽃들이 미풍에 춤추며 그 아름다움으로 당신을 찬양하는 정원이 되게 해주십시오. 제 영혼을 아름다운 덕목들로 채워주시고, 저를 당신의 거룩하신 영으로 감화 받게 하시고, 언제나 당신을 찬양하게 하소서.

주님, 제가 미쳤습니다. 당신의 사랑으로 미쳐버렸습니다. 당신의 선(善)과 자비에서 나온 거룩한 하늘 광기(狂氣)가 저를 사로잡았어요. 제 말을 듣는 사람들이 모두 저처럼 미쳤으면 합니다. 저는 신성한 광증(狂症)의 사도입니다! 오, 주님. 저로 하여금 더 이상 세상 것들에 눈길을 주지 말게 하시고, 저를 이 세상에서 데려가주십시오. 저의 광기로는 세속적인 관심과 흥정할 수가 없습니다.

오, 주님. 이 미치광이 경지에 도달한 사람들을 위하여 당신이 준비해두신 십자가가 참으로 무겁고 미묘합니다. 그것이 너무 달콤하고 즐거워서 미묘하고, 때로 견딜 수 없을 만큼 힘들어서 무겁습니다. 그래도 저는 이 광증에서 벗어나고 싶지 않습니다. 오히려 당신이 원하시는 만큼 미치고, 당신이 제 짐을 져주시리라는 것을 알고 싶습니다.

주님, 보십시오. 당신이 지금 무엇을 하고 계시는지! 저의 사악함을 너무 빨리 잊지 말아주세요. 저를 용서하기 위하여 당신이 제 죄를 지워주셔야 하지 않습니까? 저에게 베푸시는 당신의 은총을 제한하기 위하여, 오히려 제 죄를 기억해주십시오. 깨어진 병에 값진 포도주를 담지 마세요. 제가 얼마나 자주 그것을 엎지르고 낭비했는지 당신은 벌써 다 알고 계십니다. 쓰레기 더미에 값진 보물을 던지지 마십시오. 제가 얼마나 자주 그것을 몰라봤는지 당신은 벌써 다 아십니다. 적의 첫 번째 공격에 문을 열어줄 겁보한테 당신 성채의 열쇠를 주지 마세요. 이토록 비열한 자에게 당신의 보석을 맡기지 마십시오.

그래요, 저는 당신 사랑의 포도주를 취하도록 마시고 싶고, 당신 영광의 위대함을 알고 싶으며, 당신 진리를 지켜드리고 싶고, 당신의 아름다움을 즐기고 싶습니다. 하지만 제 영혼이 너무나 무능하여 그 어느 것도 할 수가 없군요. 제 영적 재능들은 빈약한 땅에 감추어져 있을 뿐 아니라 깊숙이 묻혀 있습니다.

하오나 주님, 저는 당신의 지극히 작은 축복 하나 얻을 수만 있다면 이 땅의 많은 재물 따위 기꺼이 잃겠습니다.

찬미하올 주님, 당신은 저처럼 불결한 진흙에서 그토록 맑은 물을 내어 당신 식탁에 올려놓으십니다. 하찮은 벌레를 일으켜주신 당신께 찬양을 드립니다.

비참한 더러움에서 신성한 아름다움으로 제 영혼을 탈바꿈시킨 당신의 솜씨가 너무나 훌륭하십니다! 죄의 가짜 즐거움에서 당신 사랑의 진짜 기쁨으로 저를 유혹해낸 당신의 은밀한 솜씨가 참으로 대단하십니다! 죄의 사슬을 끊고 제 영혼을 해방시켜 당신을 찬양하게 하는 당신의 능

411

력이야말로 너무나 위대하십니다!

주님, 당신은 어찌하여 불가능해보이는 명을 내리시는 겁니까? 한 여인으로서 저는, 당신을 섬기고 싶은 열망으로 사방에서 압력을 받고 있습니다. 당신의 영광을 제대로 반영하는 성막(聖幕)을 짓고 싶은데, 그런데 저에게는 돈도 없고 돈을 마련할 방법도 없어요. 제가 무얼 할 수 있겠습니까?

오, 나의 주님. 당신이 왜 그런 명을 내리시는지 그것은 몰라도 됩니다. 당신을 사랑하고 당신께 복종하는 한, 당신이 우리를 바른 길로 인도하심에 대하여 조금도 의심할 것이 없습니다. 그리고 그 길을 가는 동안, 우리를 거기에 세운 것이 당신의 힘이요 당신의 사랑임을 알게 되겠지요.

당신께로 가는 길은 좁고 험하며, 어두운 골짜기로 굴러 떨어지기 쉬운 가파른 벼랑이 양쪽에 있다고들 말합니다. 하지만, 당신이 저에게 주신 길은 넓고 평탄한 왕도(王道)입니다. 그리 가기로 선택한 이들에게는 안전한 길이지요. 그 길로 가는 모든 사람을 당신 아드님 손이 붙잡아 주시니까요. 고단하고 낙심될 때에도, 내 기쁨 함께 나누자고 우리를 부르시는 당신의 미소 짓는 얼굴을 멀리서 바라보면 그것으로 그만, 더 무슨 필요가 따로 없습니다.

　하느님, 어째서 저는 당신과 오롯이 앉아 있는 기쁨을 맛볼 짬도 없이 이토록 바쁘게 살아야 하는 겁니까? 하루 종일 사람들은 저와 이야기할 시간을 기다리고, 저는 밥을 먹으면서도 저들의 사정 이야기를 들어야 합니다. 밤에 잠을 잘 때에도 저를 둘러싼 여러 가지 일들을 생각해야 하고 그것들에 대하여 꿈을 꾸기도 하지요. 이 모두가 저를 위해서 하는 일이 아니고 당신을 위해서 하는 일들입니다. 저로서는 이렇게 사는 나날이 고문당하는 것과 같습니다만, 그저 당신께 바치는 사랑의 희생제사이기를 바랄 따름입니다. 물론 당신이 언제나 제 곁에 계심을 알고는 있습니다. 그런데 너무 바빠서 당신을 잊곤 하지요. 제가 이토록 바쁘게 살아야 하는 것이 당신의 뜻이라면, 억지로라도 그 바쁜 와중에 당신을 생각하고 당신을 사랑할 수 있게 해주십시오. 제가 이렇게 정신없이 사는 것을 바라지 않으신다면, 다른 누구에게 이 책임들을 넘겨주시고, 저를 좀 쉽게 해주십시오.

　당신 성체를 모시러 제단 앞으로 나아갈 때마다 머리털이 곤두섭니다. 다리는 떨리고, 당신 위엄의 무게에 눌려 쓰러질 것만 같습니다. 얇은 면병(麪餅) 조각에서 당신은 당신의 장엄과 순결을 제게 보여주십니다. 저는 너무나도 비천하고 불결한지라 당신 앞에서 두려움을 느끼는 것이 당연하겠습니다만, 그러나 왕들의 왕이신 당신을 저에게 내어주시는 그 큰 사랑을 기억하고 오히려 위안을 받습니다.

　사랑하올 주님, 당신은 저에게 너무 많은 것을 주시고 저는 당신께 너무 적은 것을 드립니다. 저에게 필요한 모든 것을 당신이 채워지시리라 믿고, 당신을 위하여 모든 것을 포기해야 하건마는, 그러나 저는 당신을 위해서 모든 것을 포기하는 일에 실패하고 실패하고 또 실패하고, 같은 말을 수천 번 되풀이해도 모자랄 만큼 실패를 거듭합니다. 인생의 유일한 목적이 당신께로부터 받은 것을 당신께 돌려드리는 데 있음을 알기에, 저의 실패를 부끄러워하며 사는 것도 싫습니다. 저야말로 결함투성이입니다. 저도 모르게 한 대 맞아서 저의 사악함을 더 이상 볼 수 없게 되었으면 좋겠어요. 주님, 당신 은총을 제 안에 우겨넣으시어, 저를 진실로 선한 사람이 되게 해주십시오.

영원토록 복되신 주님, 제가 당신을 버릴 때 저를 버리지 마소서.
영원토록 복되신 주님, 어둡고 외로운 순간에

당신 손을 저에게 벋어주소서.

영원토록 복되신 주님, 고집스런 저의 영혼을 끝까지 참아주소서.

영원토록 복되신 주님, 제가 저를 사랑하는 것보다

더 많이 저를 사랑해주소서.

영원토록 복되신 주님, 제가 아무 보답을 드리지 못할 때에도

당신의 복을 저에게 부어주소서.

영원토록 복되신 주님, 저를 포함하여,

모든 사람 안에 있는 온갖 좋은 것을 끌어내소서.

영원토록 복되신 주님, 당신 사랑으로 우리 죄를 보상(補償)하소서.

영원토록 복되신 주님, 모든 것이 바뀌는 이 세상에,

한결같은 불변(不變)으로 임하소서.

영원토록 복되신 주님, 저와 다른 모든 피조물 위에

한없는 복을 내려주소서.

위엄 있는 다스림, 영원한 지혜,

당신의 친절이 저의 단단하고 차가운 영혼을 녹입니다.

어여쁜 연인, 무아(無我)의 내어줌,

당신의 아름다움이 저의 순하고 슬픈 눈을 채워줍니다.

저는 당신의 것, 당신이 저를 만드셨습니다.

저는 당신의 것, 당신이 저를 부르셨습니다.

저는 당신의 것, 당신이 저를 구하셨습니다.
저는 당신의 것, 당신이 저를 사랑하셨습니다.
당신 면전(面前)을 떠나지 않겠나이다.

저에게 죽음을 주시든, 생명을 주시든,
저에게 질병을 주시든, 건강을 주시든,
저에게 명예를 주시든, 수치를 주시든,
저에게 약함을 주시든, 강함을 주시든,
저에게 주시는 것이면 무엇이든 받겠습니다.

하느님, 당신 없이 사는 것은 너무나 슬픈 일입니다.
당신을 뵙고 싶습니다.
그러나 당신을 뵐 수 없다면, 차라리 죽기를 원합니다.

주인님, 제 영혼이 당신을 소리쳐 부릅니다만,
제 눈은 한번도 당신을 보지 못했고
제 귀는 한번도 당신을 듣지 못했고
제 손은 한번도 당신을 만지지 못했고
제 코는 한번도 당신을 냄새 맡지 못했습니다.

하느님, 마침내 당신이 제 가슴으로 들어오시면

거기 머물러 계시기를 원합니다.

그러나 당신이 거기 머무실 수 없다면, 차라리 죽기를 원합니다.

주님, 이제 움직일 때가 되었습니다.

그런즉, 주님, 당신의 뜻을 이루소서.

오, 나의 주, 나의 배우자님, 오래 기다리던 때가 다가왔어요.

우리 서로 만날 때가 되었습니다.

테레사의 아버지는, 고집불통으로 통제되지 않는 어린 딸을 아빌라의 수도원 학교에 보낸다. 거기서 그녀는 반대쪽 극단으로 치달아, 영적 독서에 빠져들면서 성인들을 모방하는 일에 골몰한다. 결국 아버지의 기대에 반하여 그 마을에 있는 카르멜 수녀원으로 들어가는데, 이내 영적 열망이 식어지면서 심신 양면으로 극심한 고통을 겪게 된다. 그러나 나이 마흔에 이르러 그녀의 인내는 이어지는 황홀한 체험들로 보상을 받고, 본인은 그것들을 그리스도와 맺은 혼인으로 해석한다. 그 뒤로 십자가의 요한(John of the Cross)을 만나면서 지칠 줄 모르는 열정으로, 카르멜 수도회를 초기의 엄격한 규범에 맞추어 갱신하는 일에 앞장선다.

리지외의 테레즈
Thérèse of Lisieux, 1873~1897

주님, 당신을 재촉하려는 건 아니에요. 당신이 원하신다면 수녀가 될 때까지 마냥 기다릴 수 있습니다. 하지만 우리 사이의 합일이 지연되는 데는 제 쪽에 무슨 허물이 있어서가 아니라는 점을 분명히 해두고 싶어요. 그러니 그 사이에 저로서는, 혼인 예복을 준비하는 신부처럼, 저 자신을 준비시키는 데 열심을 쏟겠습니다. 그리하여 당신 보시기에 제가 모든 준비를 갖추게 되면, 당신이 저에게로 오시어 저를 영원한 신부로 삼는 것을 하늘과 땅의 그 무엇도 가로막지 못할 줄 저는 압니다.

나의 하늘 신랑, 예수님. 이 순결의 흰 옷을 잃어버리지 않게 해주세요. 그것이 아무리 가벼운 죄라 하여도, 고의로 죄를 짓기 전에 저를 당신한테로 데려가주세요. 저로 하여금 당신만을, 오직 당신만을 찾게 해주십시오. 이 세상 것들이 저에게 아무것도 아니게 해주세요. 저에게는 예수님 당신만이 모든 것이니까요. 세속의 욕망들이 제 영혼의 평안을 조금도 어지럽히지 못하게 해주십시오. 제가 당신께 구하는 것은 당신의 평화와 당신의 사랑이 전부랍니다. 한없는 사랑, 당신의 아름다움만 바라보는 사랑, 그뿐이에요. 예수님, 당신을 위하여 영으로든 육으로든, 영과 육으로면 더 좋고, 순교자가 되어 죽었으면 좋겠습니다. 저로 하여금 가난과 사랑과 순명의 세 가지 서약을 온전히 지킬 수 있도록 은총을 베풀어주십시오. 당신의 신부로서 어떻게 처신해야 하는지도 알게 해주세요. 공동체에 짐이 되지 않게 해주시고, 누군가의 눈길을 끌려고 하지도 말게 해주십시오. 당신을 위하여 잊혀져서 사람들 발에 밟히는 모래 한 알보다 나을 것 없는 존재로 대접받기를 저는 원합니다. 당신이 저를 위해 마련하신 하늘 처소에 이르기까지, 당신의 뜻을 저에게서 온전히 이루소서. 예수님, 제가 많은 영혼을 구원으로 이끄는 방편이 되게 하시고, 저의 잘못으로 인하여 한 영혼이라도 실족하는 일이 없게 해주십시오. 제가 너무 말이 많았으면 용서해주세요. 예수님, 저는 다만 당신을 즐겁고 흡족하게 해드리고 싶을 따름입니다.

　나의 하느님, 도처에서 당신의 사랑이 오해되거나 버림을 받고 있습니다. 당신은 그들 위에 사랑을 부어주시려고 모든 준비를 다 갖추셨건만 사람들은 오히려 눈을 돌려, 마치 물질을 소유하는 데 행복이 있다는 듯이, 세속의 쾌락으로 달려갑니다. 당신 품에 뛰어들어 한없는 사랑의 선물을 받으려 하지 않는 거예요. 이렇게 거절당한 사랑을 당신 가슴에 그냥 묻어두실 건가요? 자기를 희생제물로 바쳐서 당신 사랑의 불길에 타고자 원하는 영혼들을 발견하면, 당신은 지체 없이 저들의 소원을 들어주시겠지요! 그리하여 갇혀 있던 당신 사랑이 분출하는 반가운 배출구를 보시겠지요.

　예수님, 저로 하여금 그런 희생제물이 되어서, 신성한 당신 사랑의 불길에 타오르게 하소서.

　사랑하올 예수님, 보잘것없는 제 영혼을 어쩌면 그리도 세심하게 상대해주시는지요! 폭풍이 저를 에워싸고 휘몰아치는데, 문득 당신 은총의 햇살이 그 틈에서 눈부시네요.

　사랑하올 예수님, 당신과 약혼한 수녀로서 더 무슨 바랄 게 없어야 하겠지만, 저는 그렇지 않습니다. 하고 싶은 일이 너무 많거든요. 저는 제가 전사(戰士)로, 사제로, 사도로, 신학자로, 순교자로 부름 받았다는 느낌이 들곤 합니다. 그 모든 일들을 한꺼번에 영웅적으로 이루기 전에는 결코 만족할 수 없을 것 같아요. 당장이라도 십자군이 되어, 당신의 교회를 지키기 위한 전쟁터에서 죽을 수 있겠습니다. 동시에, 사제가 되어 제 손으로 사람들에게 당신 성체를 분배하고 싶기도 합니다. 하지만 겸손하게 사제의 명예를 거절한 아시시의 프란체스코 성인을 또한 저는 존경하지요. 예수님, 저의 이 모순 되는 욕망을 어떻게 채울 수 있을까요? 어떻게 이런 꿈들을 모두 이룰 수 있겠습니까?

제가 얼마나 부족한지 잘 알고 있습니다만 그래도 저는, 예언자들과 신학자들이 그랬듯이, 사람들의 마음을 일깨워주고 싶습니다. 온 세계를 다니면서 이교도의 땅에 십자가를 심고 당신 이름을 널리 알리고 싶어요. 그렇게 다섯 대륙에 고루 복음을 전하고 싶은데 그것으로도 만족할 수 없을 것 같습니다. 몇 년 동안 선교사 일을 하는 대신, 세상이 끝나는 날까지 복음을 설교하고 싶은 거예요.

사랑하올 예수님, 저처럼 보잘것없고 힘도 없는 영혼이 이런 바보 같은 꿈을 꾸는 것에 대하여 뭐라고 말씀하시겠어요? 하지만, 수도회에 몸담아 살아가는 단순한 삶을 통하여 저의 중심 깊은 곳에 있는 이 모든 욕구를 당신이 채워 주신다는, 이것은 진실입니다.

하느님, 제가 유일하게 바라는 것이 당신을 사랑하는 것임을 당신은 아십니다. 그것 말고는 다른 어떤 영광도 바라지 않습니다. 제가 자라는 동안 그것도 저와 함께 자랐어요. 이제 그것은 너무 깊어서 측량할 수 없는 구렁 같아요. 사랑이 사랑을 짓습니다. 예수님, 당신을 향한 저의 사랑이 자라고 커져서 당신이 만들어놓으신 구렁을 마침내 채울 수 있다면 얼마나 좋을까요. 하지만 그건 어림도 없는 일이지요. 실로 저의 사랑이란 바다에 떨어지는 이슬방울 하나만도 못한 것이니까요. 당신이 저를 사랑하시는 만큼 과연 제가 당신을 사랑할 수 있겠습니까? 제가 그리 할 수 있는 유일한 길은, 당신의 사랑을 차용(借用)하여 당신께로 나아가는 그것뿐입니다. 그밖에 다른 무엇으로도 저는 자신을 만족시킬 수가 없어요.

사랑하올 예수님, 이 점에 대하여 저는 아무것도 확신할 수 없지만, 다른 누구에게보다 많은 사랑을 저에게 쏟아 부으신 것을 저는 압니다. 그러기에 감히, 당신이 저에게 맡겨주신 영혼들도 저처럼 당신 사랑을 경험할 수 있게 해달라고 기도하는 겁니다. 하지만 언제고 하늘에 오르면, 당신이 저보다 그들을 더 많이 사랑하신다는 사실을 알게 되겠지요. 그러면 저는 그들이 당신 사랑을 저보다 더 많이 받고 있다는 사실에 진심으로 기뻐할 겁니다. 그러나 이곳 땅에서는, 당신이 저에게 쏟아 부으신 사랑보다 더 큰 사랑을 생각조차 할 수 없군요. 제가 그것을 얻으려고 아무 노력도 하지 않았는데 말씀입니다.

예수님, 당신의 사랑은 변두리 기슭이 없는 바다입니다. 만일 제가 거기에 몸을 던진다면, 제 몸과 함께 저의 모든 소유가 빠져들겠지요. 저의 모든 소유라는 게, 당신이 저에게 연결시켜주신 사람들의 영혼이라는 것, 당신이 아십니다.

테레즈는 경건한 신앙의 가정에 태어나 두 자매와 함께 노르망디 리지외의 카르멜 수녀원에 들어갔다. 겉으로 보이는 삶의 모습은 평범했지만 내면의 영성생활은 매우 격렬했고, 그래서 원장은 그에게 자서전 집필을 명했다. 그녀는 자서전에서, 사소한 일상생활 가운데 작은 사랑의 행위와 즉흥적인 기도로 하느님께 도달하는 '오솔길'을 묘사한다. 스물네 살 젊은 나이에 죽고 나서 출간된 그녀의 자서전은 거기 담겨진 어린아이 같은 순결과 단순함으로 많은 사람에게 감동을 주었고,

■ 그녀를 가장 널리 알려진 성인들 가운데 하나가 되게 하였다.

토마스 아 켐피스
Thomas à Kempis, 1380~1471

주님, 당신이 자비와 은총으로 힘을 주시지 않으면, 이 슬픈 인생을 제가 어찌 견디겠습니까? 당신 얼굴을 저에게서 돌리지 마소서. 제 영혼이 물 없는 사막처럼 되지 않도록 당신의 위안을 저한테서 거두지 마십시오.

오, 주님. 당신 뜻을 이루면서 겸손하게 사는 길을 저에게 가르쳐주십시오. 당신 홀로 저를 옹글게 아시고, 제 영혼을 속속들이 들여다보십니다. 당신만이 저에게 한결같은 평화와 기쁨을 주실 수 있습니다.

주님, 비록 티끌에 지나지 않는 저임을 알고 있습니다만, 감히 한 말씀 드리겠습니다. 제가 티끌보다 조금이라도 나은 존재라고 생각하면, 당신이 저의 죄를 제 앞에 내어놓을 것이고 그러면 그것들이 저를 거슬러 증언을 하겠지요. 하지만 제가 스스로 겸손하여 자신이 아무것도 아님을 알고, 자만심을 비워 티끌을 자처하면, 그러면 당신의 은총이 저에게 내리고 당신의 빛이 제 가슴 속으로 들어올 것입니다. 그런즉 교만의 마지막 자취가 저의 아무것도 아님에 삼키어져 영원히 소멸되게 하소서. 제가 이제껏 아무것도 아니었고 지금도 아무것도 아님을 스스로 깨치게 하소서.

주님, 저를 봐주십시오. 당신의 눈길은 저의 아무것도 아님을 새로움으로, 저의 어둠을 밝음으로, 저의 슬픔을 기쁨으로, 저의 죽음을 생명으로 돌려놓으실 수 있습니다. 아무것도 아닌 것으로 될 때 저는 저 자신과 당신을 발견합니다. 제가 벌 받아 마땅한 존재임을 인정할 때 당신은 자비로운 축복을 부어주십니다. 당신은 저의 구원, 저의 능력, 저의 힘이십니다.

저의 사랑은 나약하고 제 가슴은 불완전하여 당신의 힘과 위안이 절실하게 필요합니다. 저를 자주 찾아오시어, 당신 법도를 가르쳐주십시오. 모든 악한 열정들로부터 저를 자유롭게 해주시고, 온갖 패역한 욕망으로 병든 가슴을 치료해주십시오. 그렇게 치유되어 깨끗해진 정신으로 당신의 사랑에 깊이 잠기는 것이 얼마나 복된 일인지를 배우게 해주십시오.

당신 사랑으로 하여금 저의 굳은 마음을 녹이게 해주시고, 저를 저보다 높이 끌어올리게 하시며, 상상할 수 없는 기쁨을 저에게 보여주게 하십시오. 제 영혼으로 하여금 당신 사랑을 찬양하는 데 자신을 탕진하게 하시고, 저로 하여금 자기 자신보다 당신을 더 사랑하게 하시며, 저를 사랑하더라도 오직 당신을 위해서만 사랑하게 하소서. 그리고 모든 사람 가슴 속에서 빛나고 있는 당신 사랑을 보여주시어, 당신을 사랑하듯이 저들도 사랑할 수 있게 해주십시오.

이토록 지독한 아픔과 큰 슬픔을 맛보게 하는데, 우리가 어찌 인생을 사랑할 수 있겠습니까? 육체의 고통과 정신의 슬픔을 날마다 겪게 하는 일상생활을 어떻게 우리가 참된 삶이라고 부를 수 있겠어요? 그런데도 사람들은 위안을 얻겠다면서 죄로 물든 행동에 매달립니다. 덧없는 쾌락과 세속의 허영을 집착합니다. 저들은 육신의 욕망과 색욕을 포기할 마음조차 없습니다.

주님, 하늘 용기로 저에게 힘을 주시어 영혼을 해치는 쾌락과 허영에 맞서 싸울 수 있게 해주십시오. 시련과 슬픔을 끝장내달라고는 기도하지 않겠습니다. 제가 구하는 것은 죄로 위안을 삼으려는 유혹을 당신의 능력 안에서 물리치게 해달라는 것뿐입니다. 의로운 복음에 매달리고, 당신의 영원한 은총에 사로잡힘으로써만 영원히 이어지는 참된 기쁨을 경험할 수 있는 줄 알고 있기 때문입니다.

주님, 저의 욕망이 당신의 욕망으로 바뀌기를 바랍니다. 주님, 만일 어떤 욕망이 선하고 유익하다면 당신의 영광을 위해 그것을 충족시킬 수 있도록 도와주십시오. 반대로 제 영혼의 건강을 해치는 욕망이면 그것을 제 마음에서 제하여 주십시오.

저의 전부이신 하느님, 당신 사랑보다 큰 축복을 제가 어찌 받을 수 있겠습니까? 당신 은총보다 많은 재물을 제가 어찌 가질 수 있겠어요? 당신의 살과 피보다 더한 달콤함을 제가 어찌 맛볼 수 있으며, 당신의 복음보다 더한 지혜를 제가 어찌 알 수 있겠습니까?

당신의 지혜는 너무나도 단순해서 저처럼 어리석은 사람도 이해할 수 있습니다. 당신의 거룩한 모임은 너무나도 관대해서 저 같은 죄인도 받아주십니다. 당신은 아니 계신 곳이 없으셔서 저처럼 생각이 둔한 사람도 당신을 발견할 수 있지요. 당신의 은총은 언제 어디서나 한결같은 까닭에 제가 육으로나 영으로나 당신을 온전히 믿어 의지할 수 있습니다. 그리고 당신 사랑은 너무나도 따뜻하고 너그러워서 제 마음처럼 차갑고 딱딱한 마음도 녹일 수 있습니다.

오, 창조된 모든 빛을 능가하는 영원한 빛이시여! 당신의 영광스런 빛

줄기를 하늘에서 내리시어 제 영혼 깊숙한 곳의 어둠을 찢어주소서. 제 영혼을 순결하게 하시고 밝게 하시어, 기쁨으로 당신께 돌아가게 하소서. 죄의 그늘이 아직 제 위에 드리워져 있음을 압니다. 제가 참된 겸손의 눈부신 햇빛보다 세속적 교만의 어두운 그림자를 더 좋아하여, 당신의 빛을 거역하고 있음도 알고 있습니다. 하지만, 사나운 바다를 잔잔하게 하실 수 있는 당신은 제 영혼에도 평화를 가져다주실 수 있습니다. 밤을 낮으로 바꾸시는 당신은 저의 비참한 영혼에 즐거움을 안겨줄 수 있습니다. 지금 곧 그리 해주십시오! 바로 이 순간 어둠을 몰아내주십시오! 다음 번 숨을 마시는 것과 동시에 제 영혼을 당신 사랑으로 감화시켜주십시오!

쾰른 부근에서 태어난 켐피스는 1406년 수도승이 된 뒤로 성경전서를 포함하여 많은 글을 베끼는 일로 평생을 보냈다. 그의 저서 《그리스도를 본받아 The Imitation of Christ》는 수도자들에게 성경 다음으로 많이 읽히는 책이 되었고, 복음에 대한 깊은 묵상에서 나온 기도문들을 엮은 《그리스도의 생애에 대한 명상 Meditations on the Life of Christ》이라는 저서도 남아 있다.

토마스 아퀴나스
Thomas Aquinas, 1225~1274

지극히 자비로우신 하느님, 오늘 저에게 명을 내리시어 무엇을 해야 할는지 알게 하시고 그 일을 할 수 있도록 도와주십시오. 저로 하여금 성공에 의기양양하거나 실패에 풀이 죽거나, 그러지 않게 해주십시오. 저는 다만 당신께서 기뻐하실 만한 일로 기쁘고 당신께서 슬퍼하실 만한 일로 슬프기를 바랄 따름입니다. 당신의 사랑을 위해서라면, 잠시 있다가 사라질 위안들을 모두 기꺼이 유보하겠어요. 당신이 함께 하지 않는 모든 즐거움에 싫증을 느끼게 하시고, 당신이 일으키지 않은 사업에 지루함을 느끼게 하소서. 틈나는 대로 제 생각의 머리를 당신께로 돌려, 불만 없이 순종하고, 투덜거림 없이 참고, 방종 없이 즐기고, 낙담 없이 참회하고, 근엄 없이 진지하게 하소서. 당신을 겁내지 않으면서 두려워하고, 조금도 교만하지 않으면서 남들의 모범이 되게 하소서.

우주를 지으신 창조주님, 당신은 하늘에 별들을 달아놓으시고, 해로 하여금 떠올랐다 지게 하십니다. 당신 지혜의 밝은 빛을 제 마음속 어둠에 비추소서. 제 머리를 당신에 대한 지식으로 가득 채우시어 저로 하여금 당신의 빛을 남들에게 전하게 하소서. 당신은 어린 젖먹이들도 진리를 말하게 할 수 있는 분이시니, 제 혀를 길들이고 제 펜을 이끌어 복음의 놀라운 영광을 제대로 옮기게 하소서. 저의 지능을 예민하게, 기억을 분명하게, 말을 우아하게 하시어, 당신이 저에게 드러내 보여주신 신비들을 충실히 해설할 수 있게 하소서.

�֍

제 마음을 다하여 당신을 예배합니다, 숨어 계신 하느님!
당신은 몸소 지으신 것들 뒤에 숨어 계십니다.
제 가슴이 당신께 굴복하고 제 머리도 당신께 굴복합니다.
당신을 생각하는 일에 견주면 다른 모든 일이 아무것도 아닙니다.
저는 당신을 손으로 만질 수도, 혀로 맛볼 수도, 눈으로 볼 수도 없습니다.
귀만 빼고서, 저의 모든 감각들이 당신에 대하여 속게 합니다.
당신 아드님은 말씀하셨고, 저는 그것을 듣습니다.
제가 듣는 말씀을 넘어서는 진리가 없습니다.
십자가에서는 당신의 신성(神性)이 감추어졌고
지금 이 땅에서는 당신의 인성(人性)이 감추어져 있습니다.
그러나 저는 당신 곁에서 죽어간 강도처럼
당신을 알고 당신께 부르짖습니다.
저 토마스처럼, 당신 상처를 보지는 못합니다만,
그래도 당신이 하느님이심을 고백합니다.
주님, 저에게 강한 믿음과 확실한 소망

그리고 당신께 바치는 깊은 사랑을 주십시오.

당신은 사람들에게 생명을 주는

거룩한 면병(麪餠)을 통하여 우리로 하여금

당신의 죽음을 기억하게 하십니다.

제가 그 빵을 먹음으로 당신이 제 안에 사시기를!

그리고 언제나 당신께로 돌아가 힘을 얻게 되기를!

오, 만인을 위하여 가슴을 내어주신 그리스도님,

당신의 흘리신 피로 제 죄를 씻어주십시오.

그 피 한 방울이면 만인의 죄를 씻어내어

온 세상을 구원할 수 있으십니다.

너울이 당신 얼굴에 드리워져 있어서

저는 당신을 뵐 수가 없습니다.

부디 당신 자신을 저에게 보여주시어

얼굴과 얼굴로 당신을 보게 해주십시오.

그러면 제 영혼이 평안할 것입니다.

중세기를 대표하는 신학자였던 토마스 아퀴나스는 마침내, 기도를 통하여 하느님을 만나는 것에 견주어 이성으로 하는 신학의 무가치를 깨닫게 되었다. 몬테카시노에서 수도자 교육을 받고, 1224년 도미니카 수도회에 입회한 뒤로 파리에서 신학을 연구하고 가르치는 일로 생애 대부분을 보냈다.

마니카 바사하르

Manikka Vasahar, 8세기

하늘 임금님, 당신은 저처럼 비천한 인간에게도 놀라운 당신 모습을 보여주셨습니다. 이 땅의 쾌락이 주는 가짜 즐거움을 저에게서 거두시고 그 대신 하늘 사랑의 참된 기쁨을 주셨지요. 당신은 저를 하늘 가족으로 받아들이셨고, 사랑스런 자식처럼 저를 대해주십니다. 그래서 저는 어린 아이가 엄마한테 매달리듯이 당신께 매달립니다. 절대로 당신을 놓지 않을 거예요. 언제나 당신 계신 곳에 머물 겁니다.

하늘 임금님, 당신은 저처럼 하찮은 인간에게도 당신의 풍요를 보여주셨습니다. 이 땅의 사라질 재물에 대한 욕망을 저에게서 거두시고 그 대신 하늘의 영원한 보물에 대한 욕망을 주셨지요. 당신은 저를 하늘 궁전에 받아들이셨고, 영의 보물을 관리하는 청지기로 대해주십니다. 그래서 저는 하인이 주인에게 절하듯이 당신께 절합니다. 당신 기리는 일을 절대로 그만두지 않을 거예요. 언제나 당신 섬기려고 애쓸 겁니다.

✳

명성도, 높은 자리도, 대궐 같은 집도 저는 바라지 않습니다. 총명하고 재치 있는 사람들과 사귀는 것도 원하지 않아요. 그런 것들은 저에게 아무 의미가 없습니다. 제가 바라는 것은 오직 당신, 생명의 주인이신 당신

431

뿐이에요. 당신 사랑은 제 가슴을 버터처럼 녹입니다. 당신 은총은 제 혀에 꿀처럼 달콤한 맛을 주지요. 당신의 선하심은 제 피부를 간질이는 비단처럼 부드럽고, 당신의 아름다움은 제 눈을 기쁨으로 반짝이게 합니다. 당신 아닌 그 무엇도 저는 원하지 않습니다.

❋

당신은 호랑이 같아서, 아름다운 무늬로 매혹하지만 무서운 힘으로 겁을 주십니다.

당신은 나뭇가지 위 벌집 같아서, 달콤한 꿀이 눈에 보이지만 나뭇가지가 너무 높아 기어오를 수가 없습니다.

당신은 연못에 헤엄치는 황금잉어 같아서, 팔을 벋으면 곧 닿을 수 있는 거리인데 손을 내밀어 잡으려 하면 어느새 빠져나갑니다.

당신은 뱀 같아서, 거죽 껍질은 현란한 색깔로 눈부신데 침 한 방울로 사람을 죽일 수 있습니다.

오, 주님. 저에게 자비를 베푸소서. 저에게 죽음을 주지 마시고 생명을 주소서. 저에게 손을 내밀어 저를 품어주소서. 저에게 내려오시어 저를 하늘로 끌어올리소서. 당신 힘으로 나약한 제 영혼을 붙잡아주소서.

온유한 사람으로 널리 알려진 남부 인도의 추장이었던 마니카 바사하르의 기도문은 지금도 타밀어를 사용하는 사람들 사이에서 사용되고 있다.

자돈스크의 티콘

Tychon of Zadonsk, 1724~1783

오, 구원하시는 주님. 당신은 인류를 위해 세상에 오셨으니 저를 위해서도 오신 것입니다. 저 또한 인류에 속한 한 인간이니까요. 당신은 죄인들을 구하러 세상에 오셨으니 저를 구하기 위해서도 오신 것입니다. 저 또한 죄인들 가운데 하나니까요. 당신은 길 잃은 자들을 찾으러 오셨으니 저를 찾으러 오신 것입니다. 저 또한 길 잃은 자들 가운데 하나니까요.

오, 나의 주 하느님. 실은 제가 당신께로 가서 당신 앞에 비참한 죄인으로 저 자신을 내어놓고 당신을 찾고자 애써야 합니다만, 제가 너무나 교만하고 고집스러워서 당신이 저에게로 오셔야 했지요. 당신은 저에게 와서 닿고자, 젖먹이 아기로 땅에 내려오시어 가난과 불편과 박해를 견디며 흙먼지 길을 걸으셔야 했습니다. 당신은 저에게 와서 닿고자, 온갖 고난을 감수하고 십자가에 달려 죽으셔야 했습니다. 당신을 그토록 아픈 시련으로 몰아넣은 저의 고집과 교만을 용서해주십시오.

목자들이 잃은 양을 찾아 헤맵니다만, 자기네 이익을 위해서 그러는 것입니다. 사람들이 잃은 재산을 찾아다닙니다만, 역시 자기를 위해서 그러는 것입니다. 여행자들이 여러 나라를 방문하는 것도, 뭔가 얻는 게 있어서 그러는 것이지요. 왕들이 가끔 죄수들을 풀어주는 것도 정치적 계산 때문입니다.

그런데 당신은 왜 저를 찾으셨나요? 이 적개심 가득한 땅에 저를 찾아오신 까닭이 무엇입니까? 왜 당신의 피로 저를 사셨지요? 저는 그렇게 수고하실 만한 가치가 없는 몸입니다. 실제로 죄 가운데 빠져 고의로 당신을 피하려 한 저 아닙니까? 당신은 저를 굳이 찾아야 할 이유가 없으십니다. 스스로 신(神)이 되고자 제 맘대로 선과 악을 가려낸 게 저입니다. 그렇게 당신을 거스르고 모욕했지요. 그런데도 성가신 저를 봐주시는 이유가 무엇입니까?

제가 당신 앞에 서 있습니다. 저를 위해서 당신은 세상에 오셨지요. 저를 보세요. 구원받을 필요 말고는 저한테서 보실 만한 게 없을 겁니다. 저를 보세요. 아무리 보아도 저한테 주실 것은 지옥 형벌밖에 없을 것입니다. 실제로 저를 지옥에 보내신다 해도 불평할 터무니가 없습니다. 거기가 저에게 마땅한 곳이니까요. 하지만 그것이 당신 뜻이었다면 세상에 오시지도 않았겠지요. 당신이 이렇게 오셨다는 사실 자체가 당신은 자비로우신 분이요, 저를 용서하실 준비가 되어 있으며, 지옥에서 건져 천국으로 인도하기를 원하는 분이심을 말해주고 있습니다. 저는 당신의 사랑을 받을 만한 짓을 도무지 한 바 없습니다만, 그런데도 당신은 저를 사랑하십니다. 그토록 자주 당신을 미워했는데도 당신은 저를 조건 없이 사랑하십니다. 지금 이렇게 당신 앞에 서서 자비를 빕니다. 당신이 저를 보시듯이 저도 믿음의 눈으로 당신의 무한 아름다움을 보게 하소서.

오, 나의 사랑하는 주님. 당신의 너그러우심을 어떻게 갚아드려야 할까요? 저에게 베푸신 모든 은혜를 무엇으로 갚을 수 있겠습니까? 당신을 위해서 천 번을 죽는다 해도 아무것도 아닐 거예요. 당신은 저의 주님이시고 저는 수천 번 죽어 마땅한 죄인이요 흙이요 티끌입니다. 저 하나를 위해서 온갖 모욕과 조롱과 누명과 죽음까지 받으셔야 했던 당신께 무엇으로 감사를 드릴 수 있을까요? 저에게 모든 것을 주신 당신께 아무것도 가진 것이 없는 제가 무엇을 돌려드릴 수 있겠습니까? 저는 당신이 주신 영혼을 파멸시켰습니다. 지금 저에게 있는 것은 당신이 사랑으로 물려주신 용서밖에 없습니다. 제가 당신께 돌려드릴 수 있는 것은, 날마다 당신께 말씀드리고 당신 말씀에 귀 기울이는 기도 시간 말고 아무것도 없습니다. 제 감사한 마음의 지극히 작은 표시로 이 기도를 받아주십시오.

당신이 이루신 일은 너무나 숭고하여 제 마음으로 파악할 수가 없습니다. 당신은 땅에 내려오시어 저를 구원하셨습니다. 그것이야말로 놀라운 일 가운데 놀라운 일이요, 기적 가운데 기적이지요. 저는 당신을 믿고,

당신 이름을 부르며, 구원의 복음을 남들에게 전하고, 당신이 저에게 보여주신 사랑에 감격하여 다른 이들도 그 사랑을 받게 되길 원합니다.

오, 사람들을 사랑하시고 저를 사랑하시는 주님. 감히 한 가지 은총을 더 간구합니다. 그래요, 당신은 저를 구원하셨고 저에게 천국의 자리를 약속하셨습니다. 그런데도 저는 여전히 죄인이요 나쁜 생각과 느낌으로 일그러져 있습니다. 더 미루지 마소서. 당신의 약속을 지금 곧 이루어주십시오. 아직 이 땅에 머무는 동안, 저를 하늘나라에 적합한 사람으로 만들어주세요. 당신이 거룩하신 것처럼 저도 거룩하게 해주시고, 그래서 저의 모든 생각과 느낌과 행실로 당신께 영광 돌리게 하소서.

서양의 유행하는 사조들이 한창 러시아 예술가와 교회 지도자들의 관심을 끌고 있을 무렵, 티콘은 전통적 러시아 신비주의에 충실코자 했다. 그는 사제나 지주들보다 농부나 노동자들과 어울리기를 더 좋아한 거칠고 투박한 수도승이었다. 서양의 민족주의 철학을 거부하여, 한 인간의 영혼이 하느님과 씨름하는 기도가 모든 사유와 행동의 기본이어야 한다고 믿었다.

그리스도 예수께서 품으셨던 것과 같은 마음이 제 안에도 있게 하소서. 그리스도의 영에 이끌리지 않는 사람은 그의 사람이 아니기 때문입니다. 거룩하신 예수님, 저 같은 자에게도 빠짐없이 부어주시는 당신 사랑에 탄복합니다.

오, 저 상처들을 통해서 그 사랑을 볼 수 있다면!

오, 저 채찍들에서 그 사랑을 느낄 수 있다면!

오, 저 신음에서 그 사랑을 들을 수 있다면!

오, 저 쓴 식초에서 그 사랑을 맛볼 수 있다면!

오, 저 해골동산 골고다에서 달콤한 당신 사랑의 연고(軟膏)를 냄새 맡을 수 있다면!

저에게 베푸시는 당신 사랑을 먼저 알고 나서 인류에게 베푸시는 당신 사랑을 알게 해주십시오. 하오나, 인류에게 베푸시는 바로 그 사랑 안에서 저도 당신의 사랑을 받습니다.

오, 경외하올 삼위일체님! 저에게 해주신 이것이 도대체 무엇입니까? 당신은 저를 만유의 끝(목적)으로 지으셨고, 만유를 저의 끝(목적)으로 지으셨습니다. 만유 안에 제가 있고 제 안에 만유가 있습니다. 당신은 당신이 지으신 모든 영혼들 가운데, 당신과 닮은 영혼을 저에게 주시어 그것으로 즐기게 하십니다! 제 욕망이 어찌 그 보배들을 탐할 수 있겠습니까? 제 지혜가 어찌 그 심오한 즐거움을 알아볼 수 있겠어요? 당신은 우리가 생각하거나 원할 수 있는 것보다 크고 많은 것을 우리에게 해주셨습니다. 우리에게 해주신 모든 일에서 무한하게 무한하신 당신을, 제가 감히 찬양하고 경외하며 기뻐하나이다.

우리 행실을 상냥함과 아름다움으로 채우시어, 당신의 행실에 어울리는 것이게 하시고 당신의 행실처럼 달콤하고 값진 것이게 하소서. 당신이 당신의 모든 행실로 우리를 기쁘게 해주시듯이, 우리도 우리의 모든 행실로 당신을 기쁘게 해드리며, 당신을 기쁘게 해드리는 우리의 모든 행실이 그대로 당신께 바치는 기쁨의 제물이 되게 하소서.

트러헌은 상냥하고 낙천적인 기질을 타고난 영국 성공회 신부로, 성스러움을 성취하는 데 인생의 목적이 있다고 생각했다. 그는 모든 살아 있는 것들 안에서 성스러움의 자취를 보았다. 그가 죽고 나서 200년 뒤에 출판된 저서 《명상의 세기들 Centuries of Meditations》에는 희망과 사랑이 반짝이는 글과 기도문이 들어 있다.

생명의 숨이여, 당신께 귀의(歸依)합니다. 온 우주가 당신께 복종합니다. 당신은 땅에 있는 모든 것을 다스리는 분이요, 땅 자체의 바탕이십니다.

생명의 숨이여, 갈라 치는 천둥과 번뜩이는 번개를 타고 당신께 귀의합니다. 당신이 내리시는 빗물이 식물들을 먹이고 동물들을 살립니다.

생명의 숨이여, 끊임없이 바뀌는 계절들, 뜨거운 햇볕과 차가운 빗줄기를 타고 당신께 귀의합니다. 모든 날씨들이 위안과 아름다움을 제 안에 간직하고 있습니다.

식물들은 당신의 풍성한 배려 속에 기뻐하며 달콤한 꽃향기로 당신을 찬양합니다. 암소들도 희고 깨끗한 젖으로 당신을 찬양합니다.

생명의 숨이여, 우리의 들숨과 날숨을 타고 당신께 귀의합니다. 순간마다, 하고 있는 일이 무엇이든, 우리는 당신을 찬양하고 당신께 감사드리지 않을 수 없습니다.

생명의 숨이여, 우리의 태어남과 죽음을 타고 당신께 귀의합니다. 돌고 도는 생명의 수레바퀴 속에서 당신은 우리를 지탱하고 격려하십니다.

생명의 숨이여, 우리를 즐겁게 하는 사랑과 우정을 타고 당신께 귀의합니다. 서로 나누는 사랑으로 우리는, 당신의 끝없는 사랑을 반영합니다.

남자와 여자들이 당신의 풍성한 배려 속에 기뻐하며 시와 노래로 당신을 찬양합니다. 아이들도 즐거워하며 천진스레 깔깔대는 웃음으로 당신을 찬양합니다.

❋

전능하신 주님, 우리가 당신께 오롯한 머리와 가슴을 드릴 때 당신은 우리에게 하늘과 땅의 온갖 복을 내리십니다.

당신은 우리의 깊은 소망을 이루어주십니다. 몸에는 양식을 마음에는 평화를 주시고, 아이들 보살피는 어머니 사랑으로 우리를 돌보십니다.

당신은 우리를 에워싼 이 아름다운 세상을 만드셨습니다. 모든 식물과 동물들, 모든 나무와 새들 안에 당신의 영이 머무르십니다.

당신은 저에게 당신 자신을 드러내 보이셨습니다. 모든 축복이 당신한테서 나오는 것임을 제 영혼에 일깨워주셨습니다.

그래서 제가 밤낮으로 당신을 찬양합니다. 나약한 몸으로 전능하신 당신께 영광을 돌립니다. 아무것도 아닌 저를 모든 것이신 당신께 들어 바칩니다.

> 힌두교의 가장 오래된 경전인 《베다》는 찬양시를 모은 것인데, 처음에는 구전으로 내려오다가 뒤에 문자로 기록되었다. 그 가운데 네 번째 베다인 《아타르바 베다》에 여러 편의 기도문이 들어 있다.

장–바티스트 마리 비아네

Jean-Baptiste Marie Vianney, 1786~1859

예수님, 영원 전부터 당신은 사랑으로 우리에게 당신 자신을 내어주는 일을 좋아하셨습니다. 그리고 우리 안에, 당신만이 채워주실 수 있는 영적 갈증을 심어놓으셨지요.

제가 여기에서 세상 저 끝으로, 이 나라에서 저 나라로, 부유함에서 더 큰 부유함으로, 이 쾌락에서 저 쾌락으로 옮겨갈 수 있겠지만, 그래도 여전히 만족 못할 것입니다. 온 세상이 동원되어도 불멸하는 영혼을 만족시킬 수 없으니까요. 그것은 굶어 죽어가는 사람에게 밀 한 톨 먹이는 것과 같다 하겠습니다.

우리는 본디부터 모자라는 우리 마음을 당신께 내어맡김으로써만 비로소 만족할 수 있습니다. 당신은 우리를 당신의 연인으로 만드셨고, 그래서 당신을 사랑하지 않을 수 없게 하셨습니다.

때로 우리가 이웃을 잘 알수록 그만큼 그를 덜 사랑하게 되는 경우가 있습니다. 그러나 당신께는 그럴 수가 없어요. 당신을 알면 알수록 그만큼 더 당신을 사랑하게 되니까요. 당신을 아는 지식이 우리 영혼에 불을 일으키면, 우리 안에는 속세의 욕망을 이루려는 에너지가 고갈되고 맙니다.

예수님, 당신을 사랑하는 것이 얼마나 좋은지요! 저로 하여금 당신 말고 그 아무도 보지 못한 변화산 위의 제자들처럼 되게 하소서. 당신과 저

사이가 서로를 해칠 수 없는 단짝 친구 사이로 되게 하소서.

비아네는 40년 넘도록 아르(Ars) 교구에서 사목하는 동안, 고해를 받고 영적 조언을 하는 사제로 알려져 프랑스 전역에서 사람들이 그에게 모여들었다.

와포코모 족
Wapokomo

오, 하느님. 우리에게 평화를 주시고, 만족을 주시고, 행운을 주소서.

아무도 우리를 저주하지 않게 하시고, 우리를 나쁘게 생각하는 자가 없도록 하시고, 모든 사람이 우리를 좋게 보도록 하소서.

우리가 씨를 뿌릴 때에는 비를 내리시고, 열매를 거둘 때에는 햇빛을 내리소서.

병든 자들은 낫게 하시고, 죽는 자들은 평안히 가게 하소서.

오, 하느님. 당신은 영원불멸이십니다. 당신은 죽음을 모르십니다. 당신은 항상 살아 계십니다. 사람이 한 번 들었다 하면 결코 깨어나지 못하는 차가운 잠을 당신은 모르십니다. 당신 자녀들은 임종하는 당신 침상에 둘러앉는 일이 없습니다.

오, 하느님. 당신은 우리 사람들의 영원불멸하는 아버지십니다. 당신의 건강은 결코 쇠약해지지 않습니다. 당신은 상냥한 그늘로 우리의 모든 행실을 덮어주십니다.

당신은 전능하시고 우리는 무능합니다. 당신은 강하시고 우리는 약합니다. 우리가 당신을 부를 때 들어주소서. 우리가 드리는 제물을 받아주소서. 우리는 당신 것입니다. 우리를 당신 소유로 지켜주소서.

타나(Tana) 호수 서쪽 지역의 원주민인 와포코모 족은, 동쪽에 있는 에티오피아의 그리스도교 신앙과 권력에 한 번도 점령당한 일이 없었다. 그런데도 그들의 기도문을 보면 그들이 그리스도교 정신에 많은 영향을 입었음을 알 수 있다.

해리 윌리엄스
Harry Williams, 1919~2006

여보세요, 접니다. 당신의 오랜 친구이자 오랜 적수, 자주 당신을 부인하는 당신의 사랑하는 친구, 당신의 복잡한 친구, 툭하면 화부터 내는 골치 아픈 친구, 한편으로는 당신을 사랑하면서 한편으로는 미워하고 다른 한편으로는 무심한 당신의 친구, 저올시다.

✳

오, 하느님. 저 지금 무지무지 화가 났습니다. 아무개 그놈, 개자식이라고 생각합니다. 이런저런 일로 걱정이 되어 머리는 빠개질 것 같은데, 저에게 온 기회를 놓쳐버린 건 이번에도 분명합니다. 그걸 생각하면 정말이지 낙심천만이올시다. 그렇지만, 이렇게 피가 거꾸로 흐르는 듯한 몸과 마음이지만, 그런대로 여기 십 분 동안 앉아 있겠습니다. 당신은 저에게 아무것도 주고 싶지 않은 것 같습니다만, 저도 알아요. 그래도 아무튼 십 분 동안 여기 이대로 머물러 있겠습니다.

1960년대 케임브리지 삼위일체 대학(Trinity College) 학장으로 재직할 당시 정치와 신학에 관한 급진적 견해로 세상에 알려진 해리 윌리엄스는 1969년 학교를 떠나 수도승이 되었다. 대학에서 많은 청중을 불러 모았던 그의 설교에는 하느님 앞에서 솔직하게 자기를 고백하는 짧은 기도들이 들어 있다.

자라투스트라
Zarathushtra, 기원전 6세기

저는 어떻게 기도를 해야 합니까? 기도하는 법을 가르쳐주시어, 저 자신을 당신께 들어 바치게 하소서. 당신이 지으신 세계의 놀라움을 묵상해야 합니까? 제 선배들의 지혜에 감사해야 하나요? 저에게 주신 많은 선물에 대하여 당신을 찬양해야 합니까? 제가 저지른 모든 잘못을 반성해야 하나요? 아니면 당신이 저에게 말씀하실 때까지 그냥 기다려야 합니까? 말씀해주십시오, 저는 어떻게 기도해야 합니까?

당신의 법을 가르치고 당신의 영광을 기리는 모든 종교들 안에서 당신을 예배합니다. 저마다의 아름다움으로 당신의 아름다움을 반영하는 모든 식물들 안에서 당신을 예배합니다. 당신의 선하심과 친절하심으로 비롯된 모든 사건들 안에서 당신을 예배합니다. 당신이 머무시는 모든 장소들 안에서 당신을 예배합니다. 당신의 바른 길을 좇아 걷고자 하는 모든 남자와 여자들 안에서 당신을 예배합니다.

오, 지혜로우신 주님. 제가 혹시 고의로 아니면 저도 모르게, 생각이나 말이나 행동으로 당신을 거역한 일이 있다면, 그것들을 당신께 바치는 저의 찬양으로 모두 지워버리고 싶습니다. 제가 혹시 당신의 영예를 실추시킨 일이 있다면, 그보다 더 큰 열정으로 당신의 영예를 떠받들겠습니다. 당신이 지으신 모든 것을 당신의 뜻으로 다스리소서. 모든 동물과 식물, 모든 남자와 여자들이 당신의 법에 따라서 살게 되기를 바라나이다. 그렇게 살아가는 삶의 씨앗이 모든 생명 있는 것들 안에 있기 때문입니다.

우리 삶을 당신의 지혜로 다스리시고, 우리에게 필요한 것을 당신의 풍요로 채우소서. 우리로 하여금 평화로이 살아가며 저마다 하는 일로 서로를 도울 수 있게 하소서. 우리에게서 전쟁과 기근에 대한 걱정을 모두 거두어주소서. 우리가 기르는 짐승들이 건강하게 살찌고, 우리가 기르는 곡식들이 풍성하게 하소서. 마을마다 정직한 사람을 우두머리로 삼고, 모두가 그의 권위를 존중하게 하소서. 무엇보다도, 모든 생각과 말과 행동에서 우리를 깨끗하고 거룩하게 하소서.

자라투스트라에 관하여는 거의 알려진 바 없지만, 그의 가르침은 기원전 5세기부터 페르시아 제국을 휩쓸었고 유대교와 기독교에 많은 영향을 미쳤다. 그는 사람들에게 단일신인 아후라 마즈다(Ahura Mazda)를 섬기라고 가르쳤다. '아후라 마즈다'는 '지혜로운 주님'이라는 뜻이다. 그는 자신을 새로운 신앙의 창시자로 생각하지 않고, 고대 종교들의 지혜를 모아 새롭게 만든 자로 자처했다.

친첸도르프 백작

Count von Zinzendorf, 1700~1760

주님, 제가 제 가슴을 들여다보고서, 당신이 제 가슴을 당신 사랑으로 채워주셨음을 깨달을 때, 저는 숨을 쉴 수 없을 지경입니다. 한때 제 가슴은 시야가 좁고 동정심이 거의 없고 진리에 대한 갈급함이 참으로 약했습니다만, 당신이 제 가슴에 들어오신 뒤로, 이제는 제 가슴에서 당신을 볼 수 있고, 당신의 사람들을 모두 사랑할 수 있으며, 사람들에게 당신의 복음을 과감히 전할 수 있게 되었습니다. 불 앞의 밀랍처럼, 제 가슴이 당신 사랑의 열기에 녹아버렸습니다.

지극히 사랑하는 주님! 당신을 우러러 뵙고자 하는 사람, 당신을 받아들이려는 사람, 당신과 상처를 나눌 준비가 되어 있는 사람, 마침내 당신과 함께 죽을 준비를 갖춘 사람, 그런 사람들에게 주시는 당신의 눈길을 우리에게도 주십시오. 이 땅의 모든 영혼들이, 높든 낮든, 부유하든 가난하든, 당신의 눈길을 사모하게 하소서. 우리 또한 만나는 사람들에게 나름대로 당신의 희생적인 사랑을 입증하고, 당신의 눈길에 사로잡힌 자들의 계속 자라나는 모습을 보여주게 하소서. 우리가 당신을 뵙고서 "주님, 저희가 마침내 온 땅의 영혼들을 당신 사랑의 밝은 빛 아래로 인도하여

하늘나라를 가득 채웠나이다"라고 말씀드릴 수 있을 때까지 쉬지 않고
일할 것을 약속드립니다.

모든 것을 꿰뚫는 눈으로
어둠을 빛처럼 밝히시는 주님.
당신 향해 헐떡이는 제 가슴을 비추소서.
오, 이 사슬을 끊어, 자유롭게 하소서.

제 허물을 씻기고 녹을 벗기며
애욕을 십자가에 못 박으소서.
제 마음속 생각들을 닦아내어
당신이 깨끗하신 것처럼 깨끗하게 하소서!

이 어두운 들판에서 길 잃고 헤매는
저에게 빛이 되시고 길이 되어주소서.
나의 하느님, 당신이 제 곁에 계시면
어떤 적도, 폭력도, 속임수도 겁나지 않습니다.

제 영혼이 홍수처럼 범람할 때
제 가슴이 재앙의 파도에 가라앉을 때

예수님, 당신은 때를 맞추어
제 머리를 들어 올리시고 제 가슴을 북돋우십니다.

주님, 당신의 발걸음 따라서
지치지 않고 굽히지 않고 어디든지 가리이다!
오, 당신 손으로 저를 잡아주시고
당신 거룩한 언덕으로 저를 이끄소서.

비록 길이 거칠고 험하더라도
모든 수고와 슬픔과 아픔이 다하여
고요한 기쁨과 평화가 있는 그곳에 이르기까지
멈추지 않고 당신 뒤를 따르겠나이다.

친첸도르프는 모라비아 교회(Moravian Church) 설립자로서 하느님과 개인 사이의 긴밀한 관계에 바탕을 둔 '마음의 종교'를 주장했다. 절제되지 않는 열정으로 진행되는 모라비아 예배형식을 수상하게 여긴 독일 루터교회의 압박을 받았지만, 영국의 복음주의 부흥운동에 많은 영향을 미쳤다.

레슬리 웨더헤드
Leslie Weatherhead, 1883~1975

오, 주님. 제 마음의 조용한 방에서 당신께 고개 숙입니다. 당신 임재의 고요함으로 저를 덮으소서.

오, 하느님. 제 생각의 머리를 저한테서 당신한테로 조용히 돌립니다. 당신을 찬양합니다. 당신께 감사드립니다. 어수선하고 들뜬 생활에서 돌이켜 당신의 성스러움, 당신의 사랑, 당신의 평온, 당신의 기쁨, 당신의 흔들리지 않는 목적, 당신의 지혜, 당신의 아름다움, 당신의 진실, 당신의 전지전능을 생각합니다. 당신에 관한 거룩한 단어들을 천천히 입 속으로 되뇌는 동안, 그것이 주는 의미와 느낌이 제 마음속 깊이 가라앉게 하소서.

사랑하올 주님, 저의 신앙생활이 너무나도 자신만을 위한 것이었습니다. 용서하소서. 저는 당신과 어울리기를 원합니다. 마음의 평화를 원합니다. 몸의 건강을 원합니다. 그래서 이렇게 기도합니다.

용서하소서. 저를 목적으로 삼고 당신을 수단으로 삼았습니다.

제가 이 무서운 자기중심에서 벗어나려면 오랜 세월이 걸리리라는 것, 잘 압니다. 하지만, 하느님! 도와주소서. 자기를 중심하여 돌아가는, 거기가 바로 지옥이기 때문입니다.

과연 제가 가라앉는 배에 탄 사람들처럼, 저 자신을 포기하고, 물결이 저를 띄워주고 신성한 손길이 저를 살려준다는 사실을 마침내 알게 될까요? 저의 구원은 오직 당신한테서만 옵니다. 오, 주님. 저를 떠나지 마소서.

저를 용서하시고 잡아주시어, 당신께 자신을 온전히 맡겨드림으로써 진정 당신 것이 되게 하소서.

이제 저로 하여금 고요히 안식하며, 제 깊은 속에서 역사하시는 당신의 치유하는 손길을 느끼게 하소서.

오, 주님. 오늘 제가 건강하든 아프든, 기뻐하든 슬퍼하든, 일하든 놀든, 혼자 있든 여럿이 있든, 당신 손 안에 있음을 알게 하소서. 당신의 목적 있는 섭리 안에 제가 들어 있음을 조금씩 깨닫게 하소서.

질병은 형벌도 아니고 당신 눈 밖에 난 것도 아닙니다. 재미는 속된 물건이 아닙니다. 제 인생의 사소한 것들이 제 안에 있는 당신의 관심을 다른 데로 돌리지 못합니다.

당신이 여기 계심을 느끼게 하소서. 당신의 한결같은 사랑 안에서 저는 태어났고 오늘도 이렇게 살아갑니다. 부닥치는 모든 상황들 속에서, 잠시 숨을 고르고, 제가 당신의 생명 안에 살고 있음과 언제나 당신의 보살핌을 받고 있다는 진실을 상기하게 하소서.

오, 하느님. 근심걱정의 제물이 되어 자기 자신으로부터 자유롭지 못한 사람들, 자기에게 주어진 일을 해낼 수 없다는 무기력감에 젖어 있는 사람들을 위하여 제 마음을 들어 올립니다.

저들로 하여금 그 느낌이 비겁함이 아니라 질병임을 알게 하시고, 그렇게 느끼며 스스로 낙심하는 사람들이 세상에 헤아릴 수 없이 많은데, 바로 그 어두운 골짜기를 통과하여 마침내 빛을 보게 되는 길이 있음을 가르쳐주소서.

그들을 도울 수 있고, 그들을 이해하며, 건강과 행복으로 가는 길을 보여줄 수 있는 이들에게로 저들을 인도하소서. 우리의 온갖 두려움과 고민을 꿰뚫어 아시는 주님, 저들과 함께 계심으로 위로와 평강이 되어주시고, 저들로 하여금 날마다 그날 하루를 직면할 용기를 주시며, 마침내 당신을 뵙게 되리라는 생각으로 마음의 안식을 얻게 하소서.

이 고요한 명상의 순간에 오소서. 저에게 다시 오시어 저를 위해 마련하신 당신의 길로 인도하시고, 당신의 한결같은 우정에 대한 확신으로 저의 불안을 모두 씻어내게 하소서. 저에게 드리워진 온갖 그늘에서 눈을 들어 당신의 복되신 얼굴을 바라보게 하시고, 지금 곧 일어나 당신을 따르게 하소서.

레슬리 웨더헤드는 런던의 시티 템플에서 30년 가까이 목사로 일하는 동안, 우아한 설교와 다정한 목회활동으로 이름이 알려졌다. 개인 기도문이 필요하다는 신자들의 요청에 《기도의 집The House of Prayer》을 펴냈다. 그는 매일 드리는 기도의 형식을, 일곱 개 방을 거쳐 옮겨가는 과정으로 묘사하고, 일곱 방마다 간단한 기도문 하나씩을 배정하였다.

✿ 옮긴이의 글

하느님께 감사드리며, 이 아름답고 소중한 책 한 권을 여러분 앞에 내어놓습니다.

지난 일 년 남짓한 세월, 이 기도들을 우리말로 옮기면서 참 많이 행복하고 감동하였습니다.

기도문 한 줄 한 줄에 배어 있는 거룩하고 따스한 기운이 그대로 제 삶의 갈피에 스며들어오는 느낌이었고, 그것을 세상에 나눠드리고 싶었습니다.

그렇습니다. 사람이 살면서 하느님께 기도드릴 수 있다는 사실, 그 기도를 통해 하늘로부터 성스런 에너지를 공급받고, 온갖 아픔과 번뇌와 상처를 사람답게 살아가는 데 필요한 영양소로 바꿀 수 있다는 사실이야말로 더없이 큰 축복이라 하겠습니다.

부디 이 거룩한 에너지 보고(寶庫)를 머리맡에 두시고, 힘들 때나 고마울 때나 외로울 때나 심심할 때에 아무데나 펼쳐서 눈길 닿는 대로 읽어보시기 바랍니다. 그러면, 읽으시는 바로 그 구절을 통하여 그때그때 필

요한 위로와 격려와 깨우침의 성스런 에너지가 틀림없이 여러분 가슴에
전달될 것입니다.

그동안 많은 글을 써왔습니다만, 이 글을 옮기면서 받은 감동과 고마
운 느낌은 저에게 너무나 각별한 것이었습니다.
짧은 인생 살면서 이런 일에 참여할 수 있도록 저를 이끌어주신 하느
님께 진심으로 감사드립니다.

2007년 12월   觀玉 이현주